大阪商業大学比較地域研究所研究叢書 第二十四巻

地域を変える
文化の公共性
── 住民，企業，政府の役割 ──

●

狭間惠三子 編著

東京　白桃書房　神田

はじめに

1 背景と問題意識

2001年6月に「行政機関が行う政策の評価に関する法律」が成立し，翌年度から施行されたことにより，行政施策のあらゆる分野で政策評価が行われている。公立の文化施設や文化政策についての評価への関心も高まっている。しかし，一般的な事務事業評価にあるような，入場者数，施設稼働率，事業収支といった効率性や経済性のアウトプット指標だけでは一面的であり，それだけをもって文化施設や文化事業の価値を評価することは不十分であろう。同じ文化ホールでも，それが立地する地域の課題に即して，期待される役割，優先される事業も異なる。また，評価は，目標の達成度として測られるべきであるが，その目標自体も，社会環境や人々のニーズが変化する中で揺れ動きがちである。

公立の文化施設が市場性や効率性のみを優先すれば，営利を追求する民間施設と変わりはなく，公共セクターが取り組む意義，すなわち市場原理や経済原理だけで成立し得ない文化的な事業や芸術的価値を支えるといった側面が失われてしまう。一方経営効率や市場性をまったく無視することや，入場者を獲得する努力を放棄することが許されるものではない。公共性や文化的価値の実現と，効率性や経済的な価値の実現，この2つのベクトルを総合的に評価することの難しさが，文化政策を評価する困難の要因のひとつになっている。また文化活動や文化政策の地域社会への貢献，社会的な役割の実現は何をもって成功とするかが不明瞭であり，さらに評価を困難にしている。

近年は，「公共性」が重要なキーワードとなりつつある。国立博物館・美術館の独立行政法人化や文化施設への指定管理者制度の導入等を契機に，文化や文化政策における公共性の問題が改めて議論されるようになった。しかし，その根拠は従来の経済学では必ずしも明確に説明できず，「文化をめぐる社会現象において公共性が今もって論争の中にある」[1]（阪本　2008）。公共性を狭い範囲で論じていることも多く，齋藤（2000）が指摘するように，「人々の間に形成される言説や行為の空間」や「公共的価値を解釈し，定義すべき政治が行

われるアリーナ」といったより広い意味での公共性を考慮した研究は充実しているとは言い難い[2]。

「公共性」とは，漠然として多義的な概念である。第1章において，代表的な公共性概念，わが国における近年の公共性についての議論を整理するが，公共性の追求は「誰が取り組んでも容易に解答や妙案を見出しがたい難題」[3]（中島 2005）といった指摘もある。何に着目して，どういう観点から公共性を捉えるかによっても異なるだろう。国家や行政といった公共団体の存在に着目して公共性が語られることもあれば，公共交通のように事業主体の所属を問うのではなく，事業の内容・役割から公共性が問われることもある。また，公共空間，公共圏のように，人と人との関係や領域に着目して語られることもある。さらに，これらは相互に関係がある。

「公共性」の一般的な意味は，「広く社会一般に利害・影響を持つ性質。特定の集団に限られることなく，社会全体に開かれていること」（『大辞林』松村1995），「広く社会一般に利害や正義を有する性質」（『広辞苑』新村 2007）のように定義されている。

文化芸術基本法の前文では，文化芸術の役割・意義について，文化芸術の本質面すなわち文化芸術が人間の本性に根ざしたものという側面と，効用面，すなわち文化芸術の社会，経済にとっての有用性という側面の両面から規定しており，この両面から文化芸術の公共性を考えていくことができるだろう。

本書で取り上げる文化の公共性についても，文化芸術の本質面と，その外部効果，有用性といった効用面の両方の側面から公共性を捉えていくこととする。

今日，文化の機能は，経済学や公共政策の領域のみならず，都市再生・地域創生の議論へと広がっている。1980年代以降，製造業の衰退によって地域経済の危機を迎えたヨーロッパの諸都市で，文化への集中的な投資によって都市イメージを転換し，そこから新しい産業をひきつけ，産業構造の転換や新産業の創出を果たし，都市再生の成果を上げてきたのは周知のことである。

日本でも，文化芸術だけでなく，風景や食べ物，土地固有の職人仕事など，地域住民の暮らし方そのものを地域の文化資源として，まちづくりや観光資源として活用する事例も増加している。歴史的建造物や産業遺産を，ギャラリー等の文化施設へ転換したり，文化的な祭典に活用して多くの人をひきつけてい

はじめに

る例も各地に見られ，地域経済の活性化に寄与している。文化活動によって人々の創造力が引き出され，地域や社会にイノベーションを起こし，地域再生に結びつくような変化がもたらされている事例も現れている。

2　本書のねらい

　日本に初めてつくられた国の展示施設は，1872年設立の東京国立博物館である。その後，奈良，京都と国立博物館が整備された。1950年代には国立美術館も設立される。1970年代に入ると地方自治体による文化行政が台頭し，行政が文化の視点を持ってまちづくりを進める動きが始まった。1980年代には，各自治体が文化行政の一環として，文化施設の建設に積極的に取り組むようになった。

　現在，日本には類似施設を加えると5771館（2021年　社会教育調査）もの博物館がある。舞台芸術を主とする文化ホールも，公立だけで，専用ホールが1483施設，その他ホールが1363施設と，2800館余のホールがある[4]。

　文化施設が「地域の装置」として様々な職業や文化的背景を持つ市民，当該施設のあるコミュニティの人々，一時的な来訪者などを結ぶ公共空間となれば，存在意義は大きい。その役割は，市民が文化芸術を観賞する機会の提供や，市民自身が創造的活動に携わることの支援など，直接的な事柄にとどまらない。1）コミュニティの細分化や中心市街地の空洞化といった地域の課題に対していかなる使命（ミッション）を果たし得るのか，2）そのためにはどのような事業創造が求められるのか，換言すれば，官民を問わず，文化施設がその使命の達成を通じて地域社会に貢献し，持続的にステークホルダーに支持されていくための空間（社会との関係性）をいかに創り出していくのかが問われている。

　文化事業や文化施設の公共性のひとつは，地域に住む人々がその活動にかかわり，それをきっかけに人々が交流し地域的なまとまりができ，地域のアイデンティティの確立につながることではないだろうか。さらには，そこを訪れる広域の人々も巻き込んだ文化圏がつくられていくことで，経済社会活動の循環もできていく。

　文化や芸術は，国防や司法のような典型的な公共財とは異なり，「民衆を基

iii

盤とした共同財から生まれ，近代国家の成立とともに，公共財的側面と私的財的側面に乖離した」（後藤　2005）混合財である[5]。

　文化施設や事業が市民にとって，地域にとって，社会にとって必要なものであるならば，その存在意義や可能性を設置者，施設職員，利用者の間で共有しなければならない。文化施設や事業がトップダウンで与えられた芸術の鑑賞の場にとどまることなく，どうすれば，市民にとって自分たちの「公共空間」となり得るのか。「公共性」の概念からその役割を精査し直すことは，今後求められる地域活性化への寄与を検討する際に，ひとつの示唆を与えるものと考える。

　そこで本書では，「人々の創造性をはぐくみ，その表現力を高めるとともに，人々の心のつながりや相互に理解し尊重し合う土壌を提供し，多様性を受け入れることができる心豊かな社会を形成するもの」（「文化芸術基本法」前文）である文化芸術を核とした活動・事業と，文化芸術振興を支える文化施設について，「公共性」の概念からその役割を検証する。さらに住民自らが地域の文化資源を再発見し，活性化に取り組む事例を通じて，文化が地域の課題解決にどのような役割を果たすことができるのか検討を行う。文化の公共性について理論的，実証的に検証し，文化芸術が個人や社会に果たす役割，文化活動が地域社会に果たす役割の一端を明らかにすることを試みるものである。

3　本書の構成

　本書は，全6章で構成される。「はじめに」では，研究の背景，問題意識，目的を述べた。

　第1章では，文化芸術の公共性を論ずるにあたり，ヨーロッパの代表的な公共性概念，日本における近年の公共性についての議論を整理する。

　まず，ヨーロッパにおける代表的な公共性論である，ハンナ・アーレントの「公共世界と人間」論，ユルゲン・ハーバーマスの「討議的公共世界」論について検討する。

　1990年代以降日本でも，公共経済学，社会学，政治思想，政治哲学，法律学，法哲学，行政学，法律学等，広い分野で公共性に関する議論が盛んになっており，まずそれらの論点を整理する。特に，「公共性」が国家や行政そのも

のであるという文脈から飛び出して，「公共」を担う主体が，政府や市場のみでなく，地域社会や住民にも拡大されている点を注視する。行政＝「官」としての公と私的領域としての「民」の間にある，地域社会を動かす新しい領域の可能性について検討する。

　さらに文化芸術という有形・無形の財の性質についての議論を整理した上で，文化芸術の外部性について検討し，公共性の概念からみた文化芸術のあり方について考察する。

　第2章では，公立文化施設の運営や文化事業の基となる文化政策と理念に関して戦後の動向を概観する。その上で，文化施設のひとつである博物館（ミュージアム）について，新しい役割と公共性の実現に向けての動き――市民の自発的な活動への参画，ミュージアムを核とした新たなネットワークの形成――を考察する。

　第3章は，文化ホールの事業運営から公共性について考える。具体的には，関西の二大県立ホールである滋賀県立芸術劇場びわ湖ホールと兵庫県立芸術文化センターを取り上げ，設立当初のミッション，事業内容，地域への波及効果，メディアの評価などの仔細な比較を行う。滋賀県立芸術劇場びわ湖ホール（以下びわ湖ホール）では，開館から10年後の2008年，存続の危機とも言える問題が起こった。財政構造改革プログラムで削減した乳幼児などの福祉医療費を前年度と同水準に引き上げる財源として，びわ湖ホールを半年間休館し，その間に民間企業を含めた管理者を公募して自主運営費を削減する予算修正案を検討していると伝えられたのである。

　びわ湖ホール問題は，自治体の財政状況次第で減額の恐れがある「措定管理者」の立場の危うさ，契約の不徹底さを浮き彫りにした。また，公立ホールの意義，公共圏の設定，税負担者である県民への説明責任とコンセンサスをいかに形成するかなど，文化の公共性をめぐる課題を提示した。

　両ホールの使命と事業を文化の外部性と照らし合わせた上で，文化施設の使命の流動性を明らかにする。さらに2つのホールの使命の変化と活動内容から，公立文化ホールの公共性について検討する。

　第4章は，文化芸術の外部性，公共財としての有用性を，地域活性化という視点から実証的に検証する。地域の文化資源を活かした活動において，どのように地域住民の参加が促され，ビジョンが共有され，地域活性化に向けた動き

が加速していったのかを，日本最大の地域型芸術祭である瀬戸内国際芸術祭と堺市における歴史文化資源を活かしたまちづくりという2つの事例から探求する。

　第5章は，住民が中心となって，地域の文化を継続・発展させてきた活動を取り上げ，日本各地の文化活動の歩みをたどり，まちづくり・地域づくりとの結びつきにより活動の幅を広げてきた事例を検証する。とくに，文化活動の担い手としてのリーダーと住民有志の活動に焦点を当て，地域における文化活動発展のための示唆を得る。

　第6章は，企業の社会貢献の一環としての文化芸術支援活動を取り上げ，地域社会における企業の公益・公共的役割を探る。戦前期に活躍した大原孫三郎を先駆けとして，戦後も企業の社会文化貢献が活発な岡山地域の事例をもとに，文化芸術の発展に果たす企業活動の特徴を明らかにする。さらに，石見銀山地区の町並み保存に果たした企業家の活動を通じて，企業・企業経営者と地域社会との関わりを公共性の視点から考察する。

　「おわりに」では，本書の目的である，文化施設の事業運営や文化を活かしたまちづくり活動からうかがえる文化芸術の役割について考察する。公共性の概念からその有用性を検証し，地域社会や住民にどのような役割を果たし得るのかについて結論を述べる。

注
1）　阪本崇「文化経済学と新しい公共性―政策論的視点から見た『ボーモルの病』の貢献」『同志社政策研究』2　2008
2）　齋藤純一　『公共性』岩波書店　2000
3）　中島茂樹「第4章　改憲イデオロギーと『公共性』問題」山口 定・中島 茂樹・松葉 正文・小関 素明　『現代国家と市民社会―21世紀の公共性を求めて』　ミネルヴァ書房　2005
4）　一般財団法人地域創造　『2019年度地域の公立文化施設実態調査報告書』　2020
5）　後藤和子　『文化と都市の公共政策』　有斐閣　2005

目次

はじめに……………………………………………………………………… i
1　背景と問題意識　　　　　　　　　　　　　　　　　　　　i
2　本書のねらい　　　　　　　　　　　　　　　　　　　　 iii
3　本書の構成　　　　　　　　　　　　　　　　　　　　　 iv

第 1 章　公共性の概念と文化の外部性に関する理論的考察………………1
1　本章の問題意識　　　　　　　　　　　　　　　　　　　　1
2　ヨーロッパに始まった公共性の概念について　　　　　　　2
　2-1　ハンナ・アーレントとユルゲン・ハーバーマス　　　　2
　2-2　アーレント及びハーバーマスの公共性概念についての総合的検討　4
3　日本における公共性議論　　　　　　　　　　　　　　　　7
4　文化芸術の公共性について　　　　　　　　　　　　　　 11
　4-1　公共財としての文化芸術　　　　　　　　　　　　　 11
　4-2　文化の外部性についての諸理論　　　　　　　　　　 14
5　むすび　　　　　　　　　　　　　　　　　　　　　　　 19
　5-1　政治学における公共性概念　　　　　　　　　　　　 19
　5-2　経済学からみた外部性と公共性　　　　　　　　　　 20

第 2 章　ミュージアムの新しい試みから考える文化施設の公共性………27
1　本章の問題意識　　　　　　　　　　　　　　　　　　　 27
2　日本の文化政策の歩みとミュージアムの新しい試み　　　 29
　2-1　戦後の文化政策　　　　　　　　　　　　　　　　　 29
　2-2　文化政策に関する法律　　　　　　　　　　　　　　 31
　2-3　地方自治体の文化政策　　　　　　　　　　　　　　 35
　2-4　博物館の状況と機能　　　　　　　　　　　　　　　 38
3　ミュージアムの新たな試み　　　　　　　　　　　　　　 40
　3-1　パリ，ポンピドゥー・センター「開かれた美術館」　 40
　3-2　日本のミュージアムの新しい試み　　　　　　　　　 43
　3-3　文化施設と都市再生　　　　　　　　　　　　　　　 47

vii

| 4 | むすび | 49 |

第3章　文化ホールの使命から考える文化施設の公共性 ･･･････････ 55

1	本章の問題意識	55
2	公立文化ホールの設置状況と役割の変化	59
3	関西における2大県立ホールの使命と活動状況	62
	3-1　滋賀県立芸術劇場びわ湖ホール	62
	3-1-1　設立背景と使命	62
	3-1-2　メディアに表れたびわ湖ホール	65
	3-1-3　びわ湖ホールの使命と経済効果	72
	3-2　兵庫県立芸術文化センター	74
	3-2-1　使命とその活動	74
	3-2-2　メディアに表れた芸術文化センター	81
	3-2-3　芸術文化センターの使命と経済効果	89
4	文化の外部性からみた両ホールの公共性	94
	4-1　ボウモル/ボウエン理論からみた両ホールの存在意義	94
	4-2　両ホールに対する新たな社会的要請と使命の変化	97
	4-2-1　両ホールの使命とその実現	97
	4-2-2　両ホールに対する新たな社会的要請	98
	4-2-3　両ホールの使命の変化	100
5	むすび	101
	5-1　ミッションの流動性	101
	5-2　新しい活動の共通点と公立ホールの公共性	102

第4章　地域の文化資源を活かしたまちづくり ･･････････････････ 107

1	本章の問題意識	107
2	文化の外部性からみた瀬戸内国際芸術祭	108
	2-1　瀬戸内国際芸術祭の概要	108
	2-2　瀬戸内国際芸術祭の開催経緯	111
	2-3　瀬戸内国際芸術祭による地域の変化	113
	2-3-1　データでみる瀬戸内国際芸術祭	114

viii

2-3-2	瀬戸内国際芸術祭がもたらしたもの	130
2-4	文化の役割と外部性	137
2-5	瀬戸内国際芸術祭の社会的効果―文化の外部性による検証	138
2-5-1	国家に付与する威信	138
2-5-2	芸術祭の経済効果	142
2-5-3	将来世代への貢献	144
2-5-4	教育的貢献	145
2-5-5	まとめ	148
3	歴史文化資源を活かした堺市のまちづくり	151
3-1	堺の歴史	151
3-2	歴史文化を現代にどう活かすか	154
3-2-1	「百舌鳥・古市古墳群」を世界遺産へ	154
3-2-2	保全体制とコミュニティの役割	155
3-2-3	茶の湯のまちづくり	157
3-3	まとめ	161
4	むすび	162

第5章　住民がつくる地域文化 ･･････････････････････････ 167

1	地域文化活動の歩み	167
1-1	伝統文化の継承・発展	167
1-2	洋風文化の普及と地域文化	172
1-3	新しい地域文化活動と地域づくり	175
2	地域文化活動の継続と発展	181
2-1	地域文化活動の顕彰	181
2-2	創る情熱	192
2-3	続ける知恵	193
2-4	つながる力	195
3	むすび	196

第6章　企業の文化芸術支援 ･･･････････････････････････ 199

1	社会貢献活動による公共性の実現	199

1-1	文化芸術支援活動の系譜	199
1-2	岡山における企業の文化芸術支援活動	201
2	公共性の実現における企業経営者の役割	203
2-1	石見銀山地区における町並み保存活動	203
2-1-1	大森の町並み	203
2-1-2	町並み保存運動	204
2-2	町づくりの住民リーダー	205
2-2-1	中村俊郎	205
2-2-2	松場登美	207
2-3	郷土を見る「鳥の眼」と「虫の眼」	208
3	むすび	210

おわりに……………………………………………………213

初出一覧
参考文献
事項索引・人名索引

第1章

公共性の概念と文化の外部性に関する理論的考察

1 本章の問題意識

　文化の公共性について理論的，実証的に検証するにあたり，ヨーロッパの代表的な公共性概念，わが国における近年の公共性についての議論を整理する。

　本章では，特に「市民的公共性」という概念を，20世紀後半に広めた二人の思想家，ハンナ・アーレントとユルゲン・ハーバーマスの公共性論を中心に検討する[1]。彼らの思想において共通する公共性の概念は，誰もが公共的活動へ参画でき，人間の主体的な活動が促されること，つねに市民に開かれていることである。

　日本においては，1990年代後半から政治学，社会学，経済学等，幅広い領域で，公共性についての議論が盛んになってきた。日本の公共性議論は，公と私が垂直方向に位置付けられた二項対立的な思考図式からの変化に着目している。福祉国家としての「大きな政府」の限界，地方分権の議論とともに，「公共」を担う主体が，政府や市場のみでなく，地域社会や住民にも拡大されている。行政＝「官」としての公と私的領域としての「民」の間に，地域社会を動かす新しい領域が存在する可能性である。これは，アーレントのいう公共空間，ハーバーマスのいう市民的公共性にも呼応する公共性の構造と言えるだろう。

　文化施設における公共性の問題についても，改めて議論されるようになっている。2003年に施行された地方自治法の一部改正による指定管理者制度の導入は，公立文化施設の運営への民間事業者の参入を可能にしたと共に，事業内容の見直し，職員定数の見直し，利用料金制導入施設の増加等，文化施設の運営に大きな変化をもたらしている。

　文化施設は，公園や広場のような無料空間に比べて，誰にでも開放された自由な空間とは言いがたい。入館料・公演料の問題，立地場所等，物理的な距離だけでなく，空間や展示作品，公演作品へのイメージから心理的な距離を抱くこともある。したがって，文化施設がその活動をいかに社会に開いていき，地

域の多様な人々や享受者を結びつけ，文化の社会的循環を可能にしていくか
が，文化施設の公共性を保障していく上で重要な視点となる。文化施設におけ
る公開性と相互コミュニケーションの展開は，文化芸術の享受機会増加のみな
らず，市民の対話や交流を生むことで人々の創造性を引き出し，地域を活性化
させる可能性を持つだろう。

2 ヨーロッパに始まった公共性の概念について

2-1 ハンナ・アーレントとユルゲン・ハーバーマス

「国家的公」の概念とは異なる市民的「公共性」という概念を，20世紀後半
に広めた思想家がハンナ・アーレントとユルゲン・ハーバーマスである。

アーレントとハーバーマスは，それぞれの視点から人々の「活動」と「コ
ミュニケーション」によって成立する「公共性」という概念を定式化した。
アーレントは，古代ギリシャのポリス公共性を，ハーバーマスは18世紀の公
権力に抗した文芸的・政治的公共性を範とし，それぞれ新たな時代の公共性の
あり方を探っていった。

アーレントは『人間の条件』[2]の中で，人間の活動力を労働，仕事，活動（行
為）に分類した。労働は生物としての人間の身体的な必要性に応じるもの，仕
事は人間の制作能力によるもの，活動（行為）は人間が自分自身を他者の前で
露わにする活動力である。アーレントは，活動（行為）の世界に公共性を位置
付け，公共性を公開性と公共世界の2つの意味で定義した。「多種多様な人々
がいるという人間の多数性」を「唯一性」（ユニークネス）を持つ一人一人の
集合体として捉えた[3]。彼女は，万人や私たちということばを，均質で画一化
された多数性という意味ではなく，共通性のみならず，独自性を持つ多種多様
な人々の構成体という意味で用いる。「有機的生命の場合には，同じ種に属す
る個体の間にさえ，すでに多様さと差異が示されている。しかし，その差異を
表明し，他と自分を区別することができるのは人間だけである。（中略）他者
性と差異性は，人間においては唯一性（ユニークネス）となる。したがって人
間の多数性とは，唯一存在の逆説的な多数性である」[4]。このユニークな差異
性を明らかにするのが，言論と活動であるという。言語活動を通じて共有しあ
う世界が公共世界であり，それが人間の条件をなすというのである。

第 1 章　公共性の概念と文化の外部性に関する理論的考察

　アーレントは，人間は他者と異なる自己を際立たせながら，「言語活動」によって他者とコミュニケーションし，自己のアイデンティティを確立していくことを強調した。言語を媒介とした相互的な行為が，その個人の個性を最も表出するものである。だが，それが表出されるには，すなわち行為が可能となるためには，公的な空間がなければならず，また公的な空間にみずから姿を現さねばならない。行為には，行為を可能にする公的空間が存在していること，政治的＝ポリス的な秩序が存在することが必要だと論じた。

　このアーレントの公共性論に大きな影響を受けたと自身が認めているのが，ユルゲン・ハーバーマスである。ハーバーマスによれば，ヨーロッパ社会において 18 世紀中頃，カフェやサロンを舞台に「文芸的な公共圏」が立ち現れた。宮廷や教会など旧来の公的・精神的権威に対抗して，また，生産や消費の必要性からも解放された空間にあって，表現の自由を標榜する全くの私人（市民）による自律的な領域が形成された。「『公共圏』とは了解を志向するコミュニケーションが成立する相互主観的な社会空間のことである。公共圏は，多種多様な意見を集約する討議（ディスカッション）のアリーナ（闘技場）とそれらの意見の個別的なネットワークによって構成される社会空間である」[5]。

　ハーバーマスが示した 18 世紀における市民的公共性の基本構図は表 1-1 のように表せる。「基本的な分割線は国家と社会の間を分ける線で，これが公的領域を私的（民間）領域から隔てている。公的領域の範囲は，公権力だけに限られているが，われわれはこれに宮廷をも加える。私的領域の中には，本来の

表 1-1　ハーバーマスによる 18 世紀における市民的公共性の基本構図

私的（民間）領域 (Privatbereich)		公権力の領域 (Sphäre der öffentl. Gewalt)
市民社会 （商品公易と社会的労働の領域）	政治的公共性	国　　家 （「内務行政」の領域）
	文芸的公共性 （クラブ・新聞） （文化財市場）	
小家族的内部［親密性］空間 （市民的知識層）	都市	宮　　廷 （貴族的宮廷的社交界）

出所：Habermas（1962，邦訳，1994）pp.49-50 より筆者作成

3

意味での『公共性』も含まれている。なぜなら，それは民間人の公共性だからである。（中略）　政治的公共性は文芸的公共性の中から姿を現してくる。それは公論をつうじて，国家を社会の欲求へ媒介する」[6]。

　やがて，この「文芸的な公共圏」という社会空間は，フランス革命に前後して，言論，出版，集会の自由を核とする市民層の要求と結び付き，政治的意味合いを強く帯びるようになっていった。19世紀後半からは，国家行政と経済の結び付きが強くなり，国家と社会の分離を前提とする市民的公共性の自律性は相対的に弱体化する。1873年に始まる大不況以来，自由主義の時代は終わり，国家によって失業，事故，病気，老年，死亡といったリスクはまかなわれるようになる。同時に「私的な留保領域である家庭も，その地位の公的保障によって，ある意味で私的性格を奪われるのである」[7]。また，文芸的公共性が発展して文化消費へ変貌していくにつれて，「文化を議論していた公衆は，文化を消費する公衆」[8]へと変化し，「生産と消費の循環の中に引き込まれ，もはや生活の必要から開放された別世界を構成しえないという理由からみても，すでに非政治的なものなのである」[9]。

　こうして，公共性の原理は機能変化，構造変化を起こした。その後20世紀後半まで状況はよりいっそう深刻化するが，ハーバーマスは，行政・経済のシステムから相対的に自律した社会の新しい理解と公共性の理念を結合させる政治・社会理論を展開していく。「公共性」の批判的・規範的な側面を再生させようとしたのである。その中心となる概念が，「コミュニケーション的自由」と「批判的公開性」である[10]。絶えざる合意形成へと向かう試行錯誤の空間そのものが「公共性」であり，常に「開かれている」こと，すなわち「公開性」を「公共性」の第一の条件とした。

2-2 アーレント及びハーバーマスの公共性概念についての総合的検討

　アーレントの公共空間論，ハーバーマスの公共性・公共圏論は，近代の公共論に大きな影響を与えたが，両者の思想に対しては共通する批判点がある。それは，ある種の人々の排除の上に成立しているということである。

　アーレントは，私的なもの，社会的なものを排除している。彼女が模範とした古代ギリシアの都市国家ポリスでは，生活圏（公的領域）と各個人に固有な家族の生活圏（私的領域）が明確に区別されていた。自分自身のものである家

4

族と，共同体のものであるポリスの政治的領域はそれぞれ異なる機能を有していたからである。「家族という自然共同体は必要〔必然〕から生まれたものであり，その中で行われるすべての行動は，必然〔必要〕によって支配される」[11]。

　ギリシャ市民であることは政治の舞台に参加することを意味していた。そのためにはまず家族内での雑務である必然から解放されていなければならない。ポリスではこの自由は，奴隷制という暴力を用いて獲得することができた。「暴力は，世界の自由のために，生命の必然から自分自身を解放する前政治的な行為」[12]として家族内では正当化されており，この暴力も家族という組織も政治的領域に参加するために必然からの解放として用いられたのである。「要するに，ポリスはただ『平等者』だけしかいないのに，家族は厳格な不平等の中心であるという点で，両者は区別されていたのである。自由であるということとは，生活の必要〔必然〕あるいは他人の命令に従属しないということに加えて，自分を命令する立場に置かないという，二つのことを意味した。それは支配もしなければ支配されもしないということであった」[13]。私的な領域とは，privative の語源が示す通り，何ものかを奪われていることを意味する。家族内部では奴隷制という暴力によって不平等が存在し，その存在によって家長は自由を手にしていた。それは政治への参加を意味し，その政治の領域での言論と活動は自由に行われていたのである。家庭内部で行われる活動は種の保存といった必然性に関連した活動であり，そのための不平等なのである。これが私的領域で行われる活動であった。一方，公的領域である政治は家庭の不平等を前提にして存在する平等な市民によって支配されていた領域である。だからギリシャ市民が政治への参加を誇りに思っていた反動として，私的領域（private）が deprived という「なにものかを奪われている状態」[14]として位置付けられていたのである。

　「ギリシャ人の都市国家は，知られる限り，もっとも個人主義的で，もっとも画一的でない政治体であった」[15]。しかし，「近代の私生活は，政治的領域よりもむしろ社会的領域のほうに密接かつ確実に結びついている」[16]とアーレントはいう。社会的領域とは「生命の維持のためにのみ存在する相互依存の事実が公的な重要性を帯び，ただ生存にのみ結びついた活動力が公的領域に現れるのを許されている形式にほかならない」[17]。つまり，社会的領域は家族的領域

の延長であり，画一的であり経済的であり，社会的領域に属する近代人は，没個性化した存在であると捉えることができる。

アーレントの公共性概念は，古典的理論に固執したものであり，あまりにも理想主義的で，現実への適用可能性に乏しいとする批判も多く存在する[18]。またアーレントにおける公・私のあいだの境界線はジェンダーの二項対立軸と一致しており，「公的」領域すなわち男性性，唯一無二の存在としての個人，自由，政治，行為の空間と，「私的」領域すなわち女性性，身体，必然，家庭，自然の空間を峻別するために設けられていると，多くのフェミニストたちから批判されることになった[19]。

ハーバーマスもアーレントの公共性概念に対して，その古典的理論への固執ゆえに，現代的な諸問題には適用できないといった指摘を行っている[20]。

一方，ハーバーマスが公衆の担い手としたのはブルジョアに相当するもので，多くの人々はそこから排除されていたことを指摘した批判が多い。たとえばフレイザーは，「問題なのは，公開性と接近可能性というレトリックを用いるにもかかわらず，公式の公共圏がかなりの部分の人びとの排除にもとづいており，じっさいにその排除が重要な構成要素をなしていたことである」と指摘している。「女性，農民，ナショナリスト，労働者階級の公共圏の可能性を排除し，逆に言えば公共圏がブルジョア公共圏とされることで，それらが歴史の闇に葬り去られるのである」[21]。

なお，ハーバーマス自身も，こういった批判を積極的に受け入れた。後年は，1960年代以降に起こった平和運動，環境運動，女性運動や，80年代の東欧での民主化運動といった「新しい社会運動」に注目。それらが政治に与えた影響力，NGOの登場と影響力を踏まえ，自発的に構成された団体，組織，運動をブルジョア社会とは異なる新しい市民社会の構成単位として位置付けている。

アーレントとハーバーマスの公共性には，このような排除性という問題はあるが，両者の思想に共通した価値理念である共同性や公開性については，市民的な公共性の重要な視点と考えられる。両者とも開かれた公共空間に主眼がおかれているという点である。アーレントの公共性は，直接的な話し合いと相互に人格を顕現する活動の空間であり，ハーバーマスの公共性は，対話と共同の行為によって成立する公共圏である。それらが政策に影響を与える公論を形成

し得る空間として，私的領域と国家をつなぐ市民社会における公共性の発露になると考えられている。

ハーバーマスのいう「公共圏」においては，人々は他者との交流の中で生きており，オープンなコミュニケーション（討議）が展開され，多様なネットワークが形成されることで，「公論」が形成される。アーレントも，人は「言語活動」によって他者とコミュニケーションし，自己のアイデンティティを確立していくことを強調し，そのために公的な空間が必要と説く。また，アーレントにおいても，ハーバーマスにおいても「公開性」が重要な概念であり，誰もが公共的活動へ参画でき，人間の主体的な活動が促されること，つねに市民に「開かれていること」こそが公共性であると定義している。

ハーバーマスの『公共性の構造転換』は，公共圏の批判機能（討議機能）の喪失を主要テーマにした論文である。市民的公共圏が再び「消費の享楽」を乗り越えて「公論（公共的な意見の集約）」を取り戻すためにどうすれば良いのかがハーバーマスが提示する問題点である。この課題は，後年『コミュニケーション的行為の理論』[22]で，国家・行政システムと経済システムの複合体による生活世界の植民地化として理論化される。社会を「生活世界（コミュニケーション的合理性）」と「システム（国家行政・資本主義経済）」の二層構造として捉え，目的合理性や経済効率性などの原理によって作動する「システム」が，道徳的なコミュニケーション的合理性の原理によって運営される「生活世界」を脅かすと，各領域に病理現象が発生すると説く。システムによる生活世界（自由の王国）の支配に抵抗するためには，「公共圏」での了解を志向するコミュニケーションと討議による「民主的な意志の集約」が必要になる。「公共圏」の概念はハーバーマスの思想に一貫する中心的概念であり，市民社会の再建（非経済的・非国家的な個人相互の主体的なネットワーク化）という課題を提示している。

3 日本における公共性議論

日本社会では，「公」は，民である「私」と上下関係を形成し，多くの場合「公」である「お上」が民に「お触れ」として告知するという構造が特徴的である。政治や行政，組織には依然としてこの構図が色濃く残っている。実務的

には「公共事業」,「公益法人」,「公共の福祉」,「公道」,「公民館」といった言葉に代表されるように,国や自治体が市民に理解を求める際に使用される言葉が「公共性」であった。

丸山眞男は講義「政治学」(1960) で,「戦後において滅私奉公の神話が崩れ,エゴつまり私的利害が日陰者の地位を脱しながら自発的結社の発生はまだ定着しないために,そこから公共性への自主的通路が生まれない。だから依然として官憲国家が公共性を代表し,その慈恵による国庫支出,社会保障という性格が強く残っている」と,本来官憲国家は公的なるものとは必ずしも一致しないと説いた。それに対して間宮 (1999b) は,「公と私とは別に,公と私を結びつけるものとしての公共性という概念がある。これが大事である。それを導入すれば丸山政治学で言えば,政治的なるものは公的なるものとは必ずしも一致せず,むしろ公共性と過不足なく一致することが理解できるであろう」[23]と述べている。

「公共性」が国家や行政そのものであるという文脈から飛び出して,肯定的でしかも活発に用いられるようになったのは 1990 年代になってからである。山口ら (2003) によれば,国立情報研究所が提供するデータベースにおいて,「公共性」という語を表題に含む人文・社会科学関係の論文数は,1975 年から2002 年までの間に 1100 点にも達し,とりわけ 90 年代後半以降その増加が著しいという。それら 1100 点の論文をキーワードごとに分類し,論文数の多い順にあげると,行政一般,教育,都市,環境,学校,自治体,民営化,公害,まちづくり,公共事業,グローバル化,となっている[24]。このようにきわめて広範な領域において公共性への関心が高まっていることが示されている。学問領域でみても,公共経済学,社会学,政治思想,政治哲学,法律学,法哲学,行政学,法律学等,議論は広い分野に及び,理論的にも実務的にも様々な論点を抱えている。

齋藤 (2000) によれば,「公共性」が「肯定的な意味合いを獲得するようになったコンテクストのひとつは,国家が〈公共性〉を独占する事態への批判的認識」の拡がりがあったからだという。「すでに 60 年代末以降,公共事業を含む政府の『公共政策』に対して,住民運動,市民運動という形での抗議が提起されてきた。それが,90 年代初頭,バブル崩壊後に国家の財政破綻が露になると,『公共性』に対する批判的な問題意識は広く一般に共有されるように

なった」[25]。

　また，齋藤（2000）は，様々な議論を整理し，一般に「公共性」という言葉が用いられる主要な意味は，次の３つに大別されると言う。第一に，国家に関係する公的な（official）ものという意味。第二に，特定の誰かにではなく，すべての人びとに関係する共通のもの（common）という意味。この意味での「公共性」は，共通の利益・財産，共通に妥当すべき規範，共通の関心事などを指す。第三に，誰に対しても開かれている（open）という意味。この意味での「公共性」は，誰もがアクセスすることを拒まれない空間や情報などを指す。そして，これらはいずれも国家との関係の程度や関係する人々の範囲，公開の程度という大小関係の想定（測度化）や順序付け，分類などが可能であり，ある事象の公共性を判定する際の示標として用いることができる。

　山脇（2004b）は，「governmental や official という意味での『政府の公』と，市民，国民，住民の総称としての『民の公共』と，私有財産とか営利活動とかプライバシーなどの『私的領域』の３つを区別しつつ，その相互作用を考察するような三元論的なパラダイムを，実体概念としてではなく関係概念として捉えるという見方が必要である」という[26]。そして，「滅私奉公」という「人間―社会」観でも，「滅公奉私」[27]，つまり他者感覚を喪失した「人間―社会」観でもなく，「活私開公」という人間観，個人一人一人が活かされながら民の公共を開花させ，政府の公をできるだけ開いたものにしていくような「人間―社会」観が必要と説く。ここでもやはり，「開いていくこと」＝「公開性」が公共性の重要なファクターとされている。

　山口ら（2003）は，以下の８点を「公共性」を判定する基準として提起している。

①社会的有用性もしくは社会的必要性：社会にとっての必要性あるいは効用の大小。

②社会的共同性：社会ルールや価値観との適合性。

③公開性：開かれていること。

④普遍的人権：人権の保障。

⑤国際社会で形成されつつある「文化横断的諸価値」：自由，人権，デモクラシー，寛容，持続可能性。

⑥集合的アイデンティティの特定レベル：重層的，多元的な帰属意識の中

で，共同体をどの範囲に設定するか。

⑦新しい公共争点への開かれたスタンス：新しいリスクに対して柔軟で開かれた問題意識を持つ。

⑧手続きにおける民主性：定められた手続きが民主的であるか。手続きが遵守されているか。

政治経済学の立場からいち早く公共性の基準を提起したのは宮本憲一である。宮本（1989）は，自ら関わった大阪空港訴訟の経験を踏まえて，公共事業や公共サービスの公共性について以下のような尺度を提唱する[28]。

①その事業やサービスが生産や生活の一般的条件，あるいは共同社会的条件であること。

②その事業やサービスが特定の個人や私企業に占有されたり，利潤を直接間接の目的として運営されるのではなく，すべての国民に平等に安易に利用されるか，社会的公平のために運営されること。

③公共施設の建設，改造，管理，運営に当たっては，周辺住民の基本的人権を侵害せず，かりに必要不可欠の施設であっても，出来うる限り周辺住民の福祉を増進しうること。公共サービスについても基本的人権を侵害してはならない。

④公共施設の設置，改善や公共サービスの実施については住民の同意を得る民主的な手続きを必要とすること。この民主的な手続きには，事業・サービスの内容が住民の地域的な生活と関係するような場合には，住民の参加あるいは自主的な管理をもとめることをふくんでいる。

以上の4つの基準をあげ，「この基準にしたがって，現実の公共財・サービスを判断すると，公共性の秩序がつくられるであろう。これらの諸条件を満足させるようなものは公共性が高次である」と説く。

全20巻からなる佐々木毅・金泰昌編『公共哲学』（東京大学出版会）叢書は，対話的な手法をもって公共性問題にアプローチしようとしたシリーズである。同書は以下の4つの観点に留意して編集されたと記されている。

①公共性を，個を殺して公に仕える「滅私奉公」のような見方ではなく，個が私を活かして公を開く「活私開公」という見方でとらえる。

②従来の「公」と「私」という二元論ではなく，「公」と「私」を媒介する論理として公共性を考える。

第 1 章　公共性の概念と文化の外部性に関する理論的考察

③公共性の担い手について，国家が独占するという観点よりは，市民や中間
　団体の役割を重視するという観点から議論を進める。
④グローカル（グローバルかつローカル）なレベルでの公共性について積極
　的に考慮する。

　人文社会科学，自然科学に広範囲にわたるテーマを取り上げ，基本的には，
「政府の公」と「民の公共」と「私」の三領域を区別しつつ議論しているが，
相関的三元論とは異なる論者の意見も含め，自由闊達な討論を試みている。

　他にも，公共性概念に関しては，現在もなお様々な議論が進行中であり，そ
れぞれの問題関心に基づき定義するため，領域によって多くの見方がある。

4　文化芸術の公共性について

4-1　公共財としての文化芸術

　本節では，文化芸術という有形・無形の財の性質についての議論を整理した
上で，文化芸術の外部性について検討し，公共財としての文化芸術のあり方に
ついて考察する。

　公共財とは，すべての人々に共同で消費，利用される財のことである。一人
の消費者に提供しようとしてもそのほかの消費者も消費することができ，物理
的・コスト的に排除することができない非排除性と，特定個人の消費が他の個
人の消費を制限しない非競合性という性格を持つ。一方私的財は，それを消費
する特定個人の効用が高められるだけの財である。

　ある財が個人的利益と社会的利益をともにもたらし，政府のみならず民間か
らの供給も可能な場合，準公共財という。準公共財には，クラブ財とメリット
財（価値財）がある。クラブ財とは，会員権の発行によってその利用が制限さ
れるスポーツクラブや，公共財の利用によって混雑が生じ競合性が生じる高速
道路，公共交通等である。メリット財は，私的財に近い性格を持ちながらも，
そのサービスを受けることが，本人だけの利益だけではなく，何らかの意味の
社会性を持つ財のことである。市場において供給することが可能であるにもか
かわらず，政府が，ある特定の財を消費することが望ましいと判断して供給す
る。たとえば，教育が持つ価値を政府が認めて国民に義務付ける義務教育や，
所得再配分を目指した低所得者向けの住宅等の福祉サービスである。

11

文化芸術は個人の趣味や教養，精神的な満足，生きがいなどに関わるもので，行政が文化芸術の財・サービスを供給することの正当性については議論の的となってきた。小林と片山（2009）は，文化芸術がもつ公共財としての便益についての諸説を，以下のようにまとめている[29]。

①文化遺産説

チケットを買って劇場や美術館に行かない人も，「文化遺産」として後世に残したいと思っている人がいる。その便益の部分は，市場で取引されない公共財の特徴を持つ。

②国民的威信説・地域アイデンティティ説

優れた芸術の存在が国民に「威信（prestige）」をもたらすことがある。地域レベルでみると，芸術の存在が「地域アイデンティティ」をもたらすことがある。

③地域経済波及説

芸術が存在することで，観光客の消費が拡大する，あるいは有能な労働者を集めやすいといった便益が生じることがある。

④一般教養説

芸術という一般教養があることによって，社会全体に広く利益をもたらすことがある。

⑤社会批判機能説

芸術がもっている社会批判機能の便益は，直接芸術鑑賞する人以外にも及ぶ。

⑥イノベーション説

実験の成果は，多くのアーティストに利用可能な便益。失敗も便益をもたらす。

⑦オプション価値説

「将来利用することができる」ということがもたらす便益。

これらの便益は，ただ乗りが可能であり，⑦のように現時点では支払行動につながらず費用負担されないため，市場メカニズムに委ねているだけでは，必ずしも十分に供給されない可能性がある。ただし，文化芸術が以上のような準公共財としての性格を有するからといって，政府が財政支出をすべきであるということには繋がらない。人々がこれらの公共財的側面に対して公的支出を望

むことが必要である。

　財やサービスが持っている存在価値，遺贈価値，オプション価値といったような，市場でなかなか表れてこないような価値について，市場を仮想的に作り出して，その価値をできるだけ数値化する手法として，CVM（Contingent Valuation Method：仮想市場評価法）がある。

　1998年に開館した新潟市民芸術文化会館（りゅーとぴあ）では，2005年〜2006年にかけて市民調査を実施した。仮に，将来にわたってこの文化活動を維持存続させるために支援基金を作ったとした場合に，いくら支払ってもよいか（支払意志額）を尋ねている。その結果，平均値で年間約2500円を支払ってもよいという結果を得た[30]。りゅーとぴあの施設管理費は年間7億6000万円，自主事業補助金が2億4000万円，合計年間約10億円かかっているが，新潟市の成人人口約65万人が2500円ずつ払えば，16億円を超える。このことから，現在の助成のレベルは市民の合意を得られるものであると考えられる。支払の理由としては，子や孫など将来世代のために必要，市民が文化，芸術活動の場として利用する，新潟市の都市としての魅力を高めるなどとされている。支援者に関しては，地方自治体が主たる支援者となるべきであるとする回答者が，入場者及び施設の利用者が負担すべきと回答した人より多く，市民対象の芸術文化活動の普及，芸術文化教育や国内の芸術家の公演の増加も期待されている。経済波及効果は，観客約2500のサンプル調査の結果，最終需要は約13億円，産業連関表を使った分析によると，最終的な生産誘発額は20億円を超え，経済的な活動主体としても重要な役割を担っている。

　少なくともこの事例においては，芸術や文化は市場だけでは成立しないということに対して，市民，観客の間にもコンセンサスがあると言える。

　2001年に文化芸術振興基本法が施行され，文化芸術の公益性は認められている。文化振興は国や地方自治体にとって当然の責務であるとされているが，文化芸術のどの領域をどの程度支援すべきかは，地方自治体により大きく異なっており，必ずしも明瞭ではない。また文化行政に対する評価の仕組みが構築されているとは言いがたく，その成果が適切に評価されにくい。入場者数や施設の稼働率，事業収支など，効率性や経済性の指標のみならず，文化的な価値や質，その影響度等を評価する指標や基準がなければ，文化芸術分野の評価としては不十分である。事業の実施目的の達成度について，質的な面を含めた

評価の手法があってこそ，財政上の適正規模を決定することができると言える
だろう。

4-2 文化の外部性についての諸理論

　文化芸術に対して国家や自治体が支援する理論的な根拠に関する基本的な議
論と文化の外部性について概観しておく。

　アダム・スミスは『国富論』第5篇第1章の中で，庶民の教育に対して公
共社会の注意を必要とすることを述べている。分業が進むに連れて国民の大部
分の仕事がきわめて単純な作業に限定される。すると「困難を除去するための
方策を見つけだすのに自分の理解力を働かせたり，創意を働かせたりする必要
がない。（中略）そのため彼は自然に，そのような努力の習慣を失い，およそ
人間としてなりうるかぎり愚かで無知になる。精神の活発さを失うことによっ
て，彼はどんな理性的な会話を楽しむことも，それに参加することもできなく
なるばかりでなく，寛大，高貴，あるいはやさしい感情をもつこともできなく
なる」[31]。それを救うためには文化芸術に接する機会を提供すべきと説く。

　「公衆の娯楽を頻繁で陽気なものにすることである。絵画や詩や音楽や舞踊
によって，またあらゆる種類の演劇や展示によって，中傷や下品にならずに
人々を楽しませ，気晴らしをさせることを企てて，自分の利益を追求するすべ
ての人びとを，国家は，奨励すなわち完全な自由を与えることによって，ほと
んどつねに民衆の迷信や熱狂の温床である憂鬱で陰気な気分を，彼らの大部分
から容易に発散させてしまうだろう」[32]。

　芸術・文化は一部の持てる者の特権ではなく，持たざる者もそれを享受でき
ることが社会の安定につながるから必要だというのである。個人にとってのみ
ならず社会にとって有益である，だからこそ公共性を有する。

　スミスの死後，イギリスでは産業化・工業化の進展を背景に，失われた手仕
事の良さを見直し自然や伝統に美を再発見するアーツ＆クラフツ運動が起こっ
た。その中心的人物は思想家ジョン・ラスキンとデザイナーで思想家，詩人で
もあったウィリアム・モリスである。ラスキンはものが持つ「生を支える絶対
的な力」によってものの価値を測る「固有価値論」を唱えた。「生を支える絶
対的価値」を持つもののひとつとして，芸術をはじめ美を備えたものをあげて
いる。「有効価値の生産のためには常に二つの必要なものがある。第一は，財

14

第1章　公共性の概念と文化の外部性に関する理論的考察

が，もともと利用しうるという性質をもつものとして生産されているということ，第二は，人間が生産されたものを利用する能力を身に着けていること」[33]というように，固有価値が有効なものになるためには，それを享受する能力が必要であることを指摘した。

モリスたちが唱える理想社会——すべての人々が芸術の薫り高い生活を送る——を実現するためには，民衆が身近な生活に芸術を取り入れていく環境と，芸術を理解し得る教育が必要である。そうすれば，「生産者は創造性を発揮し享受者は享受能力を高め，人間の生命やくらしの充実に貢献しうる有効価値を実現してくれる」[34]と期待したのである。

1945年の「イギリス芸術評議会」設立に尽力したジョン・M・ケインズは，「来るべき時代においては，国民大衆が，古い時代において恵まれた少数者だけに与えられていた美術の楽しみを味わうことができるようにしなければならない」と考え，「近代世界においては，芸術は古い時代における裕福な階級の庇護に変わるべき新しい後援を要求している」と，芸術保護における政府の役割の重要性を示した。さらに芸術に関しては政府を直接決定に介入させず政治的中立を保たせるために，助成機関と政府の間に一定の距離（アームスレングス）が必要だという「アームスレングス」の法則を打ち出した。

文化芸術への公的支援の根拠に関する分析としては，ボウモル（Bowmol, W.J.）とボウエン（Bowen, W.G.）（1966），フライ（Frey, B.S.）とポメレーネ（Pommerehne, W.W.）（1989），ハイルブラン（Heilbrun, J.）とグレイ（Gray, C.M.）（1993），スロスビー（Throsby, D.）（1994, 2001）らの研究がある。中でも，現代の文化芸術の公的支援に明確な理論的根拠を提示したのは，ボウモル・ボウエン著の『舞台芸術—芸術と経済のジレンマ』[35]である。アメリカ全土の演劇，音楽，バレエ，ダンス，オペラなど舞台芸術諸団体の財政問題を綿密なケーススタディに基づいて分析し，舞台芸術は経済的に自立不可能であり，経済一般が発展していく中で，所得不足（赤字）が年々増大せざるを得ないことを科学的に立証した。

所得不足の必然性＝「市場の失敗」がただちに公的支援の根拠とはなり得ないが，文化芸術の持つ外部性に着目した。文化芸術はそれを直接享受する個人だけでなく，その個人が属するコミュニティにも様々な便益をもたらし，私的財の側面と公共財の側面を併せ持つ準公共財ないしは混合財であるとした[36]。

15

ボウモルとボウエンが指摘した外部性は，以下の4点である。

①舞台芸術が国家に付与する威信

②文化活動の広がりが周辺のビジネスに与えるメリット

③将来世代への効用（芸術水準の向上，観客の理解力の発達）

④コミュニティにもたらされる教育的貢献

このように「芸術が共同体全体に普遍的な便益を提供しているのだとすれば，芸術は多かれ少なかれ公共財であり，その便益はチケット売場において回収が期待できる売り上げを明らかに上回っている」[37]ために，政府が支援することは合理性がある。

また，観客調査の結果，舞台芸術の観客は，高学歴，高所得，専門職といった属性を持つ人が多い点を指摘している。文化芸術が社会的に有用であるという公共性を持つのであれば，平等性，再分配の観点から政府が文化活動を支援すべきであると論証した。

ボウモルとボウエンが示した文化支出の理論的根拠を纏めると，①所得不足の必然性，②文化芸術の外部性（社会的便益），③平等性・再分配の3点である。この提言は1965年に米連邦政府が芸術助成のためのNEA（全米芸術基金）を創設するきっかけになった。

ボウモルとボウエン以降も，文化芸術への公的支援の理論的根拠と文化芸術が持つ外部性についての研究がみられる。

フライとポメレーネは著書 *Muses and Markets : Exploration in the Economics of the Arts*[38] において文化芸術の正の外部性について次のように指摘している。

①オプション価値：今すぐ消費しないが，芸術の供給によって受けるかもしれない便益

②存在価値：歴史的建造物のような，一度壊してしまえば商業ベースでは復元不可能なものが持つ便益

③遺産価値：次世代の人々は，自分達の選好を現時点で表示することができないので，引き継ぐ努力を怠ると断絶してしまう便益

④威光価値：国民としての誇りを感じさせ，文化的アイデンティティの維持に貢献する便益

⑤教育的価値：社会の創造性や文化的評価能力を高め，その結果，社会の構成員が受ける便益

第1章　公共性の概念と文化の外部性に関する理論的考察

　同書の中でフライとポメレーネは，スイスにおける文化的案件への住民投票の結果について詳細な分析を行った。1967年，スイス・バーゼル市においてピカソの絵を購入すべきかどうかを住民投票で決定した際に，住民のどのような選考が反映されたかをバーゼル市を21区に分けて検証した。高所得者ほど賛成が多い，美術館への交通費が少ないほど賛成が多い，税金の上昇が大きいほど賛成が少ない，といった仮説では投票結果を説明できず，遺産価値，威光価値，存在価値という文化の外部性が評価されていることを証明した。投票に際して，コミュニティにとって名画を所有することの意義や，ピカソの絵の価値について議論や学習を行った後では，住民投票が私的な便益のみを考慮するわけでなく，社会的便益をも反映し得ることを示した[39]。

　またハイルブランとグレイは文化芸術の外部性について下記の6点を指摘している[40]。

　①将来世代への遺贈

　②国のアイデンティティまたは威信

　③地域経済への貢献

　④自由な教育への貢献

　⑤芸術への参加による社会進歩

　⑥芸術的イノベーションを促進することによる便益

　以上のように，文化芸術はそれを直接享受しない人にも便益を及ぼす外部性があるため準公共財と位置付けられる。外部性には，1）文化芸術を消費することによる経済波及効果と，2）文化芸術を享受することで人やコミュニティにもたらされる便益の大きく2つの側面がある。また観客の属性から，芸術家を支援するだけでは税金で高所得者を支援することになる。そこで公的資金を使いチケット価格を下げたり，地域間格差を縮小したり，子どもの頃から文化や芸術に親しむ機会を提供するなど，広範囲の人々に文化へのアクセスを保障することが必要になることを示した。

　文化芸術の外部性に関するこれらの諸説の相似的な対応を一覧にすると表1-2の通りである。

　これらの文化芸術が持つ外部性から，文化芸術への公的支援の理論的根拠を導き出していくのであるが，片山（1995）は，「芸術文化の外部性」の議論を検討し，芸術文化への公的支援の合理的根拠を，資源配分，平等主義・所得配

17

表 1 - 2　文化芸術の外部性

ボウモル / ボウエン	ハイルブラン / グレイ	フライ / ポメレーネ
・舞台芸術が国家に付与する威信	・国のアイデンティティまたは威信	・威光価値（国民としての誇り，文化的アイデンティティの維持）
・文化活動が周辺のビジネスにもたらすメリット	・地域経済への貢献	
・将来の世代への利益（芸術水準の向上，観客の理解力の発達）	・将来世代への遺贈	・遺産価値（次世代の人々は自分の選考を表示できないので，引き継ぐ努力を怠ると断絶してしまう便益） ・存在価値（歴史的建造物のように一度壊すと商業ベースでは復元不可能なものが持つ便益）
・コミュニティにもたらされる教育的貢献	・自由な教育への貢献	・教育的価値（社会の創造性や文化的評価能力を高めて，その結果，社会の構成員が受ける便益）
	・芸術への参加による社会進歩	・オプション価値（今すぐ消費しないが、芸術の供給によって受けるかもしれない価値）
	・芸術的イノベーションを促進することによる便益	

出所：Bowmol & Bowen（1966），中川幾郎（2001），後藤和子（2005）他より筆者作成

分，価値財の3つに分けている[41]。

　資源配分の考え方は，たとえば舞台芸術がもたらす便益には，直接の鑑賞者以外に，劇場に足を運ばない人にも何らかの便益があり，それが表1-2の威光価値，遺産価値，地域経済波及説，社会向上説，オプション価値説などである。

　平等主義・所得配分の考え方は，すべての人が等しく芸術を鑑賞する機会を持つべきだという立場を取るもので，低所得の人々への鑑賞機会提供，芸術享受能力の教育，芸術鑑賞の地域格差の是正という3つに議論が分かれる。

　価値財という考え方は，芸術文化を，消費者の好みにかかわらず，政府が供

給するのが望ましいとされるような財，すなわち価値財と見なす立場で，これはパターナリズム（温情主義）とも呼ばれる。義務教育や福祉のように，国民が選ぶ前に，国家の側があらかじめ良いもの・望ましいものを提供した方がよいという考え方である。

　池上と端（2003）によれば，A・マーシャルが外部経済という概念を提起してから，当事者間の取引によって，当事者間の利益が得られるばかりではなく，当事者以外の第三者や社会の多くの人々が利益を得るという論点が注目されるようになり[42]，それが文化政策の理論にも大きな影響を与えている。たとえば，美術館に行ったことがなくても，自分の町にあることが住人の誇りになったり，多くの来館者で地域の商店街が活性化したりするという効果もあるといったことである。

　文化の外部性を指摘した理論の中でも，特にボウモル／ボウエン理論は，文化芸術の外部性及びそれへの公的支出の根拠を，「有用性と芸術性の2つの側面から把握」[43]しており，文化経済学の共通認識となっている。また「芸術文化の領域だけでなく，サービス産業を中心に経済分析のひとつのツールとして定着」[44]するなど，その論旨の一般的な妥当性が承認されている。

5　むすび

5-1　政治学における公共性概念

　本章では，欧米の代表的な公共性理論の中でも，「市民的公共性」という概念を，20世紀後半に広めたハンナ・アーレントとユルゲン・ハーバーマスの公共性論を中心に検討した。合わせて，1990年代以降盛んになりつつある日本の公共性議論における，公と私の二項対立的な思考図式からの変化に着目した。「公共」を担う主体が政府や市場のみでなく，行政＝「官」としての公と，私的領域としての「民」の間に，地域社会を動かす新しい領域が存在し，それが公共性を担うという可能性である。

　アーレントが論じる公共性は，直接的な話し合いと相互に人格を顕現する活動の空間であり，ハーバーマスが重視する公共性は，対話と共同の行為によって成立する公共圏である。それらが政策に影響を与える公論を形成し得る空間として，私的領域と国家をつなぐ市民社会における公共性の発露になると考え

られている。ハーバーマスのいう「公共圏」においては，人々は他者との交流の中で生きており，オープンなコミュニケーション（討議）が展開され，多様なネットワークが形成されることで，「公論」が形成される。アーレントも，人は「言語活動」によって他者とコミュニケーションし，自己のアイデンティティを確立していくことを強調し，そのために公的な空間が必要と説く。彼らの思想において共通する公共性の概念は，誰もが公共的活動へ参画でき，人間の主体的な活動が促されること，つねに市民に「開かれていること」である。

山口（2004）は，従来，国家・政府・行政によって独占されてきた権力的な「公」と，「公共」とを峻別し，「公共」を，「私」と「公」を媒介するものと位置付け，一般性，公平性，市民性，公開性，共同性，多様性，討議という特性を備えたものが公共性であると定義している[45]。これはハーバーマスのいう「公共圏」に通底する。また市民的公共性の要件である「公開性」は，齋藤純一が公共性を，1) 国家に関係する公的なもの（official），2) 特定の誰かにではなくすべての人びとに関係する共通のもの（common），3) 誰に対しても開かれている（open），という3つに大別した上で，そのひとつとしてあげるopen性，即ち誰もがアクセスすることを拒まれない空間や情報などと共通する。

これらの公共性議論を踏まえた上で，本書では公共性を「誰に対しても開かれ，市民の主体的参加を誘発する契機になること」と捉えることとする。

5-2 経済学からみた外部性と公共性

文化資源の公共性を検討するに際し，経済学の視点から文化芸術の準公共財としての性格と便益を整理した上で，公共投資の根拠となる文化の外部性議論を概観した。文化芸術は人々の精神的な満足や生きがいなどに関わり，社会的な便益をもたらす一方，市場メカニズムに委ねているだけでは，必ずしも十分に供給されない可能性がある。

ボウモルとボウエンが指摘した
①舞台芸術が国家に付与する威信
②文化活動の広がりが周辺のビジネスに与えるメリット
③将来世代への効用（芸術水準の向上，観客の理解力の発達）
④コミュニティにもたらされる教育的貢献

第 1 章　公共性の概念と文化の外部性に関する理論的考察

という文化の外部性 4 点は十分に妥当性がある。

ただし文化芸術が準公共財としての性格を有するからといって，政府が財政支出をすべきであるということには繋がらない。人々がこれらの公共財的側面に対して公的支出を望むことが必要である。現在，国や地方自治体が文化芸術のどの領域をどの程度支援すべきかは不明瞭で，文化行政に対する評価の仕組みも構築されているとは言いがたく，その成果が適切に評価されにくい。効率性や経済性の指標のみならず，文化的な価値や質，その影響度等を評価する指標や基準を含めた評価の手法が必要である。

マスグレイブは，何らかの社会的理由で，ある種の私的財，もしくは準私的財の中で，非市場財として政府が無料もしくは低廉な価格で供給するほうが望ましいと判断される財があるとして，それを価値財（merit goods）と定義している[46]。人々の個人的選好に還元して基礎付けはできないが，社会的な価値の観点から提供されることに公共的な意義がある財であり，義務教育，公営低家賃住宅，医療，図書館，公共交通，学校給食等に加え，マスグレイブは，芸術への公共補助にも言及している。価値財は，それを必要とする根拠が非経済的なものであり，政治的判断，もしくは「温情主義（paternalism）」に基づくものであり，個人の選考に対する政府の介入になるかが論じられた。

鈴村（2002）は，価値財について「重要な概念だと私は思いますが，標準的な経済学のなかでは座りの悪い概念とされていることも事実です。この概念の理論的基礎付けを行うことは，現状ではまだオープン・クエスチョンだと私は思います。公共（善）の観念を深める上でも，マスグレイブの価値欲求なしい価値財という概念は重要性をもつ筈だと思っています」と述べている[47]。

明石（2005）は，イギリスにおいて行政が民間企業，協働組合，ボランタリー組織などの非行政組織に社会福祉サービスの提供の業務を委託したことで，「公共」サービス提供自体の社会的意義を問いなおす契機となったいう。行政が実施すべきと見なされていたサービスを非行政組織が提供する事態は「市場の失敗」という根拠に再考を求め，価値財についての議論の復活，公共財についての理論的・政策的な再検討の必要性を示唆する。それは「地域コミュニティが抱える問題の解決に際して，近隣相互扶助，連帯，安全網などと呼ばれる地域住民間の協力関係が『社会関係資本』として重要であることを示唆する。さらに，この古くて新しい論点は，公共サービス提供のあり方とその

担い手に関しても，もっぱら行政がそれを担うことが可能とも適切とも限らないことを示し，サービス的提供に関わる効率性と質の改善を迫るもの」であるという[48]。

　このような観点からも，本書では文化芸術について，経済学に基づいた外部性効果から論じるだけではなく，市民性，多様性，協働性といった視点を包含したより広い「公共性」の概念から捉えなおし，新たな役割，有用性について検討する。文化施設の社会的使命と運営，地域の文化資源を使ったまちづくりや住民主体の文化活動を取り上げるにあたって，コミュニティへの貢献や影響については，効率性や経済的メリットのみならず，それらを超えた視点で判断すべきと考えるからである。

注

1 ）　他にも，公共性に関する文献や言説は多くある。1950 〜 60 年代のアメリカでは，公民権運動，ヴェトナム反戦運動等を背景に，正義とは何かを問うジョン・ロールズの「善き共同社会」論がアングロサクソン圏の政治哲学・道徳哲学に大きな影響を与えた。また，アマルティア・センは，人々の多様性に着目した新たな福祉理論として「潜在能力と機能」論を提唱した。ロールズとセンの論じる公共性は，自立した個人・強者の論理ではなく，他者の置かれた立場に目線を合わせる原理・理念が必要であるとしたものである。人間が多様であることを前提とし，誰もが持っているニーズ，権利としてのニーズを満たすことが国家の役割とする統治論的な公共性を明らかにした。

　　　リチャード・セネットは『公共性の喪失』(1976　訳書 1991) で，近代的な公共性は 18 世紀以降のコスモポリタンな都市文化を背景にして生まれたが，「親密性の拡充」によって公共性は崩壊しつつあると指摘。1960 年代以降の地域コミュニティ復権の主張を，公共性を衰退させる閉鎖性をもたらすものとして批判した。ナンシー・フレイザー (1993) は，ハーバーマスの公共圏概念の限界を示すとともに，主流的な公共圏と同時並行的にマイノリティ集団による討議の舞台，すなわち下位の「対抗的な公共圏（subaltern couter-publics)」をつくることによって，主流の公共圏に意見を投げ返し，全体に拡大させていくことができるという。単一的で包括的な公共圏よりむしろ，多元的な公共圏 (a multi-plicity of publics) の方が，参加における同格性の理念をより実現するという主張である。

　　　なお，アメリカでは，ジョン・デューイ，リチャード・セネット，ジェフ・ワイントラ ウプなど，公共性への哲学的関心の伝統が強い（山川　1999)。

2 ）　Arendt, Hannah　*The Human Condition*　2nd ed.　The Univercity of Chicago Press　1958 （志水速雄訳　『人間の条件』　筑摩書房　1994)

3 ）　Arendt, Hannah（1958）志水速雄訳　『人間の条件』　筑摩書房　1994　pp.286-287

4 ）　Arendt, Hannah（1958）志水速雄訳　『人間の条件』　筑摩書房　1994　p.287

5 ）　Habermas, Jürgen　*Strukturwandel der Öffentlichkeit − Untersuchungen zn einer kategorie der bürgerlechen gesellschaft*　Neuwied Luchterhand　1962（細谷貞雄・山田正行訳　『第 2 版

公共性の構造転換　市民社会の一カテゴリーについての探究』　未來社　1994)

6 ）　Habermas, Jürgen（1962）細谷貞雄・山田正行訳　『第 2 版　公共性の構造転換　市民社会の一カテゴリーについての探究』　未來社　1994　pp.49-50

7 ）　Habermas, Jürgen（1962）細谷貞雄・山田正行訳　『第 2 版　公共性の構造転換　市民社会の一カテゴリーについての探究』　未來社　1994　p.211

8 ）　Habermas, Jürgen（1962）細谷貞雄・山田正行訳　『第 2 版　公共性の構造転換　市民社会の一カテゴリーについての探究』　未來社　1994　p.215

9 ）　Habermas, Jürgen（1962）細谷貞雄・山田正行訳　『第 2 版　公共性の構造転換　市民社会の一カテゴリーについての探究』　未來社　1994　p.216

10）　齋藤純一　『公共性』　岩波書店　2000　p.28

11）　Arendt, Hannah（1958）志水速雄訳　『人間の条件』　筑摩書房　1994　p.51

12）　Arendt, Hannah（1958）志水速雄訳　『人間の条件』　筑摩書房　1994　p.52

13）　Arendt, Hannah（1958）志水速雄訳　『人間の条件』　筑摩書房　1994　pp.53-54

14）　Arendt, Hannah（1958）志水速雄訳　『人間の条件』　筑摩書房　1994　p.60

15）　Arendt, Hannah（1958）志水速雄訳　『人間の条件』　筑摩書房　1994　p.66

16）　Arendt, Hannah（1958）志水速雄訳　『人間の条件』　筑摩書房　1994　p.61

17）　Arendt, Hannah（1958）志水速雄訳　『人間の条件』　筑摩書房　1994　p.71

18）　山脇直司　『公共哲学とは何か』　ちくま新書　2004　pp.19-21

19）　ただし 1990 年代以降，フェミニストの間でのアーレント評価は変化しており，アーレントの政治的なるものや行為概念を高く評価するフェミニストが増えている。たとえば，ボニー・ホーニッグ（1995）は，アーレントの政治的行為概念にある，栄光や卓越性といった他者からの区別をもたらすアゴニスティック（好戦的／劇場的）な側面を重視する。ホーニッグは，フェミニストにとってのアーレントの価値を，アーレントが「アイデンティティを基礎とした，そしてアイデンティティの表出としての政治を否定している」点に見出す。セイラ・ベンハビブ（1996）は，アーレントから現代的インプリケーションを引き出すためには，人々が討議を通じて協働行為を実現するアソシエイショナルなモデルに目を向けるべきだと主張する。（ボニー・ホーニッグ著　岡野八代・志水紀代子訳『ハンナ・アーレントとフェミニズム―フェミニストはアーレントをどう理解したか』　未來社　2011，志水紀代子　「アーレントとアメリカのフェミニズム―フェミニストによるアーレントの再評価」『情況』　11 （4）　2000）

20）　Habermas, Jürgen　*Philosophisch―Politische Profile*　Frankfurt am Main　Suhrkamp　1981

21）　Fraser, Nancy　*Rethinking the Public Sphere: A Contribution to the Critique of Actually Existing Democracy.* in *Habermas and the Public Sphere*,　edited by Craig Calhoun　Boston: Massachusetts Institute of Technology Press　1993（山本啓・新田滋訳　「公共圏の再考　既存の民主主義の批判のために」　グレイグ・キャルホーン編　『ハーバマスと公共圏』　未來社　1999　p.127）

22）　Habermas, Jürgen　*Theorie des kommunikativen Handelns*　Frankfurt am Main: Suhrkamp　2 Bände　1981（河上倫逸，M. フーブリヒト，平井俊彦訳　『コミュニケーション的行為の理論』　上，中，下　未來社　1985-1987）

23）　間宮陽介　『丸山眞男－日本近代における公と私』　筑摩書房　1999

24) 山口定・佐藤春吉・中島茂樹・小関素明編 『新しい公共性を求めて』 有斐閣 2003 p.1-2

25) 齋藤純一 『公共性』 岩波書店 2000 p.2

26) 山脇直司 「公共性のパラダイム転換－公私二元論から政府の公・民の公共・私的領域の相互作用三元論へ」『NIRA 政策研究』 17 (11) 2004

27) 日高六郎 『戦後思想を考える』 岩波書店 1980

28) 宮本憲一 『公共性の政治経済学』 自治体研究社 1989 p.35

29) 小林真理・片山泰輔監修・編 『アーツ・マネジメント概論 三訂版』 水曜社 2009

30) 政策研究大学院大学 『文化芸術振興による経済への影響に関する調査研究』 最終報告（平成16・17年度文化庁委嘱研究） 2006

31) Smith, Adam *A Inquiry into the Nature and Causes of the Wealth of Nations* 1776 The Fifth Edition 1789 （水田洋監訳・杉山忠平訳 『国富論4』 岩波文庫 2001 pp.49-50）

32) Smith, Adam (1789) 水田洋監訳・杉山忠平訳 『国富論4』 岩波文庫 2001 p.77

33) Ruskin, John *MUNERA PULVERIS* 1872 (The Social and Economic Works of John Ruskin, 6 Volumes, Routledge Thoemmes press, 1994) （木村正身訳 『ムネラ・プルウェリス―政治経済要義論』 関書院 1958 p.39），池上惇 『生活の芸術化―ラスキン、モリスと現代』 丸善ライブラリー 1993）

34) 池上惇 『文化経済学のすすめ』 丸善ライブラリー 1991 p.96

35) Bowmol, W.J. & Bowen, W.G. *Performing Arts: The Economic Dilemna* MIT Press 1966 （池上惇・渡辺守章監訳 『舞台芸術―芸術と経済のジレンマ』 芸団協出版部 1992）

36) Bowmol, W.J. & Bowen, W.G. (1966) 池上惇・渡辺守章監訳 『舞台芸術―芸術と経済のジレンマ』 芸団協出版部 1992 pp.494-500

37) Bowmol, W.J. & Bowen, W.G. (1966) 池上惇・渡辺守章監訳 『舞台芸術―芸術と経済のジレンマ』 芸団協出版部 1992 p.499

38) Frey,B.S. & Pommerehne,W.W. *Muses and Markets*：*Exploration in the Economics of the Arts* Basil Blackwell Ltd. 1989（訳は，後藤和子 『文化と都市の公共政策』 有斐閣 2005 による）

39) 後藤和子 『文化と都市の公共政策』 有斐閣 2005 pp.75-76

40) Heilbrun, James & Charles M.Gray *The Economics of Art and Culture: An American, Perspective* Cambridge University Press 1993（訳は，後藤和子 『文化と都市の公共政策』 有斐閣 2005 による）

41) 片山泰輔 「芸術文化への公的支援の根拠」『日本経済政策学会年報』 43 1995

42) 池上惇他編 『文化政策学の展開』 晃洋書房 2003 p.49

43) 後藤和子 『文化と都市の公共政策』 有斐閣 2005 p.50

44) 阪本崇 「文化経済学と新しい公共性― 政策論的視点から見た『ボーモルの病』の貢献」『同志社政研究』2 2008

45) 山口定 『市民社会論 ― 歴史的遺産と新展開』 有斐閣 2004 pp.262-272

46) Musgrave, R.A. *Public finance in Theory and Practice* McGraw-Hill 3rd ed. 1980（木下和夫監修・大阪大学財政研究会訳 『財政理論1』 有斐閣 1983 pp.18-20）

47) 鈴村興太郎 「社会的選択の観点からみた公私問題」 佐々木毅・金泰昌編 『公共哲学

第 1 章　公共性の概念と文化の外部性に関する理論的考察

　　6　経済からみた公私問題』　東京大学出版会　2002　p.172
48)　明石芳彦　「英国のコミュニティ・ビジネスと社会的企業における起業家的要素」『季
　　刊経済研究』　27（4）　2005

第2章

ミュージアムの新しい試みから考える文化施設の公共性

1 本章の問題意識

　日本の博物館は，2021年現在（文部科学省　2021年度社会教育調査）で，登録博物館（911館），指定（博物館相当）施設（394館），博物館類似施設（4466館）の計5771館である[1]。

　このうち，博物館法で規定される登録博物館と指定施設1305館を設置者別にみると，独立行政法人（国）33館，都道府県175館，市町村627館，組合3館，一般社団・一般財団・公益社団法人・公益財団法人301館，その他166館となっている。国公立が64%を占めるものの，近年は，地方独立行政法人やNPO法人，企業や学校法人など様々な主体が博物館を設置・運営するようになっている。

　1955年の調査では，全国で239館にすぎなかった博物館は年々増加し，約70年間に24倍にもなっている（類似施設含む）。日本で文化施設の建設がピークを迎えたのは，1970年代後半から1990年代にかけてである。経済的繁栄を背景に，各自治体の総合的な文化行政の一環として文化施設が積極的に建設された。1980年代後半のバブル経済は，この傾向にさらに拍車をかける。都市の再開発をするのに文化施設を地域のイメージアップと集客の目玉とすることが流行した。しかし，市民の潜在的な文化活動を掘り起こす仕掛けの無い施設は，「誰も使わない豪華文化施設」「ハコモノ行政」と批判を浴びることになった。

　博物館は，資料の収集・保管・分類，研究・教育，普及・公開という，本質的な3つの役割を果たすだけでなく，生涯学習社会への対応，教育普及活動への期待，市民参画の流れといった要請が強くなっている。

　博物館の役割を問い直す動きは日本だけではない。1991年にアメリカ博物館協会理事会で採択された文書「卓抜と均等～教育と博物館がもつ公共性の様相～」では，公共サービスと教育こそ博物館存立の基盤であると定義し，博物

館の持つ知的厳密性，資料と情報の蓄積による学問的権威（卓抜性）の重要性を指摘しつつ，一方でその「卓抜」した財産を広く民衆に平等な機会とアクセス可能な方法で提供する機能（均等性）を博物館の最も基本的な役割としている。また1997年のイギリス文化遺産省委嘱報告書「共通の富〜博物館と学習〜」は，博物館に蓄積される卓抜した資料と情報を市民共有の財産と位置付け，博物館はその共有化を具現するため「教育をその存在の基盤とし，教育があらゆる活動の本質となる」とする。目指す方向は，「博物館は公共サービスの機関であり，その中核に『教育』を置く。活動は多様な社会の幅広い層を包摂するものであること」としている。

　2019年に日本で初めての開催となった国際博物館会議（ICOM）京都大会では「文化をつなぐミュージアム『Museums as Cultural Hubs』」という理念の徹底が採択された。「Cultural Hubs」には，博物館が時間や世紀を超えて，そして政治的な時代や世代を超えて交流する役割を果たす意味が込められている。時間を超えて，国を超えて，そして学問分野を超えて，新たな時代のニーズに応えることが提案・支持された[2]。

　このように近年，博物館の意義や役割，公共性の問題が改めて議論されるようになっている。第1章において検討した，欧米，日本における公共性議論を踏まえつつ，博物館に課せられている新しい役割，公共性を，具体的な活動を通して考察する。

　なお，museumという語は，日本語に翻訳されるとき美術館，博物館，両義に訳されるが，フランスの百科事典 *Larousse* によると，「収集した芸術作品や，歴史的にあるいは美学的，科学的に有意義な資料を保管し，またそれを展示してその価値を強調する施設」といったものである。日本の博物館法では，「『博物館』とは，歴史，芸術，民俗，産業，自然科学等に関する資料を収集し，保管（育成を含む）し，展示して教育的配慮の下に一般公衆の利用に供し，その教養，調査研究，レクリエーション等に資するために必要な事業を行い，あわせてこれらの資料に関する調査研究をすることを目的とする機関」と定められている。取り扱う資料の種類別に「総合博物館」「科学博物館」「歴史博物館」「美術博物館」「動物園」「植物園」「動植物園」「水族館」に分類するのが一般的である[3]。

　本書では法制上の動植物園，水族館については論じていないので，博物館法

に則った施設として表記する際は博物館と記すが，主として歴史，芸術，民族，産業，自然科学等の資料を展示する施設を総称する場合はミュージアムと表記することとする。

2 日本の文化政策の歩みとミュージアムの新しい試み

2-1 戦後の文化政策

公立文化施設の運営や，文化の事業思想の基になる国の文化政策とその理念について，特に戦後の動きを中心に概観しておく。

日本では，戦前・戦中に国家による文化統制が行われ，自由な意思による文化活動が制限された。この反省から，戦後は政府が積極的な文化政策を行うことに躊躇し，「国の文化への関与は極力排除することが要請された」[4]。加えて1950 年代から 1960 年代にかけての高度成長期には，国の政策の中心は経済におかれ，文化政策についてはきわめて消極的であった。

高度経済成長は都市への人口の過度の集中と地方の急激な人口減少をもたらし，乱開発，公害問題といった社会の歪みも次第に顕在化していった。1968年には，文部省文化局と文化財保護委員会が統合され，文化庁が設置された。高度経済成長を背景に民間芸術活動はしだいに活発になったが，経営難に直面する芸術団体も出始め，とりわけ舞台芸術を行う団体に対して文化庁が積極的な助成をするようになった。

1970 年代から 1980 年代には，高度経済成長の終焉と，工業文明や近代合理主義偏重への反省から，「文化の時代」が標榜されるようになる。国による直接の芸術支援体制が確立されるとともに，芸術のみならず生活文化にまで範囲を広げた幅広い文化政策が展開されるようになった。また，「文化の時代」と同時に，「地方の時代」「国際化の時代」がいわれるようになる。こうした流れの中で地方公共団体も文化行政に積極的に携わるようになった。

戦後，日本では文化を教育との関連で捉えていたが，1970 年代後半，梅棹忠夫から「教育はチャージ（充電），文化はディスチャージ（放電）であり，両者の方向はまったく異なるもので，教育の文脈の中で文化を捉えるのは不適切だ」[5]という問題提起がなされた。この提言は 1980 年代の自治体の文化行政に影響を与えた。それまでは地方自治体の文化行政は教育委員会所轄が大半で

あったが，教育委員会から離れ生活文化も含めて総合的に推進するために首長部局が担当する自治体が増加した。

大阪府知事黒田了一は1972年に，梅棹忠夫，司馬遼太郎，宮本又次など10名の委員からなる「大阪府文化振興研究会」を設置し検討を重ね，「文化開発」というコンセプトによる自治体文化政策論を提示した。1977年には，埼玉県知事畑和が「行政の文化化」を唱えた。1978年に神奈川県知事長州一二により提唱された「地方の時代」は，「地域住民の生活の質の向上のために，地域的文化性，自立性を重視する」という意味で，地方の衰退に対する危機感から地方の自治と分権を求め，復権を目指すものであった。「地方の復権」が叫ばれる中，地方政府において文化に中心的な位置が与えられるようになった。

「文化の時代」は，総理大臣大平正芳の委嘱を受けた政策研究会「文化の時代研究グループ」が1980年に取りまとめた報告書『文化の時代』に由来する。1979年の施政方針演説で大平自身が「文化の時代の到来」を述べている[6]。経済成長が一段落し，人々の興味が心の豊かさや生活の質に向かう中で，この標語は当時，文化行政の重要な政策概念となった。

1990年代に入ると，文化庁が文化政策の再編に着手し，民間の芸術活動に対する支援が本格化する。文化庁は文化政策の再検討のために，1990年に「文化政策推進会議」を発足させた。同年「芸術文化振興基金」が設立され，それまで中核的な芸術団体への支援が中心であった文化庁の予算配分が，据野の領域にも行き届くようになった。

1996年には，「アーツプラン21（芸術創造特別支援事業，国際芸術交流推進事業，芸術創造基盤整備事業）」が開始された。先駆的な芸術活動に対する助成事業で，芸術団体の経常経費に対する助成である点で従来とは異なっていた。1990年には社団法人企業メセナ協議会が設立され，芸術への支援も官民両サイドからなされるようになった。地方でも，文化が地域政策の中心として捉えられるようになり，まちづくりや村おこしの中核に位置付けられるようになった。

文化への関心が高まる中で，2001年11月30日の第153回臨時国会において「文化芸術振興基本法」が成立し，12月7日に公布・施行された。この法律は，①文化の中核をなす芸術，メディア芸術，伝統芸能，生活文化，国民娯楽，出版物，レコード，文化財などの文化芸術の振興に関する基本理念を定

め，②国と地方公共団体の責務を明らかにするとともに，③文化芸術の振興に関する施策の基本となる事項を定めることにより，文化芸術活動を行う者の自主的な活動を促進し，文化芸術の振興に関する施策の創造的な推進を図ろうというものである[7]。

　文化政策の対象の明確化と文化に関する基本的権利が法律によって初めて明文化され，文化政策や文化芸術振興に関しては，同法が第一義的地位を占めるようになった。日本の文化政策は，文化財保護を中心とした保護政策から芸術・文化振興政策へと大きな転換点を迎えることになった。

2-2 文化政策に関する法律

　2001年に「文化芸術振興基本法」が成立するまでは，教育基本法（1947年）が「教育を通じて」という限定はあったものの，文化政策や文化芸術振興の基本にかかわる法的な淵源になっていた。文化財保護法（1950年）にも，文化財という側面からではあるが，文化政策ないし文化芸術振興の基本に関する規定が存在している。「これらの規定が文化政策ないし文化芸術振興の根拠をなしてきた」[8]。文化芸術振興基本法の制定により，同法が文化政策ないし文化芸術の振興にかかわる一般的な基本法として上位に位置付けられた。

　文化芸術振興基本法は，1）文化芸術の役割・意義，2）文化芸術をめぐる課題，3）基本法制定の趣旨という前文をおき，文化芸術の役割・意義と課題について詳細に述べ，あわせて同法制定の趣旨について触れている。全体は3章35条からなり，第1条は基本法の目的，第2条は文化振興にあたっての基本理念，第3条から第6条までは国及び地方公共団体の責務について規定し，第7条は政府に対して基本方針の策定を義務付け，定めるべき内容を包括的に示すとともに策定の手続きを規定している。第8条以下は，基本的施策について詳細かつ具体的に規定している。

　同法は法律の形式としては珍しく前文を有しているが，この前文で文化芸術の「本質の面」と「効用の面」から文化芸術の役割と意義を明らかにしている。「本質の面」は，「文化芸術を創造し，享受し，文化的な環境の中で生きる喜びを見出すことは，人々の変わらない願い」，「文化芸術は，人々の創造性をはぐくみ，その表現力を高める」，「文化芸術は，それ自体が固有の意義と価値を有する」といった文言に表れている。

「効用の面」は，「文化芸術は人々の心のつながりや相互に理解し尊重し合う土壌を提供し，多様性を受け入れることができる心豊かな社会を形成するものであり世界の平和に寄与するもの」，「文化芸術はそれぞれの国やそれぞれの時代における国民共通のよりどころとして重要な意味を持ち，国際化が進展する中にあって，自己認識の基点となり，文化的な伝統を尊重する心を育てる」，「文化芸術は心豊かな活力ある社会にとってきわめて重要な意義を持ち続ける」と表現している。

文化芸術の本質面と効用面からその役割と意義を示したことは，文化芸術の公共性の根拠となるものである。文化芸術振興基本法第7条第1項の規定に基づき，政府は文化芸術の振興に関する施策の総合的な推進を図るために，2002年に「文化芸術の振興に関する基本的な方針」を定めた。この基本方針では，文化芸術の本質・効用の両面から文化芸術を「社会的財産」とみなし，その公共性を確認している。

すなわち文化を「人間が理想を実現していくための精神活動及びその成果」という側面から捉え，その意義を，①人間が人間らしく生きるための糧，②共に生きる社会の基盤の形成，③質の高い経済活動の実現，④人類の真の発展への貢献，⑤世界平和の礎，の5点に整理している。「このような文化の意義にかんがみると，文化の中核を成す芸術，メディア芸術，伝統芸能，芸能，生活文化，国民娯楽，出版物，文化財などの文化芸術は，芸術家や文化芸術団体，また一部の愛好者だけのものではなく，すべての国民が真にゆとりと潤いの実感できる心豊かな生活を実現していく上で不可欠なものであり，この意味において，文化芸術は国民全体の社会的財産である」と明記している。

基本法では，地方公共団体は「基本理念にのっとり，文化芸術の振興に関し，国との連携を図りつつ，自主的かつ主体的に，その地域の特性に応じた施策を策定し，及び実施する責務を有する」と規定されている。

2002年の基本方針では，地方公共団体は「それぞれの地域の特性に応じて，多様で特色ある文化芸術を振興し，地域住民の文化芸術活動を推進する役割を担っている」としている。「地方公共団体が，文化芸術の振興を図るに際しては，それぞれの文化芸術の振興のための基本的な方針等に基づき施策を進めることや，広域的な視点から，各地方公共団体が連携して文化芸術の振興に取り組むことが望まれる」と述べ，地方公共団体が基本方針を策定して施策を推進

第2章　ミュージアムの新しい試みから考える文化施設の公共性

することや，広域的な視点から相互連携することを期待している。

　この基本方針はおおむね5年間を見通して定められた。2007年には，文化芸術振興の今日的意義や第1次基本方針策定後の諸情勢の変化を踏まえ，第2次基本方針が策定された。

　第2次基本方針でも，文化芸術が国民全体の社会的財産であるという認識に変化はないが，文化芸術を振興する今日的意義として，①文化の持つ力（＝文化力）が「国の力」であることが世界的にも認識されてきた　②文化と経済は密接に関連し，社会に活力をもたらすと考えられるようになったことの2点を付加している。文化芸術を振興することで，活力ある社会を構築して国の魅力を高め，経済力のみならず文化力により世界から評価される国へと発展していくこと，文化芸術で国づくりを進める「文化芸術立国」を目指すことなどが記されている。「次世代への文化芸術の継承」も新たな基本理念として盛り込まれた。

　第2次基本方針では文化芸術を取り巻く国内外の諸情勢の変化を，以下のように整理している。

①構造改革の進展により民間と行政の役割分担の見直しや地方分権の推進等が図られた一方，地方公共団体の文化関係経費は，厳しさを増す財政状況の中で減少傾向にある。

②規制緩和などにより新たな分野への民間の進出が可能となり，多様なサービスが効率的に提供されることへの期待が高まっている。

③民間部門では，非営利活動やボランティア活動などが広がったことに伴い，民間と行政の協働による新たな取組が進められ，企業のメセナ活動も多様な広がりを見せている。

④公立文化施設に対しては，指定管理者制度の導入により，民間の新たな発想や方法による効果的かつ効率的な運営が期待される一方で，これまで地域で培われてきた文化芸術活動の安定的かつ継続的な展開が困難になるとの懸念も現場から指摘されている。

⑤地方においては，過疎化や少子高齢化の進展等により，文化芸術の担い手が不足してきており，都市部においても単身世帯が急速に増加していることなどから，地域社会（コミュニティ）の衰退が指摘されている。

⑥大規模市町村合併により，地域に根ざした文化芸術の継承が危ぶまれてい

る。

⑦政治，経済におけるグローバリゼーションの進展に伴い，文化芸術による創造的な相互交流が促進される一方，文化的アイデンティティーの危機をめぐる緊張が高まり，文化の多様性が脅かされることが懸念されている。これを背景に，国際連合教育科学文化機関（ユネスコ）では，2005年10月に「文化的表現の多様性の保護及び促進に関する条約」が採択された。

⑧インターネットをはじめとする情報通信技術の発展と普及は，あらゆる分野において国境を越えた対話や交流を活発化させ，情報の受信・発信を容易にしたが，一方で，人間関係の希薄化，実体験の不足といった負の側面も指摘されている。

以上のような国内外の情勢変化に鑑み，「第2次基本方針」では，全体として目指すべき方向を以下の3点に整理している。

①文化の時代を拓く

・文化芸術の振興を国の基幹政策に位置付けるとともに，文化芸術の担い手が相互に連携して社会全体で振興を図っていくことが必要。

・文化芸術の特質を踏まえ，長期的で継続的な視点に立った施策を推進。

②文化力で地域から日本を元気にする

・地域文化の豊かさが日本の文化，日本の魅力を高め，多くの人々を元気にする力となる。

・国民が全国のどこでもそれぞれの地域の特性に即した形で存在する文化芸術に触れられる機会を確保することが必要。

③国，地方，民間が相互に連携して文化芸術を支える

・国は国民の自発的活動を刺激し伸張させるとともに，文化芸術活動の発展を支える環境の整備が求められる。

・国は地方公共団体，民間団体等による自律的な文化芸術活動を促すとともに，国として保護・継承し，創造すべきものを重点的に支援することが必要。

「第1次基本方針」では国を中心とした記述が多かったのに対し，「中間まとめ」では「相互に連携」という表現を用いて地方・民間の役割を重視する姿勢を打ち出している。「中央から地方へ」「官から民へ」という近年の政策動向を踏まえたものと思われる。文化芸術の振興に当たっては，国民生活に近い地方

公共団体が主たる役割を担うことを期待し，1）国は地方公共団体や民間による自主的な文化芸術振興にかかわる活動に対して支援や情報提供等の措置を講ずること，2）必要な法制上，財政上の措置とともに，税制上の措置等により文化芸術活動の発展を支える環境づくりを進めることなどが記されている[9]。

さらに 2017 年 6 月には，「文化芸術振興基本法の一部を改正する法律」が公布，施行され，法律の名称が「文化芸術基本法」に改められた。改正の趣旨は，文化芸術の固有の意義と価値を尊重しつつ，文化芸術そのものの振興にとどまらず，観光，まちづくり，国際交流，福祉，教育，産業その他の関連分野における施策を本法の範囲に取り込むとともに，文化芸術により生み出される様々な価値を文化芸術の継承，発展及び創造に活用しようとするものである。文化芸術団体の果たす役割が明記されるとともに，国・独立行政法人・文化芸術団体・民間事業者等の連携・協働についても新たに規定された。

文化芸術に関する基本的施策については，伝統芸能の例示に組踊が追加されるとともに，食文化の振興が新たに明記された。芸術祭の開催支援や，高齢者及び障害者の創造的活動等への支援等も示された。

また，文化芸術に関する施策の総合的かつ計画的な推進を図るため，政府はこれまでの「文化芸術の振興に関する基本的な方針」に代わり，新たに「文化芸術推進基本計画」を策定することとされ，地方公共団体が定める「地方文化芸術推進基本計画」（努力義務）についても規定された。

2-3 地方自治体の文化政策

わが国における地方自治体の文化芸術政策の推移についても，その背景を含めて概要をおさえておく。予算面からみると，国（文化庁予算）及び地方自治体の文化関係経費の推移は図 2-1，図 2-2 の通りである。

国による公的な芸術支援は，文化庁の創設（1968 年）とともに 1970 年代から本格化した。文化庁の予算は創設当時 50 億円程度であったが，1980 年代に入ると 400 億円にまで拡大した。その後，財政緊縮の影響を受けて一時横ばい状態を経験したものの，1990 年代に再び文化政策に関心が集まると急速に増加し，1997 年には 828 億円に達した。2003 年に初めて 1000 億円を突破したが，その後ほぼ横ばいで推移している。国の一般会計に占める文化庁予算の割合は 0.1 %（2022 年）である。

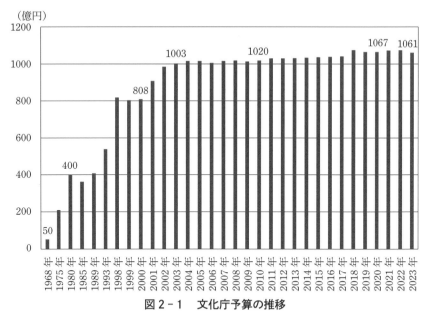

図2-1　文化庁予算の推移
出所：文化庁『文化芸術関連データ集』及び各年「文化庁予算の概要」より筆者作成

　地方公共団体の文化関連支出は文化庁予算と同様に推移し，1990年代に入って急速に増加した。しかし，1993年をピークに（1993年に9549億円で最高），近年は減少傾向にある。全国の文化芸術施設の建設がほぼ一巡したことが影響している。それでも地方自治体は，国に比べて巨額の文化予算を支出している。財政支出の実態から言えば，地方自治体は文化芸術を振興する根拠を明らかにする必要があるといえるが，「その理論的精緻化は大きく遅れている」[10]。

　地方公共団体の文化芸術関連経費の分野別の構造は，文化財と比べて文化芸術の分野に対する支出が圧倒的に大きく，文化庁予算と逆転構造になっている。しかし，地方公共団体の文化芸術関連経費の内訳を詳しく調べると，大部分が文化施設建設費及び施設経費（ハード）である。文化芸術経費（ソフト）はごくわずかしか占めていない。文化関連施設の多くは，地方交付税や政府補助金によってつくられている。こうした支出構造もあり，「ハコモノ」的性格を指摘された。

　前述の通り，地方自治体の文化行政は，「地方の時代」といわれた1970年

第2章 ミュージアムの新しい試みから考える文化施設の公共性

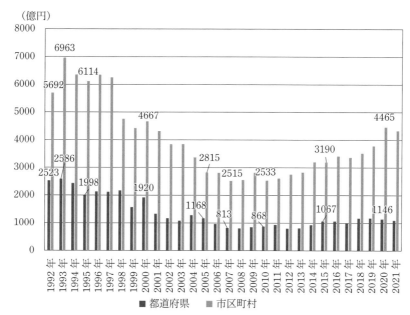

図2-2 地方公共団体の文化関係経費（芸術文化経費＋文化財保護経費）の推移
出所：文化庁『地方における文化行政の状況について（令和3年度）』より筆者作成

代後半に飛躍的な発展を遂げた[11]。その一般的な背景としては、高度成長期の「負の遺産」である自然環境破壊・歴史的環境破壊に目が向けられたことや、余暇時間の増大と高学歴化に伴い、ゆとりや生きがい、心の豊かさといった面に人々の関心が高まってきたことが挙げられる。生活の質を問い直す中で、文化的な環境への関心、文化への嗜好が強まってきた。文化志向に伴う具体的な動きは、「環境破壊の過酷な洗礼を受け、これへの現実的な対応を迫られた」[12] 地方自治体から始まったという指摘もある。

「1960年代の高度経済成長に伴う負の効果（公害の発生、自然環境の劣化、歴史的環境の破壊）に対して、1970年代に入ってから強い反省が生じ、石油ショックによる安定成長への移行とあいまって、人々の価値観がものからこころへと転換していった。また高度経済成長は、企業、情報、文化の東京一極集中を招来したが、これに対して地方公共団体は、地方自治への強い危機感を持つに至り、そのような事態から脱却し地域の主体性、自律性を確保する方向として、文化行政の重要性が認識されることとなった」[13]。

1970 年代の地域文化振興の領域は，文化財保護，社会教育（生涯学習），文化芸術振興（主として鑑賞機会の提供）である。文化行政への関心が高まってくると，従来文化活動を管轄してきた教育委員会から切り離し，自治体全体として総合的な文化振興を進めるために文化担当課が首長部局に設置されるようになった。首長部局における文化行政の狙いは，地域や住民に密着し，地域の特性を生かした独自の政策に基づいた総合行政と位置付けることにあった。

　1980 年代に入ると好景気も手伝い，文化ホールや美術館・博物館など文化施設の建設・運営に力点が移り，地域独自の政策をつくりあげるための「自治体の政策形成能力の強化」や「住民参画」は二義的な政策課題となる。この時代の文化行政は，当初の総合行政から「環境」や「福祉」と同じく，行政サービスに変容したと言われている。

　1990 年代に入ると，日本経済の後退により企業の文化支援活動が減少した。自治体財政の悪化，それに伴う文化予算の縮小などにより文化事業が弱体化し，利用率の低い文化ホールに対する批判が出るようになった。一方で，まちづくりに対する市民意識の高まりや，新しい公共を担う NPO 団体の台頭があり，文化行政は再び地域や住民に目を向けるようになった。近年は文化芸術の振興のみならず，観光やまちづくり，福祉など幅広い分野と連携して総合的な文化政策を推進しようという方向にある。

2-4　博物館の状況と機能

　国内の博物館の年間入館者数は，2017 年に 3 億人を超えている。1998 年から 2017 年の入館者総数の推移をみると，ほぼ横ばいで推移していたが，2017 年は増加し 3 億人を超えた（図 2-3）。2021 年社会教育調査によると，登録博物館と相当（指定）施設の入館者数は約 6505 万人である。内登録博物館の入館者総数は 2543 万人，相当（指定）施設の入館者総数は 3962 万人である。2017 年の入館者数と比べると半数以下である。新型コロナウィルス感染症の影響により休館等の措置を余儀なくされた館も多く，入館者が減少したと考えられる。

　公益財団法人日本博物館協会が，1974 年以来 6 年ごとに調査を実施している「日本の博物館総合調査」の 2019 年調査の結果[14)]によると，日本の博物館の 1 館あたりの年間入館者数は 2018 年度実績で平均 7 万 4608 人である。た

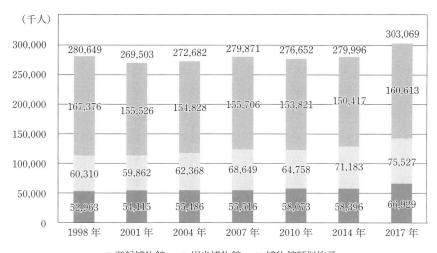

図 2-3　博物館の年間入館者数の推移
出所：社会教育調査より筆者作成

だ，これは平均であって中央値では 1 万 4399 人，クラス分けをすると「5 千人未満」の館が 25.7 %，「5 千人以上，1 万人未満」の館が 14.2 %，「1 万人以上，3 万人未満」の館が 22.9 % と 3 万人までのなかに全体の 6 割の館が含まれている。

　博物館数の新規開館の状況をみると，1975 年から（昭和 50 年代）新規開館が急増し，1989（平成元）年からの 10 年間に開館のピークを迎えている。（図 2-4）現在は，博物館の量的拡大は一息つき，「質」が問われるようになったと言われている。「日本の博物館総合調査」の結果からは，事業遂行に必要な人的資源，事業の質を支える所蔵資料と情報，そして運営を支えるための財源基盤の整備といった，博物館の運営基盤の整備・改善がなかなか進まない実態がうかがえる。そのような中でも，地域の教育・学術及び文化の拠点として，様々な工夫と努力を行っている博物館が多い。

　2022 年 4 月には，「博物館法の一部を改正する法律」が成立し，約 70 年ぶりに博物館法が単独改正され，2023 年 4 月 1 日から，新たな博物館登録制度に移行した。新しい制度では，これからの博物館の役割として，教育や文化の域を超えて，まちづくり，観光，福祉，国際交流といった様々な分野との連携

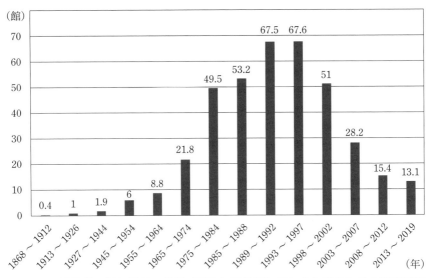

図2-4　博物館の新規開館の状況（開館年区分別に見た1年間あたりの新規開館館数）

注：N＝2,314（うち無回答2）
出所：（公財）日本博物館協会『令和元年度　日本の博物館総合調査報告書』より筆者作成

による地域社会への貢献が期待されることについて，博物館の現場や博物館に関わる人々が意識して博物館活動に取り組めるように，登録博物館はこうした連携に努めるものと定めている。博物館の活動が，地域の活力向上に寄与するように努めることが求められているのである。

3　ミュージアムの新たな試み

3-1　パリ，ポンピドゥー・センター「開かれた美術館」

　1977年にフランス・パリに開館したジョルジュ・ポンピドゥー芸術・文化国立センター（通称ポンピドゥー・センター）のコンセプトは「開かれた美術館」である。ポンピドゥー・センターは，国立近代美術館，公共情報図書館，産業創造センター，音響音楽研究コーディネーション・インスティテュートという4つの大型の共同組織と映画館によって構成された総合芸術センターである。パリの5月革命から1年余経った1969年7月，ジョルジュ・ポンピドゥー

大統領が，それまでのようなエリートが占有する芸術や文化の枠を破り，社会のすべての人々に開かれた場を創造するプロジェクトとして発表した。1971年に7月に開かれた国際競技設計には，49カ国から681の建築プロジェクトの応募があり，イタリア人レンゾ・ピアノ，イギリス人リチャード・ロジャースの作品が採用された。建設地はパリの中心地，レ・アール地区。かつて，パリのおなかと呼ばれる巨大な市場があった都市の中枢部である。市場があったために流通と交通の中心点となり，その後郊外電車が乗り入れ，交通網が周辺部に広がっていった。開館後，「パリの郊外に住む多数の人々が気軽に訪れる空間になった」[15]のは，交通網の結節点という地理的条件に負うところが大きい。ただし，歴史的建造物に囲まれた都市の中心地に，ガラスと鋼鉄とパイプで組み上げた建物の建設が開始されたときは，反対運動の嵐だったという[16]。歴史と伝統を重んじる人たちだけでなく，現代アートが国家の中央集権組織で管理されることに対するアーティストの反発も激しかった。

　開館後は，設立当初5000人と見込まれていた1日の入場者数が平均2万5000人となり，年間900万人，世界で最も利用される複合文化施設となった。2010年には，フランス東部に，ポンピドゥー・センターの分館であるポンピドゥー・センター・メスが開館している。

　ポンピドゥー・センターはいくつかの文化施設の複合体のようであるが，年に何度かは全館あげての総合的なエクスポジションを行い，館内の各施設がそれぞれの立場で共通テーマに取り組み，あたかも1体のミュージアムのように活動する。

　ポンピドゥー・センターのキュレーター，ジャン＝ポール・アムリンによると，設立当初ポンピドゥー・センターが意図するところは，図書館，映画館，建築，デザイン，音楽など，それぞれの目的，興味を持ってきた人が，今まで知らなかった分野に触れ，さらに興味を持つようになることであったという。「大切なことは，一つのフロアから別のフロアに行きやすい，動きやすいということでした。来館者の多くは，センターに何があるのかわからないでやってきて，色々なものがあることがわかり，一度には見切れないのでまたやってくる。センターに来る最初の目的とちがう，別のものとの出会いの場を与えている。センターは，来館者をそれまで知らなかった分野，自分では積極的に知ろうとしなかったものの前に立たせる，という意図を持っていたのです」[17]。

それは教育的側面というより情報発信の場でありたいという狙いだったという。「必要とされているのは，器でなしにシステムである。現代美術の収蔵庫でなしに，それを活性化し，情報化し，公有化する仕掛けなのである」[18]。そして，ポンピドゥー・センターが発信する情報は，毎日センターを訪れる2万5000人の人々によって，「様々な社会の階層へと伝えられていった」[19]。

ポンピドゥー・センターが開設準備を進めていたころ，同じように「開かれた美術館」の理念を現代美術の領域で活発に展開していたのが，アムステルダム市立美術館，ストックホルム近代美術館，ベルン・クンストハレなどである。1973年には「開かれた美術館」討論・研究会がバーゼル・クンストハレで開催され，ストックホルム近代美術館館長ポントゥス・フルテンらが参加していた。後にポンピドゥー・センター内のパリ国立近代美術館初代館長に就任したフルテンは，「『私たちは，68年の五月革命の本質的な状況，すなわち〈街路の状況〉のような，そこにすべての人々が階級や文化や教養の差を越えて，誰一人拒絶されたと感じることなく居られる空間を作ることができないかと思っていた』と68年以降の美術館の在り方を述べている」[20]。

「開かれた美術館」は，あたかも開かれた都市のように，あらゆる階層の人々が自由に往来する街路のような場を目指していたのである。ポンピドゥー・センターの開館と同じ1977年に発刊された *le muséet la vie*[21]では，ミュージアムの構成要素を①建物，②コレクション ③スタッフ ④ 公衆と定義している（図2-5）。これらの4要素が，ミュージアムの科学，すなわちミュゼオロジーを構成する内容である。その上でミュージアムと公衆との関係が新しい段階を迎えたことを記している。「ミュージアムは新たな発展段階を迎えたのである。そこは情報伝達と交流の場となり，コレクションが媒介となって異なったカテゴリーの来館者たちが活発に交友関係を結び，それぞれの方法で自己を表現する」[22]。ミュージアムが「誕生して3世紀を経た現在，柔軟で時代の変化に即応した献身的なミュージアムこそ，公衆の日常生活の周囲に作り上げられた新たな社会関係の場に急速になりつつある」[23]。

神殿のような美術館で厳かに作品を鑑賞するよりも，フォーラムのようなミュージアムが要望されるようになったというのである。過去を懐かしむ避難所ではなく，公衆のために，学校や研究所としての役割を持ち，さらに地域を再認識し表現する施設へと変遷していることを説く。ミュージアムがいかに新

第 2 章　ミュージアムの新しい試みから考える文化施設の公共性

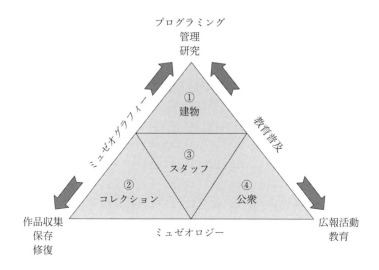

①建物のなかではプログラムが明確にされ，研究が進められ，管理が行われる。それらはミュージアムの責務である。
②ミュゼオグラフィーとは，コレクションを展示するテクニックである。
③コレクションと公衆の間で，スタッフは作品の研究や保存，そして来館者への広報活動や教育を任される。
④公衆にその価値を認められるということが重要である。教育普及を目的とした活動によって，ミュージアムは〈公衆への奉仕〉のために開かれる。

図 2-5　ミュージアムの定義
出所：Giraudy & Bouilhet（1977，邦訳，1993）より

たな「共感の輪を広げ」，潜在的公衆に貢献するかが，すでに 70 年代のミュージアムの指針であった。

3-2　日本のミュージアムの新しい試み

　日本でも，1990 年前後から，ミュージアムにおいてワークショップ型（創造体験・アーティスト交流）のアウトリーチ活動や市民ボランティアの参画など，鑑賞型のみではない活動が活発に実施されるようになった。たとえば世田谷美術館（1986 年開館），目黒区美術館（1987 年開館），水戸芸術館現代美術センター（1990 年開館）などがアーティストのワークショップによる広義のアウトリーチを積極的に展開。夏休みに子どもを対象にしたプログラムを多数開催したり，美術館と学校が連携して出張講座を行うなど，子どもの頃から

アートを身近に感じる環境が整えられてきた。

　また文化施設を単体の施設として考えるのではなく，まちをつくるひとつの政策として捉えていこうとするミュージアムも出てきている。

　水戸芸術館は，水戸市制100周年を記念して開館した文化施設である。美術，音楽，演劇の3部門の併設，市総予算の1％を運営に充てる文化行政事業が脚光を浴びた。初代館長の吉田秀和，水戸室内管弦楽団顧問の小澤征爾（2013年に館長就任）をはじめ，日本を代表する芸術家が参画し，各分野の専用空間を活用した自主企画による事業を行うほか，専属の「水戸室内管弦楽団」「水戸カルテット」「ATMアンサンブル」と専属劇団「Acting Company Mito」を編成したことも話題になった。

　文化芸術の振興という側面だけでなく，国道50号沿いに線的に発展してきた水戸の中心市街地が面的に発展し，都市としてより充実していくきっかけになるように計画された。館の広場をとり囲む形で，東側には，水戸市制100周年を記念する高さ100メートルの塔，西側にはエントランスホールをはさんで劇場，コンサートホール，北側には現代美術ギャラリーが配置されている。音楽，演劇，美術の各分野がそれぞれの施設で独立した活動を行う専用空間を持つと同時に，お互いにクロスオーバーしあうように設計された。芸術館開設準備室長だった横須賀徹は，「こういう施設を作ったときに，この周辺はどう変化するのか。どう誘導すべきなのか。（中略）文化施設立地の考え方には，都市を否定した中で次の所に位置を求めているという例が結構多い。そうじゃなくて，街を創っていく全体政策の一つの現れとして形を整えなくてはならない」と述べている[24]。

　2002年からは，アートを媒介として水戸の街自体がカフェのように，人々が集い，交流するプロジェクトとして「カフェ・イン・水戸」を実施している。美術作品をギャラリーの中だけでなく，中心市街地の様々な場所に設置し，人々が参加できるプロジェクトを実施することで，多様な美術との接点を構築し，水戸芸術館を中心に人々の流れを街の中に作り出そうとする企画である。

　他にも金沢21世紀美術館（石川県金沢市）や十和田市現代美術館（青森県十和田市）等，近年に開館した美術館は，住民のみならず観光客を視野に入れたより幅広い層の利用を狙い，周辺の商店を巻き込んだ地域の活性化，まちづ

くりの一環としての美術館経営に力を入れている。「住民かビジターか」という二者択一の枠を超えた，開かれた美術館を目指している。

2004年に開館した金沢21世紀美術館は，金沢市の中心部に位置し，兼六園，金沢城公園といった観光名所に近く，香林坊や片町などの繁華街からも徒歩圏内にある。建築のコンセプトは，様々な出会いや体験が可能となる「公園のような美術館」。そのため建物三方が道路に囲まれている美術館敷地内にどこからでも人々が訪れることができるよう，正面や裏側といった区別のない円形が採用された。

美術館のコンセプトは，①世界の「現在（いま）」とともに生きる美術館，②まちに活き，市民とつくる，参画交流型の美術館，③地域の伝統を未来につなげ，世界に開く美術館，④子どもたちとともに，成長する美術館，という4つである。学芸課の他に交流課を設置し，美術以外の音楽やパフォーマンス・アートなどのイベント，美術館周辺の広場でのイベント等を担った。近隣商店街と連携し，美術館の入場券の半券やロゴの入ったコースターを持参すると，双方で割引になるといった事業を実施し，商業エリアとの協力関係を築いた。

開館以来特に力を入れているのは，子どもが楽しめる美術館であることだ。開館後，金沢市内の小・中学校と美術館連携特別プログラムとしてミュージアム・クルーズ・プロジェクトを実施し，市内で学ぶ全小中学生約4万人の子どもたちを学校ごとに無料招待した[25]。子どもが自由に「見て」「触れて」「体験できる」ように作品を展示し，プログラムを作成。さらに「もう1回券」をつけ，再び親と来館してもらうような仕組みを作り，それが新たな集客の獲得につながった[26]。「ミュージアム・クルーズ」は，市内の小学4年生を金沢21世紀美術館へ招待するプログラムとして，現在も毎年継続して実施している。

美術館を楽しいと思った子どもたちは成長して親となったとき，自分の子どもを美術館に連れてくることもあるだろう。子どもという来館者を獲得することで，ファミリー層をはじめ将来の来館者を含めて，新しい顧客を生みだしている。

2008年に開館した青森県の十和田市現代美術館は，十和田市の中心部・官庁街通りに位置する。国の事務所の統廃合や合同庁舎整備に伴う出先機関の転居などにより，市のシンボルロードである官庁街通りに多くの空き地が見られるようになった。そこで，より魅力的な官庁街通りの景観を作り出し賑わいを

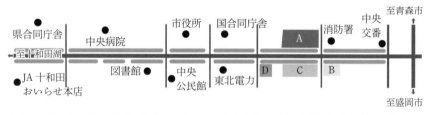

A：現代美術館（2008年開館），B，C，D：アート広場（アートを用いて公園化した広場。2010年オープン）

図2-6　青森県十和田市が推進するアートによるまちづくりプロジェクト「Arts Towada」

出所：十和田市現代美術館ホームページ（2011年5月）の構想図より筆者作成

取り戻すために，1.1kmの官庁街通りという屋外空間を舞台に，通り全体をひとつの美術館に見立てる「Arts Towada」（野外芸術文化ゾーン）構想を打ち出した（図2-6）。現代美術館は，その構想の中核施設としてつくられた。美術館の所管は市の観光商工部であり，中心市街地の活性化が美術館に課せられた大きな役割のひとつである。開館5年前から野外芸術文化ゾーンの構想を周知するためのモデルイベントを実施し，開館後は展覧会の企画と連動して商店街での作品展示を行うなど，訪れた人が美術館とまちを周遊するための仕掛けづくりに取り組んでいる。人口約6万人の地方都市に開館後1年間で18万人の集客を果たした。

　新しい試みは美術館だけではない。日本で初めて県と市が共同で設立・運営する「長崎歴史文化博物館」（2005年開館）は，国際観光都市長崎の中核施設として位置付けられた。JR長崎駅近くに位置し，日本二十六聖人殉教地や寺院群，中町教会，諏訪神社等の長崎特有の歴史的資源が多く存在する諏訪の森地区の再開発の一環として整備された。近世長崎の海外交流史をテーマに，「大航海時代」以降（15世紀以降）の外国との交流，貿易などに関する歴史的な資料を展示している。長崎学の学習・研究の拠点であるが，大人も子どもも楽しく学べるように展示や体験学習のプログラムに様々な工夫を凝らす。4年で100万人の入場者を見込んでいたが1年半で突破した。地域全体の魅力向上に資するとともに，博物館の堅苦しいイメージを払拭したこと，常設展示で人が呼べる博物館であること，が注視すべき点である。

3-3 文化施設と都市再生

ミュージアムが都市再生に寄与した有名な事例に，スペイン北部のバスク地方に位置する工業都市・ビルバオのグッゲンハイム美術館がある。アメリカ人建築家フランク・ゲーリーの設計による斬新なデザインの効果もあり，1997年の開館から5年間で，515万人以上が美術館を訪れた。入館者数は年平均100万人で，1997〜2000年の当初計画の年間50万人を大きく上回る結果となった。この期間の入館者の45％は海外から，35％はスペインのバスク州以外の地域から訪れている。バスク州とスペイン国内の入館者の割合は，1998年には70％を超えていたが，2002年には40％強まで減少し，海外からの入館者は30％弱から60％弱に増加している。美術館の立地するビスカヤ県の入館者の割合は，1998年に30％程度を占めていたが，翌年以降10％前後に激減しており，地域外からの入館者が大部分を占める。美術館の事業によって1997年から2001年にもたらされた直接的な経済効果は7億7500万ユーロに達し，これは美術館建設費の約10倍に相当し，バスク州政府は投資額を3年で回収したことになる[27]。

1960年代から1970年代，バスク州では重工業が著しく発展し，その中心を担っていたのが鉄鉱石の産地として鉱工業が発展したビルバオ市であった。しかし，1970年代後半から1980年代にかけて重工業の衰退とともに，都市も疲弊を余儀なくされる。そこで，1989年，ビルバオ大都市圏活性化戦略プランが策定される。この戦略プランでは，21世紀のビルバオ大都市圏について，7つの基本的な性格を開発の基本方針とすることが示されている。①開放的（open），②多様性（plural），③統合的（integrated），④近代的（modern），⑤創造的（creative），⑥社会的（social），そして⑦文化的（cultural）の7つである。

1991年，バスク州政府は，グッゲンハイム財団に再開発への参加要請を行い，グッゲンハイム美術館の誘致に成功した。当時グッゲンハイム財団は，「世界各国で拠点作りに取り組むことで，調和した世界的な美術館グループを創造する」というグローバル戦略を持っており，それにリンクした形で実現した。

グッゲンハイム美術館はビルバオ再生の象徴的事業として注目されたが，美術館はバスク州政府が実施した15億USドルという総合的な再開発プロジェ

クトの一部である。美術館以外にも，新空港や地下鉄網，高速道路網，路面電車等交通インフラの整備，大規模地域開発，文化施設の建設・リニューアル，港湾の再整備，その他都市施設の建設など再開発プランの内容は多岐にわたっている。

　グッゲンハイム美術館に対しては，その経済効果が喧伝される一方，建物の奇抜さばかりが目立つ，コレクションや運営ノウハウはグッゲンハイム財団からの提供でビルバオのオリジナルではない，地域性がない等の批判も少なくない。美術館が建てられたネルビオン川左岸は，工業が発展した時代に労働者が職を求めて移住し，定着した労働者階級の地域であり，このアイコン的建築物によってジェントリフィケーションが起こっているのではないか，といった問題提起もされてきた。

　美術館側も，地域の人々とともに存在するために，地域の教育力の向上に向けて教育普及プログラムに力を入れている。開館後5年間で45種類の教育普及プログラムを実施。学校の児童生徒，教師，ファミリー層向けのプログラムをはじめ，多言語の素材や解説によるプログラム，視覚障害者向けのプログラムや手話プログラム等，幅広い層を対象とした教育プログラムを用意し，参加者は，5年間で延べ100万人近くに達した[28]。

　美術館の開館は，観光客をもたらしただけではない。グッゲンハイムがある都市としてアメリカ企業の進出を容易にし投資をも運んできた。それまでバスク地方は，テロリズムのために政治的，社会的，経済的に大きな損失を被っていた。特にビルバオは，バスク地方の分離独立を求める非合法組織「バスク祖国と自由（ETA）」の本拠地があり，観光客の来訪や企業の投資を阻んできた。「1990年代前半に124人を数えたETAのテロによる死者は，グッゲンハイム美術館が開館した90年代後半には39名に減少」した[29]。

　岡部（2003）は「ビルバオ再生の経験は，産業が絶望的な状況にあっても人の生活の質から考えてみることで，都市再生に道が開ける可能性があることを教えてくれている」という[30]。ビルバオは突出した事例ではあるが，欧州では1990年欧州文化首都[31]に選ばれたグラスゴーをはじめ，マンチェンスター，ボローニャ，アムステルダム，ナント等，文化施設の再編整備とともに，文化芸術の活力を用いた都市再生の試みが続けられている。

　美山（2007）は，エリック・ヒッターズの研究から，欧州文化首都が，開

催時期に応じて，文化芸術モデルから，都市再生モデルを経て，社会経済モデルないしこれらの複合形態に移行していることを紹介している。第一はスタート当初の，おもに文化的・芸術的目的による開催。第二は，1990年のグラスゴー開催をきっかけに，都市の再生，発展が大きな意味を持つようになったこと。衰退傾向の都市を文化によって再生しようという試みである。第三は，1993年のアントワープに始まる社会・経済的振興モデルとも言うべきものである。文化や観光目的のみでなく，都市の組織や機構の再編・強化に注力するようになった。年間を通じて多くの文化芸術関連の催しを開催するという外見は共通していても，その目的は変容を遂げているのである。

　その規模も背景も異なるとはいえ，日本の地方都市が，文化施設を単体の施設として考えるのではなくまちをつくるひとつの政策として捉え，地域の活性化に取り組もうとする動きは，欧州文化首都の変容と重なる部分があるのではないだろうか。

4　むすび

　日本の文化政策の歩みと博物館の設置状況，そして近年起こっているミュージアムの新しい試みについていくつかの具体的事例をみてきた。

　戦前・戦中の文化統制への反省もあり，戦後しばらく日本の文化政策は文化財保護が中心であったが，高度経済成長期の終焉後，次第に文化芸術振興へと舵を切った。一方，地方自治体は，1970年代以降，地方の文化性や自立性を高めるために文化政策に力を入れ，1980年代には好景気も手伝い，全国各地に博物館や文化ホール等の文化施設が建設された。しかし，1990年代に入り，自治体財政の悪化により，利用率の低い文化施設に対する批判や，文化施設運営への財政負担についての住民の合意といったことが厳しく問われるようになってきた。一方でまちづくりに対する市民意識の高まりや地域活性化が大きな課題になる中，地域独自の文化や住民の文化的活動への参画に力が入れられるようになった。文化施設についても，その芸術的意義だけでなく，都市や地域振興における位置付け，住民をはじめとする利用者とのかかわりが見直されている。

　そのような中，事例に挙げたポンピドゥー・センター，水戸芸術館，金沢

21世紀美術館，十和田市現代美術館は，それぞれ地域の特性を生かすとともに，市民の自発的な活動への参画，ミュージアムを核とした新たなネットワークの形成等を促進する仕掛けが組み込まれている。その上で，ミュージアムが，都市を再生し地域経済の活性化に貢献する装置として捉えられている。

「街路のような場」を目指したポンピドゥー・センターは，あらゆる階層の人が自由に往来し，交流し，情報交換し，新たな社会関係を生み出すミュージアムとして活動してきた。水戸芸術館は，文化芸術振興とともに，都心形成のひとつとして人々の流れを生み出す役割を担った。美術作品もまちに飛び出し，美術との接点を広げ，人々の参加を促す。誰もが自由に出入りできる公園のような美術館をコンセプトとする金沢21世紀美術館は，周辺の商店街等とも連携し地域振興の一端を担いつつ，子どもの体験・教育に力を入れている。十和田市現代美術館は，中心街の通り全体をひとつの美術館に見立てる構想の中心施設であり，来訪者が美術館を楽しむと同時にまちを周遊する仕掛けづくりに力を入れている。

いずれも，ミュージアムが「芸術的価値」のみの評価対象ではなく，地域経済の活性化や観光集客装置としての目先の手段としてのみ捉えるのでもなく，次世代を見据えた生活の質の向上とコミュニケーションのきっかけになることを目指すものである。

都市再生の象徴的事業として注目されたビルバオ・グッゲンハイム美術館は，観光集客装置としてのみあることへの批判や課題に対して，地域の人々とともに存在するために，教育普及プログラムに力を入れている。

第1章で検討したアーレント，ハーバーマスにみる公共性概念に共通する「人々の主体的な参加を可能にすることが公共性を実現することである」という視点，すなわち社会における個人の参加可能性という考え方は，文化の外部性を考える上でも，ミュージアムの公共性を考える上でも，共通した視座になり得るのではないだろうか。

ボウモルとボウエンが提示した文化の外部性4項目——①威信，②ビジネスメリット，③将来世代への効用，④コミュニティへの教育的貢献——の中でも，特に③，④は人々の主体的な参加を促すことがなくては，実現されるものではない。また，ミュージアムの役割として，①生涯学習社会への対応，教育普及活動への期待，市民参画など市民の潜在的な文化活動を掘り起こすこと，

50

②まちに人の流れをつくり，地域を活性化するきっかけとなること，が期待されている現在であればこそ，市民の主体的な参加は重要な要素である。収集，保管，展示，教育，研究といったミュージアムの基礎的活動の各プロセスにおいて，「人々の主体的なかかわりを促す」「社会や人々に開いていく」という考え方を実現していくことが，ミュージアムの公共性を保障することになるだろう。

　ジョン・ロールズは，『正義論』(1971) の中で，「もし，公共のフォーラム（広場）が自由でかつすべての人に開かれているべきならば，そして継続すべきであるならば，あらゆる人がそれを活用しうるものでなければならない。政治の争点について適切な情報を得る手段がすべての市民に与えられなければならない。彼らは，なされた提議が自分たちの暮らしやすさに与える影響について，また，どの政策が自分たちの公共善の構想に資するかについて，評価する地位を占めるべきである。」[32]と述べている。

　公開性，参加性，主体性といった公共性の概念を再度検証し，ミュージアム活動の中に取り込んでいくことが，「コミュニケーションと知識を共有するための場」に繋がるのではないだろうか。

　「文化を議論していた公衆が文化を消費する公衆」になることで，市民的公共性が解体したと論じたハーバーマスは，1990 年代に入り「市民社会の再発見」[33]について論じている。かつての市民的公共性が構造的に解体した現代にあって，生活世界の潜在力が自律的公共性にまで自己組織化され，新しい力（公共性）として確保されなければならない，というのである。

　各ミュージアムは，街路や公園のように様々な市民が交流する場，次世代育成の場，地域とともに生きる場を志向することで，「開かれたミュージアム」を実現しようとしている。公開性，参加性に加えて，主体性を実現できるかが，ハーバーマスのいう新しい力（公共性）に近づく鍵といえるだろう。アーレント，ハーバーマスにみる公共性概念の共通点は，「人々の主体的な参加を可能にすることが公共性を実現すること」である。主体的な参加とは何か，どういった活動を促すことが必要なのかをミュージアム自身が考え，実行していく中に，地域や社会に開かれたミュージアム，地域再生や都市再生に関わっていく機関としてのミュージアムの公共性があると言えるだろう。

51

注

1） 2021 年度社会教育調査の結果と文化庁の博物館総合サイトにおける指定施設の数字が異なり，文化庁は 395 となっている。本書は，社会教育調査結果に準ずる。

2） ICOM 日本委員会 『第 25 回 ICOM（国際博物館会議）京都大会 2019 報告書』 2020

3） 3 年ごとに行われる文部科学省の社会教育調査では，種類別の博物館として「総合博物館」「科学博物館」「歴史博物館」「美術博物館」「野外博物館」「動物園」「植物園」「動植物園」「水族館」と分けて統計を取っている。

4） 根木昭 『日本の文化政策―文化政策学の構築に向けて』 勁草書房 2001 p.12

5） 梅棹忠夫 『梅棹忠夫著作集 第 21 巻 都市と文化開発』 中央公論社 1993 p.515

6） 公益財団法人大平正芳記念財団 『大平正芳とその政治再論 大平政治が今日の改革に示唆するもの』 PHP エディターズ・グループ 2022 pp.350-355

7） 文化庁 『文化芸術立国の実現を目指して 文化庁 40 年史』 ぎょうせい 2009 p.4

8） 根木昭 『文化政策の法的基盤―文化芸術振興基本法と文化振興条例』 水曜社 2003 p.8

9） 2012 年 6 月 21 日には，全国の劇場や音楽ホールを活性化させるため，国と地方自治体の役割などを明記した「劇場，音楽堂等の活性化に関する法案」が衆議院本会議で，全会一致で可決，成立した。これまで劇場，音楽堂については，建築物として建築基準法，消防法，興行場法等で規制されているものの，ソフトとしての機能や役割については何も定義されてこなかった。図書館や博物館が社会教育施設として，図書館法，博物館法といった根拠法をもち，機能や専門知識のある司書や学芸員を置くことが規定されているのに対し，劇場・音楽堂は機能を規定する根拠法がなかった。規定がないがゆえに，地域の創意工夫で様々な取り組みが生まれてきた面もあるが，自治体は建物だけをつくり運営に対して十分な施策や投資を行うことはなく，「ハコモノ行政」の象徴的存在になりがちであった。この法律で特に強調されているのは，劇場や音楽ホールは単なる建物ではなく，公演を企画制作する機関であると規定していることだ。そのための専門的な人材の育成や確保も求めている。さらに，文化施設同士の連携や大学との協力を促進し，学校教育で子どもたちが本物の表現に触れることも重視されている。初めて劇場や音楽ホールに法的な裏付けができたことになる。

10） 中川幾郎 『分権時代の自治体文化政策―ハコモノづくりから総合政策評価に向けて』 勁草書房 2001 p.23

11） 1970 年代から関西を皮切りに地方自治体の文化行政が前向きの方向をたどり始めた。1972 年の大阪府企画部文化振興室，75 年兵庫県文化局，76 年埼玉県総務部県民文化局の設置などがその表れである。地域社会において日常的に文化を享受，あるいは住民自らが文化活動に参加することができるように，地域の文化振興が図られるようになった。

12） 根木昭 『日本の文化政策―文化政策学の構築に向けて』 勁草書房 2001 p.207

13） 根木昭 『日本の文化政策―文化政策学の構築に向けて』 勁草書房 2001 p.71

14） 令和元年度「日本の博物館総合調査」の有効回答館は 2314 館。有効回答館のうち，「登録博物館」は 27.3 ％，「指定施設」は 11.6 ％，「博物館類似施設」は 61.1 ％。

15） 岡部あおみ 『ポンピドゥー・センター物語』 紀伊國屋書店 1997 p.41

16） 岡部あおみ 『ポンピドゥー・センター物語』 紀伊國屋書店 1997 p.33

第 2 章　ミュージアムの新しい試みから考える文化施設の公共性

17)　1992 年 10 月 1 日，サントリー不易流行研究所による博物館調査において，ポンピ
　　　ドゥー・センターのキュレーター，ジャン゠ポール・アムリン氏にインタビューを実施。
18)　西野嘉章　『博物館学―フランスの文化と戦略』　東京大学出版会　1995　p.179
19)　岡部あおみ　『ポンピドゥー・センター物語』　紀伊國屋書店　1997　p.41
20)　瀧端真理子・大嶋貴明　「宮城県美術館における教育普及活動生成の理念と背景」『博
　　　物館学雑誌』　2005
21)　Giraudy, Daniele & Henri Bouilhet　*le musée et la vie*　La Documentation Francaise,　Paris
　　　1977（高階秀爾監修　松岡智子訳　『美術館とは何か』　鹿島出版会　1993）
22)　Giraudy, Daniele & Henri Bouilhet（1977）　高階秀爾監修　松岡智子訳　『美術館とは何
　　　か』　鹿島出版会　1993　p.89
23)　Giraudy, Daniele & Henri Bouilhet（1977）　高階秀爾監修　松岡智子訳　『美術館とは何
　　　か』　鹿島出版会　1993　p.97
24)　森啓・横須賀徹　『水戸芸術館の実験』　公人の友社　1992　pp.12-13
25)　開館当初は，小学生全学年を対象に始まったが，現在は「子ども独特の感受性と社会
　　　性が身に付いたちょうどいい時期」といわれる小学 4 年生を対象としている。約半年をか
　　　けて，金沢市のすべての学校を招待する。
26)　黒沢伸　「その 1 総論　あまねく人を呼ぶということ」　黒沢伸・吉備久美子・木村健・
　　　郷泰典・坂本祥世　『ミュージアム・クルーズ・プロジェクト記録集』　金沢 21 世紀美術
　　　館　2005
27)　独立行政法人国際交流基金　調査報告書　『文化による都市の再生―欧州の事例から』
　　　2004
28)　Guggenheim BILBAO,　activity report　1997-2002
29)　美山良夫　「文化施設の今後」　慶應義塾大学アート・センター　Booklet15　2007
30)　岡部明子　『サステイナブルシティ―EU の地域・環境戦略』　学芸出版社　2003　p.47
31)　「真のヨーロッパ統合には，お互いのアイデンティティーとも言うべき，文化の相互理
　　　解が不可欠である」というギリシャの文化大臣メリナ・メルクーリ（当時）の提唱によ
　　　り，1985 年より「欧州文化都市」制度が発足。以来，EU 加盟国（当時 EC）の文化閣僚
　　　会議で EU 加盟国の中から 1 都市を選び，一年間を通して様々な芸術文化に関する行事を
　　　開催し，相互理解を深める事となった。1995 年から欧州文化首都に名称改定。欧州連合へ
　　　の加盟国が増加し，この事業の導入希望が増えたことを受け，2000 年には一挙に 9 都市が
　　　指定された。2001 年以降は年次によっては複数の都市が指定されるようになった。2009
　　　年以降は，EU が欧州文化首都の開催国を決定し，その後各国内で都市を選定している。
32)　Rawls, John　A *Theory of Justice*　Harvard University Press　1971　（川本隆史・福間聡・
　　　神島裕子訳　『正義論』　改訂版　紀伊國屋書店　2010）　p.395
33)　Habermas, Jürgen（1990）細谷貞雄・山田正行訳　『第 2 版　公共性の構造転換　市民
　　　社会の一カテゴリーについての探究』　未來社　「一九九〇年新版への序言」　1994　p.37

第3章

文化ホールの使命から考える文化施設の公共性

1 本章の問題意識

　1970 年代，「地方の時代」というスローガンの下，地方自治体による「文化行政」が始まり，1980 年代には，博物館と同様，各自治体の総合的な文化行政の一環として文化ホールも積極的に建設された。1980 年代後半のバブル経済は，この傾向にさらに拍車をかけた。都市の再開発をするのに文化施設を地域のイメージアップと集客の目玉とすることが流行した。

　文化施設の中でも，図書館や博物館は，図書館法，博物館法が定められ，司書や学芸員といった専門職も規定されていた。しかし文化ホールは当時法律もなく，専門職についての規定もなく，概念が確立されていなかった。劇場であれば演劇をつくる人が，音楽ホールであればオーケストラが常駐することが前提の欧米とは異なり，文字通り「箱物」の建設が中心であった。市民の潜在的な文化活動を掘り起こす仕掛けの無い施設は，「誰も使わない豪華文化ホール」「ハコモノ行政」と批判を浴びることになった。

　1990 年代に入ると，ハード偏重への反省を踏まえ，建設された文化施設を有効に活用するためのマネジメントについての論議が活発になった。埼玉県の彩の国さいたま芸術劇場や茨城県水戸市の水戸芸術館が芸術監督を置いて独自の事業を積極的に推進。東京都墨田区のすみだトリフォニーホールは，新日本フィルハーモニー交響楽団と本格的なフランチャイズ契約を実現した。兵庫県立尼崎青少年創造劇場（ピッコロシアター）は，演劇による青少年の健全育成を掲げ，日本初の付属「県立ピッコロ劇団」を設立した。1998 年にオープンした新潟市のりゅーとぴあ新潟市民芸術文化会館は，2004 年に日本初の公共劇場専属舞踊団「Noism」を設立し，「新潟から世界へ」新しいダンスシーンを発信し注目を集めた。他にも，北海道の富良野演劇工場は，日本初の公設民営劇場として NPO 法人に公立文化施設の管理運営を委託するなど，地域独自のソフト展開を進めた。

　2003 年に施行された地方自治法の一部改正による指定管理者制度の導入は，

公立文化施設の運営への民間事業者の参入を可能にしたとともに，事業内容の見直し，職員定数の見直し，利用料金制導入施設の増加等，文化施設の運営に大きな変化をもたらした。公益社団法人全国公立文化施設協会が2010年度に実施した「公立文化施設における指定管理者制度導入状況に関する調査」によると，当時の指定管理者制度導入率は52.1％，設置主体別では，「都道府県」が81.1％，「政令指定都市」では81.3％，「市区町村」では45.5％と，人口規模が大きいほど導入率が高く，またホール席数別では，席数規模に比例し「1000席以上」の施設の導入率が高い。文化施設において，文化ホールは，図書館や博物館・美術館等と比べ，高い割合で指定管理制度の導入が進んでいる状況である。

　同じく全国公立文化施設協会が2007年3月に行った調査「公立文化施設における指定管理者制度の効果的な活用に向けて」の結果では，制度導入後最も効果があったとされる項目は「経費の縮減」であり，設置者，指定管理者共に6割を超える高評価をしている。それに続いて評価の高い項目は「住民サービスの向上」「管理運営体制の効率化」「経営効率の改善」であり，いずれも5割前後の評価を得ている。これに対して「地域住民の自主的文化活動への支援」「芸術・文化の振興」の項目では，効果があったとする割合は2割前後に留まる。さらに「地域文化の担い手の育成」は11％，「公演芸術作品を担う人材の育成」は7％と低い。つまり，施設の効率的運営には寄与しているものの，公立文化施設の設置目的として掲げられている地域への文化的貢献，人材育成，教育普及といった面での効果が低いというのが導入当初の課題であった。

　そのような中，2008年3月，滋賀県議会で県立芸術劇場びわ湖ホール（以下びわ湖ホール）の運営費をめぐり，「福祉かオペラか」の議論が起きた。問題の発端は，2008年3月1日付の『京都新聞』の報道に始まる。財政構造改革プログラムで削減した乳幼児などの福祉医療費を前年度と同水準に引き上げる財源として，びわ湖ホールを半年間休館し，その間に民間企業を含めた管理者を公募して自主運営費を削減する予算修正案を検討していると伝えられた。

　3日後の3月4日には，びわ湖ホール劇場サポーターや利用者，ファンが急遽「びわ湖ホールを応援する会」を結成し署名活動を開始。全国から集まった約3万人の署名と52団体，専門家11人の賛同文書を知事と議長に提出した。その後，予算特別委員会で福祉医療費助成増額分は財政調整基金を取り崩す案

が可決され，びわ湖ホールの予算削減案はなくなった。

　びわ湖ホールは，総工費245億円をかけ1998年に完成，四面舞台付きの大ホール（1848席）など全国有数の設備を持つオペラ専用劇場である。運営は，1996年に設立した財団法人びわ湖ホールが担った[1]。2006年に指定管理制度を導入したが，求められる高い能力や専門性，国内外の幅広いネットワークや公共性を有していることから（財）びわ湖ホールが非公募で指定管理者に選定された。

　開館当初から「創造する劇場」を目指し，芸術監督に著名指揮者の若杉弘を招き，ヴェルディ作の埋もれたオペラを手がけて日本初演を果たすなど意欲的な事業を行ってきた。オペラの自主制作は1本で億単位の費用がかかり，入場者一人あたり入場料の2倍近い県費が助成される。県議会では，観客の過半数が県外客という統計（表3-1）を踏まえ，年間11億円を超す県補助金（図3-1）について，「今後も同じように維持管理し続けることに，県民の理解が得られるか」という質問が出た。

　県議会での議論は政治的な駆け引きの要素が強く，文化政策の一環としてびわ湖ホールの意義や税金投入の是非について徹底的に議論されることはなく，本質的な問題は曖昧なまま収束した。びわ湖ホール問題は，自治体の財政状況次第で減額の恐れがある「措定管理者」の立場の危うさを浮き彫りにした。また，公立ホールの意義，公共圏の設定，税負担者である県民への説明責任とコ

表3-1　公演のジャンル別観客県内外の割合（2007年）

	県内	県外
オペラ	39 %	61 %
オーケストラ	53 %	47 %
バレエ・ダンス	24 %	76 %
演劇	58 %	42 %
古典芸能・邦楽	61 %	39 %
室内楽	51 %	49 %
普及事業	82 %	18 %
合計	57 %	43 %

出所：2007年来場者アンケート（びわ湖ホール実施）より筆者作成

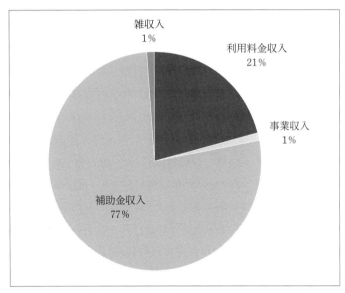

図3-1 びわ湖ホール2007年度事業収入内訳
注：補助金収入は、県費補助金収入、国受託金収入、県受託金収入、民間助成金収入含む。補助金のうち、県負担分は約73％、約11億4000万円である。
出所：財団法人びわ湖ホール2007年度決算報告より筆者作成

ンセンサスをいかに形成するか——など公共性をめぐる課題を提示した。びわ湖ホールの年10億円を超える運営予算は、地方自治体の公立文化ホールとしては高額だが、予算の多寡にかかわらず、これらの課題は他の公立文化ホールにも無関係な出来事ではない。

地方自治体を襲いつつあった改革の波は、文化芸術分野の政策的な進展を拓くよりは不透明な停滞をもたらしている[2]といった指摘が多い。びわ湖ホール問題は、そのような停滞の中で設置者である自治体が自ら問い直すべき文化芸術政策の公共性や地域・市民と文化施設の関係、といった課題を浮き彫りにした。

地方自治体の財政難がもたらした状況は、文化施設の存在意義を問い直す機会でもある。市民にとって、地域にとって、社会にとって必要なものであるならば、その存在意義や可能性を設置者、施設職員、利用者の間で共有しなければならない。公立文化ホールがトップダウンで与えられた芸術の鑑賞の場にとどまることなく、文化的・市民的な「公共性」の概念からその役割を検証し直

すことは，今後求められる地域再生への寄与を考える際に，ひとつの示唆を与えるものと思われる。

公立文化施設が掲げる使命は，その事業活動の積層によって達成される。公立文化施設の事業活動に対するステークホルダーの要求は，社会，経済状況の産物であると同時に，当該施設のそれまでの事業活動に対するステークホルダーの評価が影響し，形成される。とすれば，公立文化施設の事業活動に対するステークホルダーの要求は，その時々，絶えず変化し続けることになる。当然，その要求を満足させようとする公立文化施設の使命も，変化し続けることを余儀なくされる。

本章では，関西を代表する2つの公立文化ホール（滋賀県立芸術劇場びわ湖ホールと兵庫県立芸術文化センター）の比較事例研究を通して，公立文化ホールのミッションの実現性と公共性について検討する。具体的には1) 2008年3月のびわ湖ホール問題を中心に，同ホールの運営に対する世論の評価を新聞記事のデータベースを活用して読み解く，2) 関係者のヒアリング調査，3) ホールの運営状況に関するデータ分析を行う。兵庫県立芸術文化センターに関しても同様に，1) 新聞記事に表出した世論の動向分析，2) 関係者のヒアリング調査，3) 事業活動の分析を実施した。これらの調査，分析の結果を踏まえ，両ホールの使命，開館以来の事業活動，地域への文化的／経済的波及効果，メディアの評価を比較研究する。

次に，ボウモルとボウエンが提起した「文化の外部性」（ボウモル／ボウエン1966）を基準に，1) 両ホールの事業活動を評価し，2) 地域への文化的／経済的波及効果を試算し，3) 両ホールが掲げる使命が如何に達成されてきたかを検証する。

これらの検証を通して，公立文化施設の使命の流動性と公共性の実現についての課題を明らかにする。

2 公立文化ホールの設置状況と役割の変化

公立文化ホールの前身は公会堂にあると言われている。大阪市中央公会堂（1918年竣工）をはじめ初期の公会堂は，集会や講演会を目的とした講堂の性格を持っていた。その後，日比谷公会堂（1929年竣工）や名古屋市公会堂

（1930 年竣工）が建設され，音楽や舞踏など文化的な催しが行われるようになった。1960 年代に入ってからは，地方自治体で文化ホールの建設が始まる。

1967 年から国による公立文化会館設置に対する助成が始まり，人口 10 万人以上の都市が床面積 1500㎡以上かつ固定席 500 席以上，練習室 3 室程度を有する公立文化施設を建設する場合に，建設費の 3 分の 1 程度が補助されるようになった。地方にホールを建設するのは，地域住民が身近な場所で舞台芸術を鑑賞できる機会を提供することと，首都圏に偏りがちな舞台芸術の公演の場を地方でも確保する目的があった。地域住民が文化活動を発表する場としての役割を果たすことも期待された。

この頃建設されたホールは，用途・目的を定めず様々な行事に用いられることを前提としたものが多い。施設面の不備に加え，運営専門スタッフの不足などから「多目的ホールは無目的ホール」との批判を受けた。1970 年代後半には文化庁も，多目的ホールはどの種目についても完全な公演をできないという欠点があり，今後検討していく必要があるとの認識を示した。そのため 1980 年前後から，演劇を専門とした尼崎市の青少年創造劇場や音楽を専門とした宮城県加美町のバッハホールなど専門ホールが建設された。1992 年度からは専門ホールと多目的ホールの補助制度が区別されるようになった（この補助金は 1995 年度に廃止された）。

一般財団法人地域創造が 2019 年度に実施した「地域の公立文化施設実態調査」によると，2019 年現在，全国に 2846 館の公立ホールがある。大半が 1980 年代以降に建設されたもので，1990 年代には約 1000 館がオープンする空前の建設ラッシュになった。現在稼動している 6 割が 1980 年〜1999 年に設置されている（図 3-2）。同調査では，「コンサートホール，劇場，多目的文化ホール，能楽堂，オペラハウス，映像ホールなど，舞台芸術の公演等を主目的とする施設」を「専用ホール」と位置付けており，その数は 1483 施設である。舞台芸術以外の利用を主用途とする施設（アリーナ，体育館，メッセ，国際会議場，公民館等）で，舞台及び客席（可動式を含む）や舞台設備等を有し，現に舞台芸術の公演を行っている施設を「その他ホール」としており，その数は 1363 施設である。

1990 年代以降，施設の利用率の低さや鑑賞事業の観客の少なさ，ハード（建物）を優先してソフト（運営や事業）を考えてこなかった行政の姿勢に厳しい

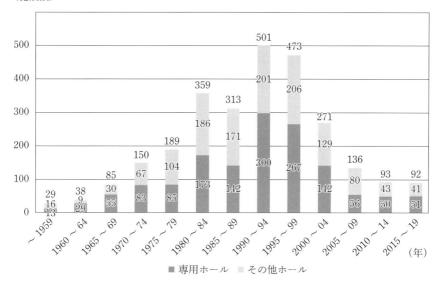

図 3-2　公立劇場・ホールの開館年別施設数
注：有効回答数 N=2729（専用ホール 1446，その他ホール 1283）
出所：一般財団法人地域創造『2019 年度地域の公立文化施設実態調査報告書』より筆者作成

目が向けられるようになった。こうした事態を受けて自治省（現・総務省）では，地域の公立文化施設を活性化するため，1994年に財団法人地域創造を設立した。自主事業への財政的な支援を行うとともに，文化施設の運営者を育成するための実践的な研修などを実施するようになった。文化庁も「文化のまちづくり事業」（1996年度〜），「アーティスト・イン・レジデンス事業」（1997年度〜），「芸術拠点形成事業」（2002年度〜）など，ソフト面を重視した地域の芸術文化活動支援に力点をおくようになった。

　自治体の中でも市民の創造活動に力を入れるところが現れ始める。1990年代後半には，24時間活用できる練習場専用施設・金沢市民芸術村や滞在型の秋吉台国際芸術村など，これまでにない創作活動支援に取り組むところが出てきた。文化ホールについてもアーティスト，行政，市民を交えて，社会における芸術文化活動の役割について活発な議論が行われるようになった。ボランティア，市民参加公演，ワークショップ，アウトリーチなど鑑賞型ではない取り組みは，現在の日本の公立劇場・ホールのひとつの潮流になっている。

このような流れの中で，関西でも独自の創造活動を実施し文化芸術の中枢拠点となることを目指した滋賀県立芸術劇場びわ湖ホールと兵庫県立芸術文化センターが開館した。

3 関西における2大県立ホールの使命と活動状況

3-1 滋賀県立芸術劇場びわ湖ホール

3-1-1 設立背景と使命

　1998年にオープンしたびわ湖ホールの構想は，1972年に策定された滋賀県の「文化の幹線計画」に遡る。「文化の幹線計画」は図書館・美術館・博物館・文化芸術会館などを整備する構想で，歴代知事に引き継がれた。構想の最後のひとつ「文化芸術会館中央館」にあたるのがびわ湖ホールである。滋賀は京都・大阪の通勤圏にあり，長らく都市的文化装置の整備が遅れた地であった。滋賀県は「文化不毛の地」「文化果つる地」からの脱却を目指して，20世紀最後の四半世紀に文化施設の整備，大学の誘致などの文化政策を熱心に展開した。

　1987年には「県民文化会館検討懇談会」が設置され，「滋賀県が広域的に見て果たせる役割を考え，本格的なオペラ劇場と決まった」[3]。その理由は，1）1981年，滋賀県で開かれた第36回国民体育大会で県民による創作オペラ「三井の晩鐘」を上演した，2）当時，新国立劇場の計画が公表され，オペラの殿堂を目指すことが明らかになった，3）関西各府県の文化ホールの状況をみると，コンサートホールは充実しており，後発の滋賀県としては，本格的なオペラ劇場を作り，西日本のオペラの拠点とすることで差別化を図る，などであった。

　検討の結果，コンサートホールとして最高の音響を確保しつつ，オペラ，バレエなども上演可能な舞台設備を備えることになった。音響に配慮して扇形ではなく長方形のシューボックス型にし，バルコニー席を配置することでオペラハウスの雰囲気を醸し出した。

　1995年2月の県議会では，（仮称）びわ湖ホールの設計と245億円の工事費は認められたが，事業費10億円，管理運営費10億円の年度予算をめぐって，県の財政規模に対して過大であることや，オペラ人口が県内にどれほどいるか

疑問である，などの異論が出た。

そのため開館3年前の1995年から「舞台芸術入門シリーズ」と銘打って，県内各地のホールでオペラやバレエ，クラシック音楽の初心者向けに舞台を制作・上演するようになった。新たな鑑賞者を創るべく，1995年末には「びわ湖ホールサポーター」の募集をスタートした。県民がセミナーに参加し，鑑賞機会を増やすことを通じて舞台芸術に対する理解を深めると共に，サポーターを中心に舞台芸術を楽しむ人の輪を広げる狙いがあった。後に「びわ湖ホール問題」が起きたとき，「びわ湖ホールを応援する会」を組織し署名集めをする中心メンバーとなった。第1期（任期は3年間）は30人を上限として募集したが，建物も現れていない時期に329人の応募があった。オペラをみたことのなかった県民が多かったが，「舞台芸術に接してみたい」「単なる鑑賞者以上のかかわりを持ってみたい」と希望する県民は少なくなかった。

創造活動の拠点になる劇場をつくるために，びわ湖ホール専属の声楽アンサンブルを1998年に結成。オペラ上演に不可欠で合唱の核になり，同時にソロでも活動できることを目指した。専門的な劇場運営をするため，びわ湖ホールを管理運営する組織として財団法人びわ湖ホールを1996年に設立した。設立趣意書には，びわ湖ホールの役割と目的が次のように記されている。

「（仮称）びわ湖ホールは，いま日本や世界で展開されている舞台芸術を最高の鑑賞条件で提供し，人類の精神活動の結晶ともいえる芸術を同時代を生きる人々と共有するとともに，新たな創造への原動力となる拠点として整備するものである。そのことによって，人々の生活にやすらぎや精神的な活力をもたらし，ひいては，情報化時代，ソフト化時代への対応を迫られている滋賀の経済社会に好ましい影響を生み出すことも期待するところである。また，まちの人々の生活や経済活動とも連動させた事業展開を行うことにより，新しい県のシンボルとなる文化的都市環境づくりの核となり，滋賀の魅力を発信する場となることを目指している」

国内のみならず世界で行われている舞台芸術を「最高の鑑賞条件」で鑑賞できる場，新たな「創造への原動力」となる拠点，滋賀県の「文化的都市環境づくり」の核となる場——びわ湖ホールはこのような目標を掲げ，高度に専門化された劇場としてスタートした。ホールの芸術的な基本方針や水準を決める芸術監督に，日本を代表的するオペラ指揮者で世界的にも知られる若杉弘を迎え

写真3-1　琵琶湖畔に建つびわ湖ホール外観

出所：筆者撮影

た。

　若杉が出した就任の条件は，「年に一度は本格的なオペラを制作上演する」「若い人たち向けに青少年オペラ劇場や青少年コンサートを開催する」の2点であった。これがヴェルディの日本初演作品のプロデュースオペラ・シリーズ，青少年オペラ劇場，青少年コンサートホールといった事業に結実した。こうしてびわ湖ホールは，「舞台芸術の創造」と「観客の創造」という2つの目標を掲げ，活動を開始した。

　創造する劇場として最も大きな舞台制作は，芸術監督プロデュースオペラである。日本の最高水準の歌手を揃えてびわ湖ホールならではの舞台を創る。若杉の考えは日本各地で頻繁に上演される演目を避け，個性的な作品で全国に情報発信し，びわ湖ホールの存在感を打ち出すものであった。そのため日本で上演されたことのないヴェルディの作品群を取り上げることになった。ヴェル

写真 3-2　琵琶湖を一望できる大ホールホワイエ

出所：筆者撮影

ディの日本初演シリーズは、若杉の芸術監督 3 期 9 年間の任期中継続され、びわ湖ホールは評論家やメディアから高い評価を得た。

6 作目にあたる 2003 年「シチリアの夕べの祈り」で三菱信託音楽賞、2004 年「十字軍のロンバルディア人」で文化庁芸術祭優秀賞、2005 年「スティッフェリオ」でミュージック・ペンクラブ音楽賞と文化庁芸術祭優秀賞を受賞した。シリーズ最後の 2006 年「海賊」は、ミュージック・ペンクラブ音楽賞と文化庁芸術祭大賞に輝いた。

びわ湖ホールは、玄人好みのオペラ制作で差別化を狙い全国のファンの耳目を集める存在になった。「その路線がオペラになじみが薄い地域住民と劇場の距離を広げた」という見方もあるが、約 10 年間、質の高い芸術を創造する活動を継続したことで文化庁の芸術拠点形成事業に選ばれた。関西圏のみならず、首都圏をはじめ全国から集客する力を持ち、「オペラハウスの西の横綱」（『朝日新聞』他）と称されるようになった。

3-1-2 メディアに表れたびわ湖ホール

マスメディアの報道姿勢、あるいはその内容は、市井の人々の興味や視点と

大きくかけ離れていることはそれほどないだろう。開館年から 2008 年 3 月のびわ湖ホール問題が起こった頃までの間，新聞紙上でびわ湖ホールがどのように報じられ，論じられてきたかを検証する。

日経テレコン（日本経済新聞社のデータベース）で，びわ湖ホールがオープンした 1998 年度（1998 年 4 月 1 日～ 1999 年 3 月 31 日）から 2008 年度（2008 年 4 月 1 日～ 2009 年 3 月 31 日）までの期間，『朝日新聞』『産経新聞』『毎日新聞』『日本経済新聞』『読売新聞』の 5 大紙を対象に，キーワード「びわ湖ホール」で検索したところ，掲載件数は 3195 件であった。5 大紙以外の日経 3 紙（『日経産業新聞』『日経流通新聞』『日経金融新聞』），地方紙を含めて検索すると，4897 件にのぼる。

掲載件数の年度別推移は，図 3-3 の通りである。記事には，自主公演の内容や評価を詳しく論じているものから，単に貸館事業として行われる公演の「場所名」として記載されているものまで含まれている。記事内容・量の濃淡はあるが，新聞紙上でびわ湖ホールの名前があがることのパブリシティ効果は大きい。びわ湖ホールのパブリシティ（新聞，テレビ，ラジオ）効果は 2008 年度で 2.2 億円と算出されている[4]。

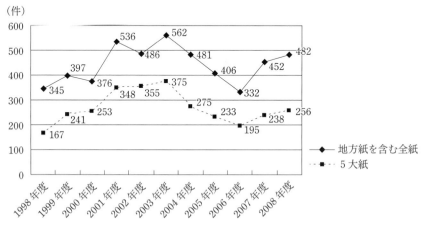

図 3-3　オープンから 2008 年度までの「びわ湖ホール」に関する新聞掲載件数の推移

出所：筆者作成

66

第 3 章　文化ホールの使命から考える文化施設の公共性

　5 大紙も地方紙を含む全紙においても，掲載件数の推移は同じ増減傾向を示している。開館以来順調に掲載件数を増やし，6 年目の 2003 年度にピークを迎えた（5 大紙 375 件，全紙 562 件）。その後は 3 年間で約 200 件（5 大紙で△ 180 件，全紙で△ 230 件）掲載件数が減少し，2006 年度にオープン以来最少件数となった（5 大紙で 195 件，全紙で 332 件）。2007 年度は，問題の発端となった京都新聞の報道を皮切りに再び件数が伸びた。

　最も記事件数の多かった 2003 年度は，びわ湖ホールの 5 周年にあたり，記念のシンポジウムやコンサートが開催された。世界的なダンスカンパニー「山海塾」の新作日本初公演をはじめ，イタリアの名門ジュゼッペ・ヴェルディ歌劇場の初来日公演，ウィーンフィルハーモニー管弦楽団の 2 年ぶりの来日公演など海外カンパニーの来日公演の記事が見受けられる。「身体表現」をテーマに 2 年に 1 度開催する「びわ湖ホール夏のフェスティバル」では，この年ホールだけでなく野外やロビー，リハーサル室など至る所を舞台にして，コンテンポラリーダンスやサーカスなど様々な表現を体感できるプログラムを提供し，「ダンスの祭典，びわ湖ホール，間口広く新機軸踊る」（『日本経済新聞』夕刊 2003.7.31）などと報じられた。

　若杉のプロデュースオペラ 6 年目は「シチリアの夕べの祈り」。通常カットされることの多いバレエを含む全 5 幕 4 時間の大作で，序曲以外はあまり知られていない作品の全容を紹介した。

　貸館事業でホール名が記述されただけの記事も散見されるが，上記のようなテーマを複数の新聞が報道しており，それが掲載件数の増加につながったと思われる。

　2003 年 7 月 6 日の『毎日新聞』大阪朝刊には，「［西論風発］文化格差解消　見たけりゃ関西に来い！」と題して，東西の文化格差解消には関西始発にこだわるべき，と論じる以下の記事が掲載された。びわ湖ホールの自主事業の心意気を賞賛していた。

　　「開場以来，毎年秋の自主制作オペラで，ヴェルディの日本初演作品ばかりを取り上げ，今年の『シチリアの夕べの祈り』が 6 作目になる。昨年のアンケート集計では，首都圏 4 都県からの観客が，実に約 25 ％を占めた。毎年 1 泊でというリピーターも多く見かけた。『日本で初めて』は大きなプレミアムなのである。（中略）いまこそ劇場もプロモーターも芸術

67

団体も『関西始発』にこだわり，まず関西以外から観客を呼び込むよう，発想を転換してほしい。ここへ来ればどこかで何か新しいもの珍しいものを上演しているとなればファンは来る（後略）」

びわ湖ホールに関する新聞報道の件数の増減は，びわ湖ホールの事業運営の動きと連動しているだろうか。自主事業公演数，貸館事業を含む総公演数，来館者数，稼働率，自主事業費，それぞれの推移をみたが，記事件数との相関があるのは，来館者数の推移（図3-4）のみである。公演内容が秀逸であれば新聞紙上で取り上げられてはいるが，公演数や事業費の額など量的側面は，掲載件数とあまり相関していない。

新聞の掲載件数が最多であった2003年は来館者数も最高値を示し，掲載件数最少の2006年には，来館者数も最少だった。2006年の事業数・内容が特に貧弱だったわけではない。その年のプロデュースオペラ「海賊」は，文化庁芸術祭大賞を受賞している。しかし，びわ湖ホール問題が起きる前年には，ホールへの観客の興味もメディアの関心もやや薄れていたと言える。

オペラは言語，音楽，身体表現，バレエ，造形芸術，衣装などあらゆる分野を包括する総合芸術である。ヨーロッパでは16世紀末からの歴史を持つ完成度の高い芸術である。総合芸術であるがゆえに，必要な人員もかかる費用も半

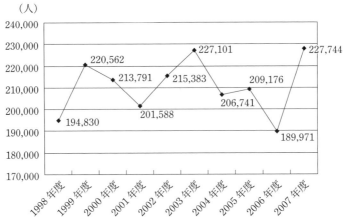

図3-4　オープンから2007年度までのびわ湖ホールへの来館者数の推移
出所：「2007年度びわ湖ホール年報」より筆者作成

端ではない。2003 年の「シチリアの夕べの祈り」の出演者は，11 人のソリスト，80 人の合唱，28 人のダンサー，20 人の助演ら約 140 人。ピットに入るオーケストラ，メークや衣装など舞台を裏で支える人たちを加えると総勢 300 人を超えた。事業費も 1 億を超える。

1998 年 9 月，びわ湖ホールが開館した前後の新聞記事には，期待の大きさとともに課題が記されている。

開館当日 9 月 5 日の『日本経済新聞』（地方経済面）は，「公共事業への県民の目が厳しくなる中，志の高い文化事業が理解を得られるか注目される」と，ソフトに投資される費用に見合う質を担保し，県民の理解を得られるかを問いかけている。「県民から宝の持ち腐れ，税金の無駄遣いと言われないためにも利用価値を高めていかねばならない。県民自ら舞台芸術活動の創造に加わる場にもするべきだ」（『京都新聞』 1998.9.7）などの記事もあった。

集客力を心配した記事も多い。「京都でもなかなか埋まらない大ホールを，大津になんて暴挙，といった批判すらある。そこで，ホールは，百人の『劇場サポーター』と称するボランティアを組織，オペラやバレエの口コミ宣伝に努めている。」（『日本経済新聞』 1998.9.13）。「最大の課題は，いかに聴衆を集めるかだろう。大切なのは，びわ湖ホールでしか見られない公演（ソフト）をつくることだ。」（『朝日新聞』 1998.9.13）。

オープン時の新聞報道は，西日本で初めて本格的なオペラの上映が可能なホールが完成したことへの祝賀と，それに見合う企画力，情報発信力への期待を語っている。地方から世界に通じる一流の舞台芸術を創造しようという気概に，地方の文化行政の新しい時代の幕開けを感じさせる一方，地理的条件とオペラホールという性格から集客力を懸念する記事も少なくなかった。

建設費だけでなく，自主制作を続けるために毎年莫大な運営費をかけて舞台を作り続け，かつ県民の理解・納得を得ることができるか。そのためにはいかにオリジナルな舞台を創り，その質の高さを維持し続けるか。県民が鑑賞者であるだけでなく，どれほど舞台芸術の創造活動に加わることができるか。当時滋賀県には音楽大学はなく，県民がオペラやコンサートに接する機会が少ない中，「舞台の創造」だけでなく「観客の創造」も大きな課題として位置付けられていた。

「びわ湖ホール問題」については，新聞各紙が様々に取り上げた。識者の文

化芸術活動に対する見解も掲載された。報道は，滋賀県議会での議論に始まり，ホールの存続を求める署名活動を紹介。さらに文化に地域利害を持ち出すべきか，地域の文化施設のありかたや納税者の納得をいかにひきだすかなど，これからの公立文化ホールの方向を考える内容へと論調が広がっていった。びわ湖ホール開館時にあった「賞賛」と「懸念」をめぐる議論が，この問題をきっかけに噴出した格好になった。

　びわ湖ホールの管理・運営費の削減幅を拡大し，福祉医療費に充てる案について，明確に是非を論じた記事は少ない。識者の意見として，「オペラは大変なのは確かだ。ただ，質の高い文化は〈社会の宝物〉。行政や県民の気構えが試される」（評論家・山崎正和　『大阪読売新聞』　2008.3.15）などの談話が掲載された。

　また，社団法人日本芸能実演家団体協議会らの創造活動継続を求めるアピールから，「びわ湖ホールが日本のオペラの水準を牽引してきたことは広く世界からも評価されている」「継続性を断ち切ってしまうと再生が難しく，長い目でみて滋賀県民のみならず日本全体にとって大きな損失につながる」などの内容を掲載する記事もあった。それらは署名活動の紹介とともに，びわ湖ホール存続への世論形成の後押しになった。

　びわ湖ホール問題を発端に，公立ホールの運営についても多くの論説が掲載された。その論点は，芸術性の高さは評価しながらも，一方で県民の理解を得るための努力，つまり掲げる演目やアウトリーチ活動への取り組み等を問う内容のものが目立った。

　　「県議会の議論から，びわ湖ホールを応援する会が発足し，インターネットを通じて二万六千の署名があっという間に集まった。その七割は県外からだ。誇らしく感じると同時に，びわ湖ホールの位置を象徴する出来事のように思えた。

　　昨年，芸術監督に沼尻竜典氏が就任し，高い質の維持と同時に親しまれるホールをめざすことを打ち出した。音楽を愛好する市民は増えているように感じる。びわ湖ホールが築いてきた芸術的水準を保ちつつ，そうした市民音楽の祭典の場にできないか。地域とホールをつなぐ提案や議論，努力が，もっと必要だ。びわ湖ホールは孤高であっていけない。存続は，県民に愛されるかどうかにかかっている」（「びわ湖ホール　頂き高く　すそ

野広げて」『京都新聞』 2008.3.24)

『毎日新聞』(2008.3.26) は，芸術を支えるのは国や自治体の責務であり，文化施設は広い地域全体の共有財産として地域利害を持ち出すべきではないと記した後，以下のように納税者（＝県民）の理解を得る努力の必要性を論じている。

> 「世界に誇れる舞台芸術を発信する理念と実績は高く評価されるべきだが，それが 10 年たっても納税者を納得させるほどに根付かなかった。公的支援に安住して地元から浮き上がっていなかったか，という点はきちんと見直す必要がある」，「若手にチャンスを与え，スキルアップの手助けをするのも，幅広い需要に応えながら潜在ファン層を発掘するのも，公共ホールの大使命であり，公の補助を受ける立場としての責任なのである」

『東京読売新聞』(2008.4.3) も「納税者理解」という考え方に同調する記事を記載していた。地方自治体の財政難も手伝い，芸術か，福祉か，といった議論は今後さらに深刻度を増すだろうとし，「公共ホールの必要性を納税者にきちんと説明し，理解してもらう努力はますます重要になる」。

『朝日新聞』(2008.4.23 ～ 25) は 「公立音楽ホールどこへ」を連載し，鑑賞に訪れない大多数の納税者にも存在意義を納得してもらう必要性を訴えていた。

1998 年にびわ湖ホールが開館してから 2008 年 3 月に存続にかかわる問題が起こるまで，びわ湖ホールに対する新聞紙上での議論を概観したが，その要点を再度整理しておく。びわ湖ホールの評価された点と今後力を入れるべき点として挙げられているのは，概ね以下の 4 点に集約できる。

〈評価点〉

①滋賀県から世界に誇れる舞台芸術を発信する理念・志は評価できる。

②プロデュースオペラの水準の高さは万人が認めるところである。

〈課題〉

①県民の理解を得るためには，観客の育成，創造活動への県民の参加が不可欠である。

②高水準の文化を維持することと幅広い需要に応えて潜在客を発掘することの両立が必要である。

3-1-3 びわ湖ホールの使命と経済効果

　びわ湖ホールの使命は，県民に国際的水準の舞台芸術を最高の鑑賞条件で提供すること，そして湖国滋賀のシンボルとなることである。ホールが地域に果たす役割について，2000年度年報には，事業運営の基本理念として「県民のみなさまに国際的水準の舞台芸術を最高の鑑賞条件で提供するとともに創造活動を行い，人々の生活や経済活動とも連動させた事業展開を図ることにより，湖国の新たなシンボルとして，滋賀の魅力を内外に発信していく場となることを目指しています」と記し，滋賀県のシンボルとしての役割を定義している。

　びわ湖ホールはオペラを中心に，コンサート，ダンス，バレエ，演劇などの多彩な公演を行い，質の高い舞台芸術の提供により全国的に知名度を高めていった。若杉弘のプロデュースオペラを中心に，関西圏，首都圏をはじめ全国から集客する力を持ち，「オペラハウスの西の横綱」（『朝日新聞』他）と称されるようになったことは，滋賀県の新しいシンボルとしての役割を十分に果たしたと言える。

　一方，「音楽家が芸術監督に就任して，実際の現場の統括を行い，芸術面での方向性を明確に打ち出している。この場合，芸術家個人のバックグラウンドが劇場の運営に大きな影響を及ぼし，個性的な運営がしやすい反面，マネジメントや地域社会における劇場の役割との方向を合わせることが難しくなるという問題も出てくる」[5]（石田・根木　2002）などの指摘もある。個性的で高度な芸術活動がホールの名声を高めるとともに地域の人々にとって誇りとなり，地域の実情に鑑みながら地域社会とのかかわりを深めていくことが，事務局側に求められる。

　びわ湖ホールは，当初から「舞台の創造」と並び「観客の創造」を掲げて活動してきた。びわ湖ホール開館準備局長そして第2代館長を務めた上原恵美は，「観客の創造の第一は何より質の高い舞台を最高の鑑賞条件で提供しつづけること，子どものころから本物の芸術の鑑賞機会を得ることが大切」[6]と言う。質の高い舞台をできるだけ安価に提供することで，県内の幅広い層に鑑賞機会を広げることも公立ホールとしての使命である。さらに，ワークショップ，アウトリーチ，プレトーク，アフタートークなど，様々な形で観客と芸術をつなげるための解説の機会を作ってきた。劇場専属の声楽アンサンブルは，「学校巡回公演」や「ふれあい音楽教室」など学校へのアウトリーチ活動を展

第3章　文化ホールの使命から考える文化施設の公共性

開している。

　開館2年前に創設した劇場サポーターは，びわ湖ホールや舞台芸術への理解者であり，最大の応援団となっている。こうした地道な取り組みに県民の参加を促し，劇場の存在価値への理解を深めることを目指した。「舞台の創造も観客の創造も，長い年月と多様な試みが必要である。開館10年を経た今，子どもの頃にびわ湖ホールでオペラを見たことがきっかけでアートマネジメントを学ぼうと決めた，という大学生に出会うことがある。次世代の未来に影響を及ぼしていくことも地域における意義である」と上原は言う[7]。未来の観客を創造することは公立劇場の大きな役割である。

　経済的効果については，遠方からの来館者による交通，食事，宿泊といった直接的な経済効果（表3-2の(A)）に加え，産業関連表を用いて生産誘発額（同(B)）を算出し経済波及効果をみることができる。ホール側の発表では，2007年度の県内におけるびわ湖ホールの経済波及効果を22.9億円と算出している（表3-2）。

　また，新聞やテレビ等のメディアに取り上げられたパブリシティ効果は，2008年度で2.2億円である。他にも数字には表れていないが，びわ湖ホール

表3-2　県内におけるびわ湖ホールの経済波及効果（2007，2008年度）

(千円)

直接効果（A）　2007年度		1,469,793
	内　　県内業者支払額	613,143
	職員人件費	284,300
	来館者の観光消費行動額	572,350
生産誘発額（B）　2007年度		2,286,074
生産誘発係数（B／A）　2007年度		1.56
パブリシティ効果　2008年度　（新聞・テレビ・ラジオ）		220,000

注：生産誘発額は，下記①，②，③の合算
　①県内業者支払額を滋賀県産業関連表にあてはめ第一次波及効果を導く
　　613,143 × 1.496639（娯楽サービス部門の逆行列係数）＝ 917,654千円
　②びわ湖ホール職員賃金に加え，生産過程による波及効果で生産が増加した結果，それに伴い賃金も増加し，
　　その一部が消費に転じ更なる県内生産の増加を生むと考えられる。
　　（284,300 ＋ 917,654 × 0.29（雇用者所得額／県内総生産額））× 0.76（2007年度大津市の平均消費性向）
　　＝418,319千円
　③来館者の観光消費行動需要額（572,350千円）を滋賀県産業連関表の個人サービス部門にあてはめると，こ
　　の需要を満たすために県内の各産業において合わせて950,101千円の生産が誘発される。
出所：びわ湖ホールが開館10周年に行った経済的効果の試算より筆者作成

への来館がきっかけで，CD 等を購入する，他ホールの演奏会に行く，教室に通うといった文化的な消費が増加している可能性もある。

3-2 兵庫県立芸術文化センター
3-2-1 使命とその活動

兵庫県立芸術文化センター（以下芸術文化センター）は，阪神・淡路大震災から 10 年後の 2005 年 10 月 22 日，震災からの復興のシンボル，文化復興のシンボルとして開館した。大ホール（2001 席），中ホール（800 席），小ホール（417 席）の 3 ホールを有し，コンサート，オペラ，バレエ，演劇など舞台芸術の新しい発信拠点として建設された。地上 6 階，地下 1 階，敷地面積は約 1 万 3000㎡，建設費は 200 億円である。神戸からも大阪からも交通アクセスが便利な西宮市に位置している。

構想のスタートは 1988 年。兵庫県で第 3 回国民文化祭が開催された時に遡る。モニュメントとして劇場建設が提起された。1989 年に基本構想が策定され，同時に芸術文化センター事業基金が創設された。1990 年には，ソフト先

写真 3-3　高松公園を L 字で囲うように建つ兵庫県立芸術文化センター
出所：筆者撮影

第 3 章　文化ホールの使命から考える文化施設の公共性

行事業として「ひょうごインビテーショナル」（国内外の優れた青少年の芸術団体を招き，低料金での鑑賞，交流，指導の機会を提供。音楽・バレエが中心）が始まり，1991 年にひょうご舞台芸術（演劇を中心に，質の高い舞台芸術作品を独自に企画，制作，上演するシリーズ）がスタートした。さらに同年芸術文化センターの運営主体を想定して財団法人兵庫現代芸術劇場を設立，芸術監督に劇作家・山崎正和が就任した。

　当初芸術文化センターの基本構想は，マイカルの経営する商業施設，阪急のホテル，芸術文化センターなどが複合した大規模施設として計画された。しかし 1995 年の阪神・淡路大震災によって設計等を一時中断。震災と経営難による企業の撤退で，計画の大幅な見直しを余儀なくされた。再スタートしたのは 2 年後の 1997 年で，芸術文化センター懇話会が開催された。

　1999 年，財団法人兵庫現代芸術劇場と財団法人兵庫県文化協会を統合して財団法人兵庫県芸術文化協会が設立され，兵庫県の文化施設の管理運営が委託された。その際に，芸術文化センター推進室が設置された。財団法人兵庫県芸術文化協会は芸術文化センターがオープンした 2005 年に，指定管理者に指定されている。

　2002 年に指揮者の佐渡裕が芸術監督に就任し，2005 年 10 月芸術文化センター開館とともにセンター専属のオーケストラ「兵庫芸術文化センター管弦楽団」がデビューした。ホールのオープンと同時に専属の楽団を持つのは日本初である。演奏家の育成に尽力したレナード・バーンスタイン最後の弟子である佐渡が，関西にある 5 つのプロオケとの差別化を図るために，教育的な要素を持つアカデミー型のプロ楽団を目指して立ち上げたものである。

　同オーケストラは最長 3 年の契約制である（年間約 220 日拘束・年俸 360 万円・宿舎補助）。35 歳以下のプロ奏者を対象に世界 13 都市でオーディションを行い，応募総数 41 カ国 920 人から選ばれたのは 15 カ国 48 人。コアメンバーの平均年齢は 27 歳という若さだった。年 8 回の定期演奏会，室内楽コンサートなど年間 90 ステージをこなすほか，アウトリーチ活動に力を入れ，地域密着型の運営を行ってきた。

　芸術監督（顧問）によるプロデュース事業，楽団事業，民間や新国立劇場との共同制作等による招聘提携事業，ワンコイン・コンサート等の普及事業等多彩な事業を実施し，公演入場者数は開館年度の 2005 年度で 15 万人を突破。

75

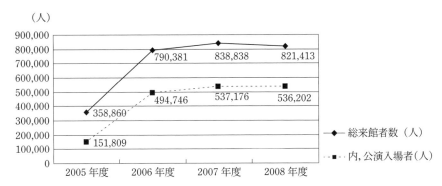

図 3-5　オープンから 2008 年度までの兵庫県立芸術文化センターへの来館者数，公演入場者数の推移
出所：2008 年度兵庫県立芸術文化センター活動記録より筆者作成

2007 年 11 月には累計 100 万人を達成し，2009 年 10 月には開館 4 年で 200 万人を超えた。（図 3-5）

開館当時の芸術文化センターの基本理念は「自ら創造し，県民とともに創造するパブリックシアターをめざす」である。この理念を支える 4 つの柱として，

①阪神・淡路大震災からの「心に復興」「文化の復興」に貢献する。
② 21 世紀における舞台芸術の創造と交流を国内外にわたり推進する。
③舞台芸術の鑑賞，創作，発表など多彩な文化創造活動を通じて広く県民文化の振興を図る。
④芸術文化を通じて地域の振興を図る。

を挙げている。

同センターは，震災復興のシンボル，文化復興のシンボルとしての意味合いが大きい。懇話会立ち上げ当初から芸術文化センターの事業に携わってきた当時の事務局長・藤村順一は，「本当にこの施設をつくるべきかずいぶん逡巡があった」[8]と言う。「震災で計画は一旦白紙に戻りかけた。1997 年に芸術文化センター懇話会を立ち上げた時も，震災の傷が未だ癒えず，県の財政支出が増大しているときに，このような施設をつくるべきかどうか迷いの中にあった。県民や議員へのヒアリングを重ねていく中で，むしろ文化の復興こそが真の震災復興ではないかという声に後押しされてこの事業は立ち上がって行った」。

第 3 章　文化ホールの使命から考える文化施設の公共性

　震災で大きく傷ついた中，そこから立ち上がるのだという思いを「芸術監督，スタッフ，そして県民共通」に持っていたと藤村は言う。芸術監督の佐渡裕もホール開館当初から，この事業は震災復興の象徴であり，ホールを市民が集う街の広場にしたいという考えを繰り返し述べている。

　　「音やお芝居を届けることは，生きていく優先順位としては確かに低いものだ。ただ，人が安全に生きていく環境がこの 10 年で徐々に造られてきたとしたら，次は，出合いや感動や美しいものを追求したいという，人間ならではの別の原点を探ることができるのではないか。兵庫で僕は，刺激になること，面白いこと，生活が豊かになることを提示していかなければと勝手な使命感を抱いている」（『神戸新聞』 2005.1.12）

　　「震災から復興してこのオケができた，とメンバーにはよく伝え，人のつながりを感じさせる活動を使命としたい」（『大阪読売新聞』 2005.3.29）

　　「メンバーには，自分が今この曲を演奏していることが多くの人に必要なのかと自問してもらいたい。阪神・淡路大震災で，地域と文化のつながりの大切さを知った。この劇場は市民の身近な宝物になりたいのです」（『朝日新聞』 2005.7.22）

　震災復興のシンボルとしてのホール。だからこそ県民の信頼を得ること，県民のニーズに応えることを第一義に事業を推進してきた。

　「市民の身近な宝物」となるためには，まず劇場に来てもらい，その楽しさを実感してもらわなければならない。平日昼間のワンコイン・コンサート（入場料 500 円）を充実させ，喫茶店代わりに気軽に音楽を楽しめる機会を提供し，人気演奏家による親しみやすいプログラムの公演を低額（2000 円程度）で開催するなど，広範囲な集客，ファン層の裾野の拡大に努めた。その結果，開館以降 2008 年度までの 4 年間は，観客の 26.9 ％が地元西宮市民で，68.9 ％が兵庫県民であった（図 3-6）。またチケットの先行予約ができる会員（登録無料）の 24.2 ％が西宮市民で，兵庫県民が 68.1 ％を占めた（図 3-7）。センターの存在が確実に地元に浸透していることがうかがえる。

　芸術文化センターは，長期・安定的運営の仕組みをつくるべく事業運営に関して独自の手法をとっている。そのひとつが県収支フレームの設定である。県収支フレームとは，事業領域ごとに目標と財源の使い方を基準値として定めた

77

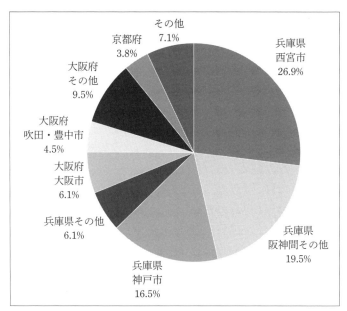

図 3-6 「兵庫県立芸術文化センター」観客の居住地（2005 ～ 2008 年 4 年間の平均）

出所：兵庫県立芸術文化センターの概要（2009.6）より筆者作成

ものである。

　芸術文化センターの事業体系はいくつかに分かれているが，主なものは①芸術文化センター事業，②芸術文化センター管弦楽団事業，③広報宣伝・普及事業，④施設の管理運営，である。①センター事業とは，芸術監督プロデュースによるオペラ・コンサートを始めとした自主企画公演，招聘・提携・共催等による上演，舞台芸術の普及や県民の創造活動の支援を目指した公演などが挙げられる。②楽団事業では，定期演奏会に加え，普及活動や出前演奏会等を実施する。③積極的な広報宣伝活動とともに，主催事業と連携した公開リハーサルやワークショップなどの普及活動，会員制度の運営等を行う。さらに，④施設の管理・運営，人材育成，地域連携等を行う。

　自主事業については，先行施設のデータを踏まえた上で国内トップレベルの事業数の実施を目指し，公演数年間 36 事業以上，58 公演以上を目標に定めている。それに対する県からの財源助成は開館から 3 年間は 5 億円，その後は毎年 3.5 億円と約束されている。ただし，この県の支出に対して同額以上の事

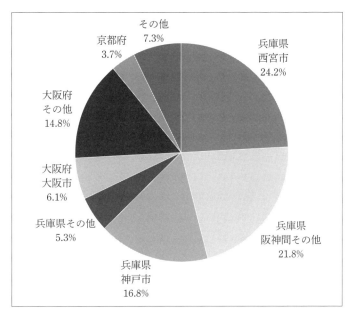

図3-7 「兵庫県立芸術文化センター」先行予約会員の居住地
（2009.1.4現在）
出所：兵庫県立芸術文化センターの概要（2009.6）より筆者作成

業費を獲得することが条件である。つまり，5億円の県費を得るには，5億円をチケット収入や協賛金で集めてこなければならない（図3-8，図3-9）。県からの財源は，1989年に創設された80億円の「芸術文化センター事業基金」から支出されることになっており，単年度の予算に左右されない長期的な安定性が保障されている。

　楽団事業も，年間88公演以上という実績基準がある。専属の管弦楽団の人件費は県から支払われているが，人件費以外の事業費は自分たちで獲得しなければならない。管理運営についても，施設稼働率を「全体で70％を超えること」という基準が設定された。

　このように財源の安定的な確保と，事業ごとの達成目標が明確に数値化されていることが特徴である。やるべきことをやれば，あとは芸術文化センターのことは芸術文化センターが決める，という自主性が認められた。「基準値以上の実績を上げれば，その資金は自主事業や楽団事業に使うことができる。独立運営を守っているので，現場のモチベーションアップにつながっている」と藤

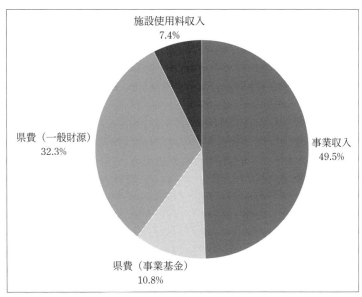

図3-8 兵庫県立芸術文化センターの事業収入内訳（2008年度決算）
出所：兵庫県立芸術文化センターの概要（2009.6）より筆者作成

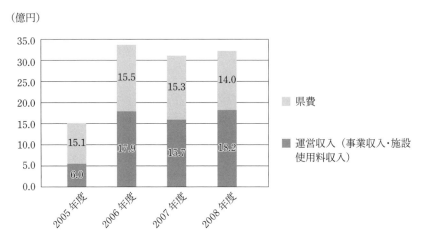

図3-9 兵庫県立芸術文化センターの事業収入の推移
出所：兵庫県立芸術文化センターの概要（2009.6）より筆者作成

第 3 章　文化ホールの使命から考える文化施設の公共性

表 3-3　兵庫県立芸術文化センターの利用実績

		2005 年度	2006 年度	2007 年度	2008 年度
大ホール	開館日数	117	316	318	321
	利用日数	105 (117)	293 (246)	312 (265)	316 (275)
	利用率	90%	93%	98%	94%
中ホール	開館日数	121	306	309	312
	利用日数	111 (121)	245 (145)	287 (186)	300 (204)
	利用率	92%	80%	93%	96%
小ホール	開館日数	119	299	304	303
	利用日数	93 (119)	273 (87)	296 (78)	300 (72)
	利用率	78%	91%	97%	99%

注：利用日数の（　　）内は主催事業数。
出所：兵庫県立芸術文化センターの概要（2009.6）より筆者作成

村は言う。主催事業公演数も，施設の利用率も，基準値との比較でみれば，その数は大幅に上回っている（表 3-3）。

　民間からの人材登用を徹底している点も特徴的である。芸術監督以外にも，事業を統括するゼネラル・マネージャーに，朝日放送が運営するザ・シンフォニーホールで 21 年間企画・運営に携ってきた林伸光が就任した。音楽プロデューサー，演劇プロデューサーも民間ホールの経験者で，広報担当も課長を除きすべて民間企業の出身者である。県知事自らが館長に就任する一方で，民間出身者を多く登用し，官民一体となって戦略的な事業運営を実現している。

3-2-2 メディアに表れた芸術文化センター

　びわ湖ホールと同様，芸術文化センターの開館年から 2008 年度まで，新聞で芸術文化センターがどのように報じられ，論じられてきたかを検証する。

　日経テレコン（日本経済新聞社のデータベース）で，芸術文化センターがオープンした 2005 年度（2005 年 4 月 1 日～ 2006 年 3 月 31 日）から 2008 年度（2008 年 4 月 1 日～ 2009 年 3 月 31 日）までの期間，『朝日新聞』『産経新聞』『毎日新聞』『日本経済新聞』『読売新聞』の 5 大紙を対象にキーワード「兵庫県立芸術文化センター」で検索した。その数は 610 件。5 大紙以外の日経 3 紙（『日経産業新聞』『日経流通新聞』『日経金融新聞』），地方紙を含めて

81

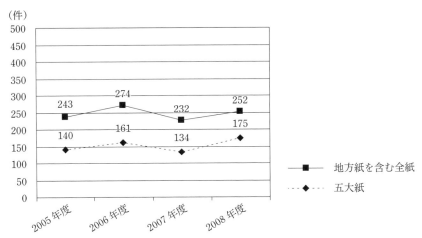

図 3-10 オープンから 2008 年度までの「兵庫県立芸術文化センター」に関する新聞掲載件数の推移
出所：筆者作成

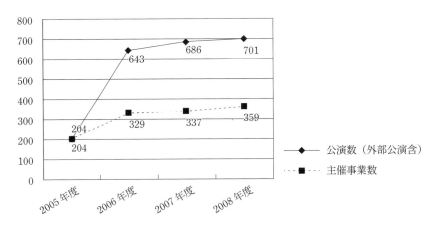

図 3-11 兵庫県立芸術文化センターの事業実績の推移
出所：兵庫県立芸術文化センターの概要（2009.6）より筆者作成

検索すると1001件である。掲載件数の年度別推移は図3-10の通りである。5大紙も，地方紙を含む全紙も，掲載件数の推移は同じ増減傾向を示している。

　2005年の開館当初から地元の反響はよく，翌年にかけて新聞の掲載件数も増加している（図3-10）。3年目はやや落ちるが，2008年度は再び件数が伸び

ている。3年目に新聞掲載件数は落ちたものの，芸術文化センターの公演数，主催事業数などの事業実績（図3-11）をはじめ，来館者数，公演入場者数（図3-5）は増加しており，事業実績と記事数とはあまり相関していない。

　新聞掲載のパブリシティ効果を，掲載件数×広告料金に換算し，開館直前の2004〜2007年度の3年半で計17億円と算出している（日本総合研究所調べ）。同期間のテレビによるパブリシティ効果は14.9億円とし，3年半のメディア露出による効果を計31.9億円と算出している。びわ湖ホールでは，2007年度の新聞（5大紙238件，地方紙を含む全紙452件），テレビ，ラジオを合計したパブリシティ効果を2.2億円と算出しているので，芸術文化センターのほうがかなり高く見積もっている。新聞掲載件数はびわ湖ホールのほうが上回っており，この差はテレビ・ラジオの露出差及び広告費換算の違いによるものと思われる。

　2005年10月22日の開館前の記事は，日本初となるアカデミー型の常設プロオーケストラについての記事，芸術監督である佐渡裕のインタビュー記事，そして芸術センターの構想段階からかかわり，ソフト先行事業等に携わってきた芸術顧問の山崎正和へのインタビュー記事が多い。

　2005年の6月2日に芸術文化センター付属の交響楽団のメンバーが発表され，『朝日新聞』『日本経済新聞』『毎日新聞』『神戸新聞』等が取り上げた。日本人24人を含む15カ国48人の楽団員の平均年齢は27歳。国際性豊かなフレッシュなオーケストラの誕生を伝えていた。ほとんどの記事は，ユニークな交響楽団の誕生の経緯と活動予定を報じているだけだったが，『毎日新聞』は周囲の困惑も合わせて掲載していた。

　　「自治体運営の楽団としては東京都響，京都市響などに次いで全国5番目。隣の大阪府には三つの民間楽団もある。さらに，震災復興の文化的象徴として，兵庫県が年間4億円を補助することで経済的基盤が強固になり，思い切った運営方針を可能にした。

　　だが，本格的な活動を前に困惑や危機感を持つ関係者もいる。特に在阪の楽団の中には，兵庫県内での依頼公演を打ち切られたケースもあり，大阪フィルの小野寺昭爾事務局長は『エキストラの争奪戦も始まった。興行師がやるような人気公演の"第九"ではなく，税金でしかやれないことを考えてほしい』と指摘。西濱秀樹・関西フィルハーモニー管弦楽団事務局

長も『供給過多で市場がパンクしている関西で民業圧迫はやめて』とくぎ
を刺す」(『毎日新聞』 2005.7.19)

　芸術監督である佐渡裕へのインタビュー記事は，前出の通り震災復興を象徴
する事業として地域に果たす役割について語っている内容が多い。前出の記事
以外にも以下のような記事があった。

　　「みんな震災復興のシンボルというコンセプトに賛同してくれた。(中
　略)このオーケストラが街の人に愛され，いい音をつくり，社会的にも認
　められる存在となるようメンバーに指示を出していきたい」(『朝日新聞』
　2005.6.7)

　　「メンバーに佐渡が真っ先に徹底させたいのが『街からお金をもらって
　いるという意識』。『演奏だけで十分意味がある』が，『それだけで街から
　いただいた分働いたとは思わない』と話す。(中略)『オーケストラにとっ
　て音色とか技量みたいな話はしごく当たり前。これからは，音楽をどう地
　域に届けるかを考えるべき。悲しいこと，うれしい出来事があったとき出
　ていく，そういうのが街のオーケストラだから』」(『山陽新聞』 2005.7.
　23)

　山崎正和へのインタビュー記事は，長い時間をかけてようやく開館にこぎつ
けた安堵とこれからへの期待を語ったものが多い。

　　「『長いことかかりました』。開口一番の口調には，喜び以上に安堵感が
　漂う。山崎にとっても，50年間の演劇人生の3分の1を費やした"夢"
　の実現ともなった。『文化も産業と結びつく時代になり，関西圏はファッ
　ションや観光などのソフト産業で生きていくべきではないか。その考え方
　で文化振興を進めてきたからこそ，ここまでたどり着けた』と振り返る。
　(中略)今後は自主制作の公演に，新国立劇場や劇団などとの共同制作公
　演，貸館公演を3本柱に運営していく方針だ。『日本全体を見渡した時
　に，この劇場が演劇制作の中心となる。そんなことを夢見ているが，まっ
　たく可能性のないことだとは思わない』と，文化発信に力を注ぐ決意を
　語っている」(『東京読売新聞』 2005.9.7)

　　「『阪神大震災という特殊事情もあった。だがそのことで，なんとしても
　劇場を作るぞと言う気持ちがかき立てられた。今は経済構造が文化と結び
　つく時代。文化の中心を造ることは震災復興のテーマでもあり続けた，と

思う』。（略）すでに公演の先行予約会員の募集が始まっているが，地元住民の加入率が高いのが喜ばしいという。『阪神間は文化的な意識が高い所。大阪，神戸だけでなく西日本全体の文化センターとして，広範なお客様に来ていただきたい』」（『毎日新聞』　2005.10.7）

こけら落としはベートーベンの「第九」。開館キャンペーンのポスターは，「ジャジャジャジャ～ン」というコピーとともに，「さあ，楽しもう。」と語りかけるような佐渡裕の指揮姿が迫り，クラシックホールのPRとしてはかなり意表をつく表現だ。そのわかりやすさとPR効果か，当初予定の3公演は前売り発売日に即日完売し，すぐに追加2公演を決定した。その後もチケットの売り上げは好調で，初年度末の『神戸新聞』に「芸文センター5ヶ月で15万人　地域根差す試みが奏功　音楽教室や近隣PR重視」と題する記事が掲載された。

　　「好調の要因として挙げられるのが，同センターが仕掛けた『間口を広げる』戦略だ。芸術監督を務める指揮者の佐渡裕さん自ら，西宮市内の小学校で音楽教室を開くなど，開館前から地元重視のPRを展開。開館後も，入場料五百円の『ワンコイン・コンサート』を開くなど，近隣の人たちが気軽に足を運べるようにしている。『限られた予算でいかに多彩なプログラムを提供し，効果的な情報発信ができるか，戦略を練ってきた』と同センター。地元の反響を『予想以上』と喜ぶ」（『神戸新聞』　2006.3.29）

関西の新たな芸術の拠点として，また震災復興事業の総仕上げとして期待を集め，オープン後の公演の大半は満席と滑り出しも上々である。しかし公演評については辛口の記事も散見される。

　　「オープニングコンサートでは，ベートーベンの『第九交響曲』を披露。神戸市混声合唱団に一般公募のメンバーを加えた合唱は安定した歌声を聴かせたが，オーケストラは勢いがある反面，足並みの乱れが目立ち，演奏にも硬さが残った。後半は持ち直したものの，育った環境や受けてきた教育が異なる楽団員をまとめあげる難しさを実感した。タクトを握った佐渡は『外国人団員の中には第九の演奏は初めてという人もおり，経験不足はこれからの大きな課題』と話す」（『東京読売新聞』　2005.11.1）

　　「兵庫県立芸術文化センター初のオペラ公演となったソフィア国立歌劇場のヴェルディ『オテロ』は，オテロ役のテノール，コスタディン・アン

ドレエフの歌唱が威厳豊かだったものの，アンサンブルの不備が目立つなど，物足りない出来だった。（中略）前半は合唱がばらつき，歌手陣の気迫も不十分。後半は持ち直し，オテロの怒りが爆発する第三幕では，アンドレエフの歌も迫力を増した。第四幕，デズデモナのアリアも，傷心のヒロインをリアルに表現していた。同歌劇場管弦楽団の音量はやや大きすぎ，歌手の声が聴き取りにくいシーンがしばしば。冒頭の嵐の夜のシーンの証明が暗すぎ，舞台がほとんどみえないなど，視覚面でも難があった」（『神戸新聞』 2005.12.14）

開館当初の記事は，震災を乗り越えてようやく誕生した芸術文化センターの地域文化育成への期待，専属楽団やソフト面の充実，地元密着などセンター独自の活動内容を紹介したものが多い。一方，演奏の質についてはまだ不安定で，厳しい評価も垣間見える。

開館2年目に入ってもオープンの勢いはとまらず，2006年度以降の記事ではチケットの完売が続く芸術文化センターの快進撃や強みの秘訣を分析した報道が増えた。「'脱19時開演'の試み 関西に新しい風」（『毎日新聞』 2006.4.6），「変わる運営―完売続出，兵庫・西宮の芸文センター，阪神間でファン開拓」（『日本経済新聞』 2006.4.13），「開館半年，快走する兵庫芸文 '通俗化'戦略で新規開拓」（『毎日新聞』 2006.5.12），「オペラをもっと気軽に。蝶々夫人8公演」（『朝日新聞』 2006.5.16），「若年層から観客育てる」（『大阪読売新聞』 2006.6.30）といった見出しが並ぶ。

成功の要因はマーケティングに基づいた戦略にあるとみる。宝塚歌劇になれた土壌と住宅地という立地を踏まえて公演時間を昼間に設定し，「コンサートは夜」という常識を覆した。また積極的な地域交流で地元阪神間の観客を掘り起こした。ワンコイン（500円）で楽しめるコンサートでクラシックへの垣根を取り払い，聴衆のニーズに合わせた企画で親しみやすさを訴える。このような戦略で予想を上回る動員数を実現した。しかし課題もないわけではない。

2006年5月12日の『毎日新聞』は，「演劇中心の中ホールの入場率は約7割。空席が目立つ」と演劇部門の不振を指摘した。同年10月26日の『神戸新聞』でも「音楽と演劇で明暗が分かれた」と報じていた。理由は明示されてはいないが，2006年9月末に芸術顧問の山崎正和が退任した。

音楽部門も「『兵庫芸文の入場料500円のコンサートに出た演奏家に，今後

客が相場とおりの入場料を払うのか』」という他事業者の不安や，「楽団初の定期演奏会に楽団員以上の客員演奏者を要する大編成の曲を選ぶことに，基本理念への疑問も感じる」（『毎日新聞』 2006.5.12）といった自主事業の取り組みやプログラムへの疑問を呈した記事もある。専属楽団については演奏の不安定さや伸びやかさの不足など，演奏水準に対する辛口の評論が少なくない。それでも集客面の圧倒的な数字，ホールへの人の流れをつくったことは確かである。演奏に対して厳しい注文をつける新聞も，地域に開かれた公立ホールとしての役割を果たしていることは認めている。

「ロビーに広がる観客の笑顔と賑わいを見ていると，これこそがパブリックシアターの大きな使命であるように感じる」（『毎日新聞』 2006.5.12）

「芸術の追求だけでなく，大衆の満足を得るための娯楽的側面も必要な県立ホールとしてのひとつの見識だろう」（『四国新聞』 2008.7.4）

「芸術性の高い珍しい歌劇を上演してきた滋賀・びわ湖ホールが，開館10年目にして運営をめぐって議論を呼んだのは記憶に新しい。地域に支えられ，また地域を支える劇場や文化のあり方が問われるいま，兵庫県立芸術センターの‘低姿勢’は一つの生き方なのだろう」（『朝日新聞』2008.7.2）

もちろん芸術文化センターは動員数に結びつくだけの努力を積み重ねてきた。自主事業の数は全国のホールと比べても群を抜いている。地域に根付くために，開館前から地元の学校や商店街に出向いて，音楽や舞台の楽しみを伝えてきた。プロデュースオペラの公演前には，リハーサルの公開，公演前日の舞台見学ツアー，演出家による講演会，地元商店街と協同での前夜祭の実施等公演を盛り上げてきた。そうしたきめ細やかな活動があってこそ，クラシックファンの裾野を広げ，多くの人の支持を得ることができた。しかし，一方で大衆性だけでよいのかという議論はくすぶり続けている。

「今は専属オーケストラを含め，大衆目線の運営だが，今後もそれでいいか。たくさんの人にセンターに足を運んでもらうことも大事。同時に10年20年先を見据え，高度な芸術を生み出し，耳の肥えた聴衆を育てていくことも必要だ。そのバランスを考えて過去のスタイルにとらわれず，兵庫独自の地域との連携を追求してほしい」（『神戸新聞』 2009.2.23）

前衛性，芸術性と大衆性とのバランス。公共性に対する責任をどう果たしていくかは，公立ホールならではの難しい問題である。長年芸術監督，芸術顧問の任についていた山崎正和も，「芸術監督というより『常識監督』だった」と振り返っている。

　　「納税者の多数に還元すべく，ポピュラーな演劇を提供すべきだという議論が一方にある。反対に公のお金を使うなら商業演劇ではできない古典や前衛を守るべきだという議論がある。両者の間で現実的な矛盾を引き受けるとき，求められるのは微妙なバランスであり常識でした」（『日本経済新聞』 2008.8.19）

芸術監督の佐渡裕は，「劇場がお金を稼げるとか周りに経済効果があるというのは本質的なことではない，あくまでも副産物である」としながらも，「ホールと地域をつないでいくためには，まずは多くの人の支持を得ることが最優先である」という。

　　「劇場にお客さんが集まらなくてどうして芸術と言えるのか。予算をくださいと手を挙げられるのか。指揮者ですからオペラ通を喜ばせたいとは思います。でもオペラに行ったことがない，オーケストラを聴いたことがない，そういう人たちに来てほしいのです。知恵を絞り，仕掛けを考えました」（『朝日新聞』 2008.10.3）

地域に開き多くの集客を獲得する，そのために親しみやすい演目を選ぶことが必ずしも芸術性を落とすことにはならない。一方で，「いまや多くの文化芸術施設が，自らの意義を主張することよりも，集客力のある企画に力を入れることによって，求められている施設であることを証明すべく努力している。図書館ですら，利用者数を競う。しかし今更ながらそのような評価の仕方が適切なのだろうか，という疑問を抱くのである」[9]（小林 2009）などの主張も存在する。公的資金を投入する公立施設は，民間事業者が利益を目的に展開する事業とは異なる役割を有している。それは必ずしも現在のニーズに応えていくだけではない。新聞紙上での論調にも，そのバランスへの迷いがうかがえる。

　以上，芸術文化センターが開館した2005年度から2009年度までの4年間の新聞紙上での論調を概観した。その要点を整理しておく。公立ホールとしての芸術文化センターの評価された点と今後力を入れるべき点は，概ね以下の4点に集約できる。

〈評価点〉
　①マーケティングに基づいた運営と積極的な地域交流で，クラシックへの垣根を取り払い地元の観客を掘り起こした。
　②多彩なプログラムと親しみやすい企画で県民のニーズに幅広く応えている。

〈課題〉
　③専属楽団の演奏の不安定さ，伸びやかさの不足など演奏水準に課題がある。
　④集客も大事だが高度な芸術を生み出し耳の肥えた聴衆を育てていくことも必要。そのバランスを考えるべきである。

3-2-3　芸術文化センターの使命と経済効果

　地方自治体によって設立された文化施設には，様々な目的があり使命がある。芸術を創造し新たな情報発信を任とする施設もあれば，文化芸術の普及を目的にしたもの，文化芸術を媒介にして地域コミュニティの活性化につなげることを目指す施設，あるいは観光集客を第一義とした施設もある。それぞれの目的によって評価の基準は異なる。

　前述の通り，兵庫県立芸術文化センターの基本理念は「自ら創造し，県民とともに創造するパブリックシアターをめざす」である。震災からの復興のシンボル，文化復興のシンボルとしての事業であるという意味合いは大きい。

　事業展開の基本コンセプトとして，
　①多彩な舞台芸術の「創造・発信」
　②芸術性豊かなものから親近感に富むものまで，「幅広いニーズ」に応える上演
　③舞台芸術の「普及」・県民の創造活動の支援
の３点を，また施設運営の基本コンセプトとして，
　①創造・発信する劇場として自主企画事業を中心に運営
　②専門性の高い劇場（機能・設備・スタッフ）の特性が生かせる公演の利用促進
　③県民の多様な創造活動の発表の場，劇場空間への親しみ・交流機会を通じて裾野拡大

④フレキシブルで使い勝手のよい運営（ホスピタリティ），開放性と賑わい
　　で街づくりの一翼を形成

の4点をあげている。

　2005年の開館以降，3年間は開館記念期間と位置付けられ，県からの事業
費補助は年間5億円，4年目以降は通常年度として3.5億円の補助と決められ
た。前述の通り，開館3年目の2007年11月には公演入場者数100万人を達
成し，異例のスピードで集客が進んだ。

　開館記念の3年間に，①多彩なメニューの実現（選択肢拡大），②ファンの
発掘・獲得（裾野の拡大），③賑わいの創出（地域振興），④本格的な舞台芸術
劇場としての存在感を県内外にアピール（知名度定着）といった成果をあげた
と自己評価している。通常年度に入った2008年度も，開館記念期間と同様
に，①主催300公演を含む年間660公演，②公演入場者数50万人，来館者数
80万人，③ホール利用率95％という高い水準を維持している。（2009年6月
「兵庫県立芸術文化センターの概要」より）

　主催公演数，集客数，ホール利用率，そして利用者や先行予約会員の県民割
合等から鑑みて，センターの活動が県民の幅広いニーズに応え，地域に浸透し
ていることは確かである。2008年10月10日の『産経新聞』には「魅惑の劇
場　地域に開かれた証し」と題した記事が掲載され，積極的に地域に出て行き
地域とのかかわりを築いていく芸術文化センターの活動を紹介し，最後に「芸
文センターの取り組みは，震災からの復興という枠を超え始めている」と評価
している。

　地方自治体の財政難や金融危機等経済環境の悪化は，公的助成に頼るホール
やオーケストラをはじめ文化芸術にも厳しい状況をもたらしている。そうした
中で芸術文化センターの記録的な成功は，「県民とともに創造するパブリック
シアターを目指す」という使命を十分に果たしていると言える。

　メンバーの半数が外国人である付属オーケストラの定期公演のチケットが毎
年完売するのはなぜか。「近隣の県営住宅からホールに演奏しにくる『身近な
若者』に対する先行投資」（『朝日新聞』 2007.4.21）と記されていたが，自
分たちの街からいつか世界へ羽ばたく可能性を秘めた若者たちを応援すること
を，観客たちが楽しんでいるようにもうかがえる。「演奏の質に少々の課題が
あっても自分のまちのオーケストラを聴こう」という風土を育みつつあること

は大きな成果と言える。外国からの有名楽団であれば高額でも遠方でも聞きに行くという人はいても，身近なオーケストラの定期会員になって見守っていくという文化はまだ日本ではほとんど育っていない。ホールを「自分たちの街のホール」と認識していればこそ，そこで育つ若者の成長を見守ることができる。

「芸術文化を通じて地域の振興を図る」ことは，芸術文化センターの基本理念を支える柱のひとつである。芸術文化センターは，地元の商店街等で構成される「西北活性化連絡協議会」の店舗に対して芸術文化センター開館の影響に関するアンケート調査を2007年6月に実施している。回答数73（内物販44％，飲食30％）のうち，公演日に客数・売り上げが増加するという店舗は46.5％と約半数であった。その中で客数・売り上げが20％程度増えるという回答が約30％あった。

西北活性化連絡協議会とは，阪急西宮北口駅をはさんだ東西南北の4団体（（協）アクタ西宮振興会・にしきた商店街・兵庫県立芸術文化センター・阪急西宮ガーデンズ）が地域全体の振興発展と活性化を目的に，2006年4月1日に設立した協議会である。現在，市内10大学の学生，周辺自治会，小中学校・幼稚園や各メディア等が協力メンバーとして活動している。芸術文化セン

表3-4　西宮市内及び神戸市内主要地点の路線価上昇率

	2004年⇒ 2005年	2005年⇒ 2006年	2006年⇒ 2007年	2005年⇒ 2007年
芸術文化センター北側	−3.1％	6.5％	6.1％	12.9％
西宮北口駅南側	−3.0％	9.4％	8.6％	18.8％
西宮北口駅北側	−2.3％	2.4％	7.0％	9.5％
夙川駅南側	−3.1％	0.0％	12.9％	12.9％
JR西宮駅南側	−2.9％	0.0％	8.8％	8.8％
JR甲子園口駅南側	−3.6％	1.9％	5.5％	7.4％
阪神西宮駅北側	−2.6％	2.7％	7.9％	10.8％
阪急岡本駅南側	−1.7％	5.1％	16.1％	22.0％
阪急三宮駅南側	−3.4％	4.3％	20.5％	25.7％

出所：「兵庫県立芸術文化センターの整備・運営による経済波及効果について」2007年11月発表資料より。評価時点は各年1月1日。

ターの公演に合わせて野外コンサートを開催するなど，「西宮を音楽の街に」育てることを目指してイベント等を実施している。地域の賑わいと一体感を醸成することは，芸術文化センターの活動で見逃せない点である。

芸術文化センターの存在は，地域全体のイメージアップや地域のブランド向上につながっているだろうか。その一指標として路線価格の上昇率（表3-4）を挙げることができる。開館年度の2005年以降，かなりの上昇率である。ただし，芸術文化センター単体の効果とは言い切れない。調査にあたった日本総合研究所も，「近隣の再開発等ともあいまって地域全体のイメージアップや地域ブランド力向上に伴う定住人口増，集客・開発ポテンシャル向上による周辺での開発投資等の拡大の効果も想定されるが，芸術文化センター単体の効果を取り出して測定することは難しい」としている。

2008年11月26日には，売り場面積約10万7000㎡，百貨店や複合映画館，関西初出店の69店舗など計268店が入る西日本最大級の売り場面積を持つショッピングセンター「阪急西宮ガーデンズ」がオープンした。同日付の読売新聞には西宮北口駅周辺で住居を探している人の「大阪，神戸のどちらに通勤するのも便利。文教施設も充実していて，魅力的な環境」という声が掲載されている。

芸術文化センターでは，開館2周年を迎えた2007年11月に建設と開館後2年間の整備・運営に関する経済効果調査を行い（日本総合研究所調べ），建設と開館2年間（2005年10月～2007年9月末）の経済効果（生産誘発額）を県内437億円，全国769億円と推計した（表3-5）。建設による効果は一時的に発生する効果であり継続性はない。施設運営による効果（生産誘発額）は，2006年度を基準に考えると県内で63億円になった。2006年度と同様の事業内容，財政規模，集客実勢を維持すると仮定すると，4年間で建設整備効果の額を上回る。

経済効果調査では，公演入場者へのアンケートを基に，来館者の交通費やセンター周辺での飲食，グッズ購入などの来館時付帯消費の支出額を来館者1人当たり毎回1765円と推計している。アンケートでは,センター利用後に「レッスンを始めた」「新しく楽器を購入した」「有料のコンサートへ行く機会が増えた」「CD/DVDの購入が増えた」など，公演鑑賞をきっかけに文化関連の消費が増えたという回答が90％に達する。その額を入場者1人当たり年間平均

第 3 章　文化ホールの使命から考える文化施設の公共性

表 3 - 5　芸術文化センターの経済波及効果

(単位：億円)

| | | 建設段階 | 開業後 (2005.10.22 開業) | | | 合計 |
			2005 年度 (下半期)	2006 年度	2007 年度 (上半期)	
直接効果 (a)		200.0	20.2	41.0	21.6	282.8
		(200.0)	(30.2)	(63.9)	(31.9)	(326.0)
生産誘発額 (b)		311.1	30.8	62.5	32.7	437.1
		(517.4)	(60.2)	(127.9)	(63.0)	(768.5)
	付加価値誘発額 (c)	155.1	20.9	40.8	21.4	238.2
		(254.6)	(38.9)	(79.4)	(39.1)	(412.0)
生産誘発係数 (d = b/a)		1.56	1.52	1.53	1.51	1.55
		(2.59)	(1.99)	(2.00)	(1.97)	(2.36)
雇用誘発効果 (e) (人)		1,609	184	397	199	2,389
		(2,737)	(358)	(790)	(392)	(4,277)

注：上段は県内，(　) 内は全国の経済効果。2005 年度，及び 2007 年度 (上期まで) の効果額については，2006 年度における詳細な分析結果をもとに，各年度の事業費や来場者数等をもとに簡易推計したものである。
　(a) 直接効果：需要発生額 (センターの主催事業実施経費〈出演者報酬，制作経費，広報宣伝経費等〉，施設維持費，観客〈交通，宿泊費，食事等〉) 等の支出のうち，県内各産業部門にもたらされた金額
　(b) 生産誘発額：「直接効果」に間接波及効果を加えた額
　(c) 付加価値誘発額：生産誘発額のうち，生産に要した原材料やサービスなどの中間投入額を控除したもの (雇用者所得，営業余剰等)
　(d) 生産誘発係数：「直接効果」額に対する「生産誘発額」の比率で，何倍の生産が誘発されたかを示す。
　(e) 雇用誘発効果：経済効果を新規雇用に換算したもの
出所：「兵庫県立芸術文化センターの整備・運営による経済波及効果について」2007 年 11 月発表資料より

5178 円の増加と試算している。来館による観客の消費額に加え，文化的な消費行動の変化による消費額を直接効果に算入している。

　公演入場者へのアンケートは必ずしも全員が回答するとは限らず，回答者は文化施設や事業企画への関心の高い層が中心になっていたと考えられる。したがってアンケート調査によって導き出された文化的消費額の試算は，やや高めに推計されている可能性もある。それでもリピーター客に対するアンケート調査として，「鑑賞後の行動変化」「文化消費額」に関わる調査項目の設定は，芸術文化センターの波及効果を算出しようとする試みとして興味深い。「文化施設が地域にもたらす効果は多面的であり，通常の公共事業の波及効果分析と同じ手法をとっていては，その広がりはなかなかとらえ切れない。その意味で，

文化施設が出来たことによる他の文化消費の拡大効果を推計に組み込んだ今回の手法は，意欲的なもの」[10]（山名　2008）と言える。

4 文化の外部性からみた両ホールの公共性

4-1 ボウモル／ボウエン理論からみた両ホールの存在意義

　両ホールが掲げてきた使命，それに沿って繰り広げられてきた活動を，第1章でみた文化の外部性（ボウモル／ボウエン理論）の論点と比較検討する。

（1）文化施設による地域イメージの向上

　ボウモル／ボウエンが示した文化の外部性①「舞台芸術が国家に付与する威信」を地域に読み替えると，地域イメージや地域ブランドの向上，あるいは地域住民の誇り，アイデンティティの確立になる。

〈びわ湖ホール〉

　舞台芸術，特に芸術監督によるプロデュースオペラは，その質の高さで全国のオペラファンの耳目を集め，関西圏，首都圏をはじめ全国から集客する力を持つようになった。芸術監督プロデュースオペラの観客は 61 ％が県外民である。それが県議会で議論になる一因でもあったが，「オペラハウスの西の横綱」（『朝日新聞』他）と称され，広域から集客する力を持ったことは，滋賀県の都市イメージを高めることに大きく貢献した。出演者に日本人の起用を貫き，日本のオペラの水準を引き上げ（『京都新聞』他），より本質的には芸術の発展にも寄与してきた。

　小林（2006）は「日本における地方自治体の公の施設においては，芸術文化の発展そのものに寄与するという発想が貧困」[11]であると指摘しているが，それならばびわ湖ホールは「文化施設が創造性を高めて芸術発展へ貢献する」という文化施設の本来的役割を果たしていることになる。

〈芸術文化センター〉

　県内を中心に支持を受け，開館 5 年目には先行予約会員（無料）数が 7 万人（2009.3.8）に達した。観客の 70 ％が会員で，そのうち 10 回以上のリピーターが 40 ％（2008 年度公演入場者アンケート調査結果による）と，熱心なファン層に支えられている。「自ら創造し，県民とともに創造するパブリック

シアターをめざす」というミッションの通り，県民が地域への愛着を深める
きっかけになっている。震災復興のシンボルということもあり，地域への浸透
を第一に活動を推し進めてきたが，これまでの活動が県民の誇りや自信の回復
につながっている。

（2）文化施設の経済効果

ボウモル／ボウエンによる文化の外部性②「文化活動の広がりが周辺のビジ
ネスに与えるメリット」については，両ホールとも，産業連関表を用いた経済
波及効果と広告費換算によるパブリシティ効果を算出している。

〈びわ湖ホール〉

県内業者に支払った額と賃金による波及効果，来館者の観光消費行動から経
済波及効果を年間22.9億円（2007年度）と算出。新聞，テレビ，ラジオに取
り上げられた件数をもとに試算したパブリシティ効果は，2.2億円（2008年度）
である。

〈芸術文化センター〉

直接的な経済効果に芸術文化センターの施設運営費と自主事業費，貸館事業
者主催者側の経費，観客の交通・宿泊・食事等の消費額に加え，芸術文化セン
ターがきっかけで増えた観客の文化消費の額を算入している。その結果，施設
運営による経済効果（生産誘発額）は，兵庫県内で年間63億円（2006年度）
と試算した。パブリシティ効果は開館直前の2004〜2007年度上半期までの3
年半の新聞・テレビでの報道を広告費換算し，合計31.9億円と算出。年間9.1
億円の効果である。

総来館者数の差異（びわ湖ホール　2007年度22万7744人，芸術文化セン
ター　2007年度　83万8838人）があり，経済波及効果にも金額差がでてい
るものの，いずれも一定程度の役割を果たしているとみることができる。

（3）将来世代への効用，教育的貢献

ボウモル／ボウエンによる文化の外部性③「将来世代への効用」とは，「芸
術鑑賞能力は訓練や出会いに適した時期をはずしたら獲得できるものではない
と理解されて」おり，将来に備えるためには，現在芸術への支援が必要だと説
く。また，文化芸術には人々の生活の質を高め，共同体に対して活力を提供す

る④「コミュニティにもたらされる教育的貢献」がある。

〈びわ湖ホール〉

　「舞台芸術の創造」と「観客の創造」という2つの目標を掲げてスタートしたが，ホールが滋賀県の「文化的都市環境づくり」の核となり滋賀の魅力を発信する場となるという大きな使命を負っていただけに，使命の力点は「舞台芸術の創造」におかれがちであった。「観客の創造」に向けて，ホール専属の声楽アンサンブルのメンバーによる学校への巡回公演，子どもたちに向けた青少年オペラシリーズなどの事業も行ってきた。しかし，少なくともメディアに取り上げられるなど注目を浴びていたのは，「世界に通じる」芸術活動である。

〈芸術文化センター〉

　対象を県民に置き，県民にいかに貢献するかが大きな使命であった。そのため公開リハーサル，レクチャー，ワークショップ，バックステージツアーなど，県民との近接性を重視し，普及イベント，専属楽団のアウトリーチ活動等に力を入れてきた。県教育委員会からの委託事業として，兵庫県内の中学1年生全員がセンターを訪れる「わくわくオーケストラ教室」を行っており，2007年度は381校5万1095人の生徒，引率者・保護者を含み計5万5532人

表3-6　文化の外部性と両ホールの役割

ボウモル／ボウエンによる文化の外部性	びわ湖ホール		芸術文化センター	
	使命	活動評価	使命	活動評価
①舞台芸術が地域にもたらす威信	◎	◎		▲
②文化活動の広がりが周辺のビジネスに与えるメリット		○		○
③将来の世代への効用	○	○ （芸術水準の向上）	○	○ （芸術鑑賞能力の発達，出合いの場）
④コミュニティにもたらされる教育的貢献		▲	◎	◎

◎：特に軸足を置く活動，評価された点　　▲：不足が指摘されている点
○：一定程度の役割を果たす

出所：筆者作成

が来場した。ワンコイン・コンサートをはじめ普及事業と位置付けているものは，2007年度で22公演，計4万706人の入場者数があった。

　以上，両ホールが軸足を置いてきた活動，及び両ホールに対する新聞紙上での評価を，ボウモルとボウエンの文化の外部性に照合してまとめると表3-6の通りである。

4-2　両ホールに対する新たな社会的要請と使命の変化
4-2-1　両ホールの使命とその実現
　びわ湖ホール，芸術文化センターの設立時の使命と事業活動を再度確認しておく。

〈びわ湖ホールの使命〉

①国内のみならず，世界で行われている舞台芸術を「最高の鑑賞条件」で鑑賞できる場の提供

②新たな「創造への原動力」となる拠点

③滋賀の「魅力を内外に発信」していく場

　この使命の実現のために，日本のオペラの第一人者若杉弘を芸術監督に迎え，日本未上演のヴェルディの作品群を取り上げ，日本の最高水準の歌手を揃えてびわ湖ホールならではの舞台を創った。このヴェルディ日本初演シリーズは，開館以来9年間継続され，全国のオペラファンの耳目を集め，評論家やメディアからも高い評価を得た。そのことは，上記①，②の使命が十分に果たされてきたことを意味する。

〈芸術文化センターの使命〉

①自ら創造し，県民とともに創造するパブリックシアターとなるために，多彩な文化創造活動を通じて広く県民文化の振興を図り，芸術文化を通じて地域の振興を図ること

②震災復興のシンボルとして，県民の信頼を得ること，県民のニーズに応えること

　指揮者の佐渡裕が芸術監督に就任し，教育的な要素を持つアカデミー型のプロ楽団としてセンター専属の「兵庫芸術文化センター管弦楽団」を立ち上げた。世界各国から集まってきた若者たちは，在籍期間中，県下の宿舎に住み演奏会等で技能を高め，再び兵庫から世界へ巣立っていく。開館前から芸術監督

自ら地域を回り，小学校で出前事業を実施。管弦楽団もアウトリーチ活動に力を入れ地域密着型の運営を行ってきた。親しみやすいプログラムに低額入場料公演等で敷居を下げ，平日昼間の公演で地元主婦層等に訴求するなど戦略的な事業運営に徹し，異例の集客数を達成した。

両ホールを比較すると，使命とそれを達成するための方法が真逆である。びわ湖ホールはオペラ専門ホールとしての地位と名声を確保するため，当初から最高水準の舞台芸術を創ることを目指した。広域からの集客を睨みながら，他ではみられない独自の企画で個性を発揮した。一方，芸術文化センターは，何よりも震災復興のシンボルとして県民のニーズに応えるべく，多彩で身近な企画を次々と打ち出し，地域に浸透することを目指した。いずれも当初立てられた使命に忠実に，それを達成するのに相応しい事業を推進してきた。その結果，びわ湖ホールは日本中のオペラファンが注目するホールとなり，芸術文化センターは，県民の身近な楽しみの場として機能している。

4-2-2 両ホールに対する新たな社会的要請

新聞紙上の論説や専門家の評論等を整理すると，びわ湖ホールは「芸術か福祉か」問題をきっかけに，芸術文化センターはそれまでの地域重視型の活動に対して，それぞれ新たな社会的要請が出されていることがわかる。

びわ湖ホールに対する新たな社会的要請とそこに示された課題は，以下に集約できる。①滋賀県から世界に誇れる舞台芸術を発信する理念・志は評価できる，②プロデュースオペラの水準の高さは万人が認めるところである。しかし，③県民（納税者）の理解を得るためには，地元観客の育成，創造活動への県民の参加が不可欠である，④高水準の文化性を維持する一方，幅広い需要に応えて地元潜在客を発掘することが求められている。すなわち，県民にもっと接近し，県民に身近な存在となる活動を期待されている。

芸術文化センターについては，①マーケティングに基づいた運営と積極的な地域交流で，クラシックへの垣根を取り払い地元の観客を掘り起こしたこと，②多彩なプログラムと親しみやすい企画で県民のニーズに幅広く応えていることは評価に値するが，加えて③専属楽団の演奏の不安定さ，伸びやかさの不足など演奏水準に課題があり，地域外でも十二分に通用する演奏の質アップに努めること，④高度な芸術を生み出し，耳の肥えた聴衆のニーズに応えること，

第3章　文化ホールの使命から考える文化施設の公共性

などが今後の課題として示された。

公的な文化活動，あるいは文化施設に対する評価／要請には，常に両義性がある。デヴィッド・スロスビー（Throsby, 2001）は「経済的価値と集約された文化価値との全体的な関係が，反対の方向になることもある」と指摘している。その例としてスロスビーは，次のように書いている。

「『ハイ・カルチャー』の（保守的，エリート主義的，支配的，絶対的）規範が受け入れられるのであれば，無調のクラシック音楽は，高い文化的価値を持ちながら低い経済的価値しか持たない例であり，テレビの連続メロドラマは高い経済的価値と低い文化的価値を持つ財の例である」[12]。

文化の経済的価値と文化価値それ自体は，必ずしも両立しない，という考え方である。文化の経済的価値は，しばしば文化の外部性の一部として論じられる。本章の事例研究の2文化施設がいかなる文化的価値を創造してきたか，あるいはその評価と今後の活動に対する社会的要請は，スロスビーが提起した「文化（文化施設，そこで行われる文化活動）評価の矛盾」の問題を内包している。すなわち，2つのホールに対する社会的要請は，矛盾を内包した課題を両立することを求めているのである。

びわ湖ホールは「高尚なもの」「世界レベル」に加えて，「文化芸術を楽しむための教育が必要な人々（ボウモル／ボウエン説④）に対応すること」「県民の文化性向上に貢献すること」を求められた。芸術文化センターは，びわ湖ホールとは別の立ち位置から活動をスタートした。そして5年の活動を経て今，びわ湖ホールが新たに求められている使命とは逆に，さらなる「芸術性のブラッシュアップ」，あるいは「経済主義重視路線から芸術性重視路線への調整」を要請されるに至った。

びわ湖ホールと芸術文化センター，各々高く評価された点と課題（今後の要請）として挙げられた点は表裏をなしている。表3-6に示したように，両ホールの活動で文化の外部性からみて十分でない部分が，課題として指摘されている。こうした社会的要請に対し，ホール側は以下のような新たな使命とその具体的活動の展開を示すようになった。

〈びわ湖ホール〉

びわ湖ホールでは，2007年4月に芸術監督が2代目沼尻竜典に交代し，同年ホール開館10周年を迎えたことを，びわ湖ホールの第2ステップのスター

トと位置付けた。2007年度年報の冒頭挨拶は，「質の高い舞台芸術の提供により全国的に知名度を高めたびわ湖ホールを，次のステップとして県民によりいっそう親しみやすい劇場にしてゆくという考えのもと，手軽な料金でのオペラ公演の開催，また劇場に足を運ぶきっかけとなるようオペラ入門講座の開催やロビーコンサートの充実にも努めました」と新たな使命を明示した。「県民により親しみやすい劇場」「手軽な料金でのオペラ公演の開催」「オペラ入門講座の開催」などは，設立当初の使命——世界レベルの芸術の提供——からは出にくいものであった。沼尻の提案で，メインロビーにピアノを設置し，監督自らが演奏するロビーコンサートも行った。

　高度な創造活動を継続しつつ，いかに県民に貢献するか，親しみやすい劇場をつくっていくかをホールの新しい使命として明確に位置付けた。

〈芸術文化センター〉

　「専属楽団に関する演奏の質の課題，高度な芸術に挑戦すべきである」などの評価に対して，当時の事務局長・藤村は，「県民のニーズに応えることは大衆性を意味しているのではない。高度な芸術を届けることも県民文化の振興につながることは十分に承知している」と話している[13]。2009年度のプロデュースオペラ「カルメン」は，東京二期会，愛知県文化振興事業団との共同制作であった。全15公演という全国的にみても珍しいオペラの長期公演を実現するとともに，兵庫県の取り組みを全国に発信するために，東京公演，愛知公演を実施した。2009年9月には，2006年度に続きウィーンフィルハーモニー管弦楽団の招聘公演を行い，世界に通じる舞台芸術劇場としての格・質の確立にも努めている。

　専属楽団のメンバーが大量に入れ替わった2008年には，新団員の確保と音楽性の向上が大きな課題となった。新規採用の国際オーディションを毎年実施し，客演奏者の確保も強化してフレッシュさとアンサンブルの魅力を高めるよう図った。2010年度には，芸術監督の個性を発揮する20世紀作品のオペレッタに挑戦し，引き続き東京公演も実施した。地元へのさらなる浸透を目指す一方，芸術的な個性の発揮や県外でのアピール活動に乗り出していった。

4-2-3 両ホールの使命の変化

　びわ湖ホールは，他にはない個性と芸術性でオペラホールとしての地位を確

保し，滋賀県の名声を高めた一方で，地元との距離の遠さを指摘され県民の理解と参加を促すことを課題として取り組み始めた。芸術文化センターは，パブリックシアターとして県民の大きな支持を受けながらも，長期的視点に立ったより高度な芸術への取り組みが要請されるようになった。真逆の使命からスタートした両ホールは，初期の使命を実現する中で，それとは反対に位置する新たな使命の実現に取り組み始めた。

　両ホールは，開館時に対極的・対照的な使命を掲げ，それに相応しい事業活動を展開し，その意味でそれぞれの施設が個性と独自性を発揮してきた。しかし，両ホールが当初の目標とは異なる使命の実現を目指し始めたことで，両ホールの事業活動の特徴が希薄化し似通ってくる可能性がある。

　地方自治体の財政基盤は脆弱化している。文化活動に対しても，「選択と集中」が要求されるようになる。財政支援が先細りする一方で，要請される使命が拡張すると，社会的要請と財政的に可能な活動との間に齟齬が生じ，提供する文化活動全体の質の低下につながることが懸念される。

5　むすび

5-1　ミッションの流動性

　本章では，関西を代表する2大公立ホールの比較を通して，その使命が社会的要請や役割期待の変化，地域社会の実情，財政事情など様々な要因を反映し，< moving target >となっていることを明らかにした。ボウモルとボウエンが提唱した「文化の外部性」4項目は，それぞれに妥当性がある。しかし，この2大公立文化ホールの事例研究は，ボウモルとボウエンの4項目を同時に達成することが極めて難しいことを示唆している。

　スロスビーを引用して述べたように，文化それ自体が，公立文化施設が使命を達成することを難しくさせる要素を持っている。「恐らく『文化』という言葉は21世紀の現代国際社会の中で最も定義づけを困難とする概念の一つ」[14]（中本　2003）である。しかも，現代は階層的な背景が曖昧化したこともあり，「ハイ・カルチャーとポピュラー・カルチャーの境界は，高度消費化，高度工業化，そしてグローバル化が進む現代社会において必然的に不確かなもの，曖昧なものとなってきた」（中本　2003）。

そもそも文化の評価基準自体が＜ moving standard ＞になっていることを示唆している。＜ moving standard ＞から派生する社会的要請に応えようとすれば，文化施設 / 文化活動の使命も当然，＜ moving target ＞にならざるを得ない。高い芸術性と経済価値は必ずしも結びつくとは限らない。文化施設が対象とする文化ジャンルでさえ，時代，場所，それにかかわる人々によって変化し得るものである。

芸術文化センターの芸術顧問であった山崎正和が退任の際に語った「芸術監督というより『常識監督』だった」という言葉は，まさに公立文化施設の立ち位置の難しさ，公共性の実現における矛盾の中でバランスを取る困難さを表している。集客効果や経済性を高めることと高い芸術性や実験的な試みを行うことを，事業の中で両立していかなければならない。公立文化ホールが予算を獲得するためには，地域にとっての意義と効果を検証し，市民に支持をされることが不可欠である。事業成果のひとつとして経済効果や稼働率といった指標を明らかにする必要があるのは勿論であるが，なぜ公共がそれを運営するのかという説明としては十分ではない。

公立文化施設 / 文化活動がその社会的要請に応えることが難しい時代を迎えている中で，文化ホールは地域において，どのような役割を果たそうとしているのか。それを的確に表しているのが文化ホールのミッションであり，本来はミッションの実現度合いでホールは評価される。一方，本章でみたびわ湖ホールと芸術文化センターの事例から言えることは，ミッションそのものの流動性である。ミッションを策定する際に十分な議論を積み重ね，ミッションについての市民の合意形成を図るのはもちろんであるが，時代と社会が変わる中で，ホールの果たすべき役割についても変化する可能性がある。常に地域の事情に鑑み，市民と対話を続けることが不可欠であろう。

5-2 新しい活動の共通点と公立ホールの公共性

矛盾を内包しつつも，そのバランスを取ろうとする 2 つの公立ホールが取り組む新しい活動には，いかに地域に貢献するかいう姿勢に共通点がある。

びわ湖ホールにとっての課題は，高い芸術性を実現しながらも，地域の人々が近づきやすいホールにすることである。開館 10 周年を迎えた 2007 年を第 2 ステップのスタートと位置付け，気軽なロビーコンサートや教育普及活動等に

力を入れ始めた。短時間のコンサートを低価格で楽しめるクラシック音楽の祭典「ラ・フォル・ジュルネ」[15]の開催など，新しい観客の獲得と親しみやすいホールに向けた試みを続けてきた。2010年，西日本で初めての開催となった「ラ・フォル・ジュルネびわ湖」では，出演者数が650人，14の有料公演の入場率は95.2％，有料入場者数は1万人を超え，無料公演を含めると2万3799人が訪れた。翌2011年の第2回目は，出演者数695人，公演回数68，来場者数2万8217人となった。さらに，2012年は，プレイベントを含め合計110本（有料公演19本，無料公演26本，キッズプログラム65本）の公演を開催し，来場者数は過去最高の3万556人となった。キッズプログラムが充実し，小さな子どもを連れたファミリー層がゆったりと音楽を楽しむ姿が目立った。

公共ホールとしての芸術の質を問われた芸術文化センターは，県民の支持を得ながら，兵庫県の取り組みを全国に発信するために県外でのアピール活動を行い，さらに世界レベルの公演の招聘，専属楽団の音楽性の向上に取り組んできた。開館10周年を迎えた2015年9月には公演入場者500万人，2024年3月には公演入場者850万人を達成し，好調を維持している。佐渡裕芸術監督プロデュースオペラは全国的にも珍しい長期公演を続けるとともに，全国スケールでの展開を試みるなど，幅広いオペラファンの獲得・定着を目指してきた。

両ホールとも，それぞれの新しい取り組みにより，文化ホールが地域とともに在り，かつ地域の誇りとなることを目指している。

芸術を通じた次世代育成に力を入れている点も共通している。2009年11月に内閣府が行った「文化に関する世論調査」では，文化芸術振興のために国に力を入れてほしいこととして，「子どもたちの文化芸術体験の充実」が48.6％で第1位になっている。文化芸術振興のために最も必要なことは，次代を担う子どもの文化芸術活動に力を入れることであると認識されている。

芸術文化センターは，開館当初から兵庫県内すべての中学1年生を対象とした青少年芸術体験事業「わくわくオーケストラ教室」を実施してきた。生徒へのアンケート結果（2009年度）でも，「貴重な体験だった」（そう思う63.1％，どちらかといえばそう思う29.9％），「生演奏がよかった」（そう思う78.5％，どちらかといえばそう思う17.6％）と肯定的な回答が多く，16名の外部評価委員による「兵庫型『体験教育』の評価・検証委員会」（2010年6月

1日～2011年3月31日設置）においても、「親や友達と異なる自分独自の内面の世界に気付く多感な時期である中学校の段階に、本物の芸術文化に触れる体験の意義は大きい」と評価を受けている。

子どもの文化芸術体験のためには、学校における鑑賞体験の充実が重要であるが、実際に文化ホールに行って本物の舞台芸術に接することは、ただ生の音楽を鑑賞するということにとどまらない。芸術文化センターの「わくわくオーケストラ教室」の事業内容にも示されているが、エントランスからホールに入るまでの導入部、オーケストラの登場も含めた音楽鑑賞の仕方についての体験、さらに施設の概要を知るとともに、効果音や照明などステージを支えている機能について体験する、いわば「ホール体験」をすることにも大きな意味がある。

びわ湖ホールは、開館～2009年まで毎年「青少年オペラ劇場」を実施し、若い人向けのオペラを上演してきた。2010年からは、初めてオペラを観る人をはじめ、大人から子どもまで楽しめる入門編「オペラへの招待」シリーズを実施している。また主催事業の多くの演目に25歳未満を対象とする「青少年価格」を設定、大ホールのオペラ公演のU24席（2000円）、U30席（3000円）や青少年割引当日券など、若い人たちがより低廉な価格で舞台芸術を鑑賞できるような取り組みを行っている。ホール専属の声楽アンサンブルによる小学校の巡回公演の実施やロビーコンサートなど、子どもの頃から芸術に触れる機会を提供している。

子どもたちの来館は保護者をはじめ大人の来館を伴う。また、子どもの頃から文化芸術に親しむ機会が増えることは、将来の観客を育て、その子が大人になりまた子どもを連れて舞台を楽しむという循環を促すだろう。時間はかかるが、地域の文化が引き継がれていくのに欠かせない取り組みである。

アマルティア・センは、人々の多様性に着目した新たな福祉理論として、基本的潜在能力の平等化を達成する「潜在能力と機能」論を提唱した[16]。潜在能力とは「ある人が価値あると考える生活を選ぶ真の自由」であり、その個人が持つことのできる選択肢の多さである。文化・芸術において、基本的潜在能力の平等化を達成するためには、芸術・文化の享受意欲を高める教育的な政策が必要である。すなわち、「誰もがアクセスできる」ことを実現する上で、次世代育成は欠かせない取り組みといえるだろう。

第3章 文化ホールの使命から考える文化施設の公共性

2020年から世界中で猛威を振るった新型コロナウイルス感染症は、公演等活動の中止や縮小、芸術家等担い手の離職、国際交流の断絶、地域文化の萎縮など、文化・芸術にも大きな影響を及ぼした。

びわ湖ホールでは、2020年3月7日・8日のプロデュースオペラ「神々の黄昏」の公演に向けて、ヨーロッパから演出家やキャストが来日して稽古を行っていた最中、急遽公演中止が決定された。やむなく、無観客上演し、動画サイトYouTubeによる無料ライブストリーミング配信を実施。2日間のライブ配信には世界中から約41万のアクセスがあり、大きな話題を呼んだ。コロナ時代の文化イベントのありかたに一石を投じたとして、びわ湖ホールは2020年10月に公益財団法人日本文学振興会から「第68回菊池寛賞」を受賞した。

無観客上演後、沼尻芸術監督は「文化芸術は水道の蛇口ではない。いったん止めてしまうと、次にひねっても水が出ないことがある」と述べて、活動を止めてしまえば文化の担い手が離れ、長い時をかけて蓄積されてきたノウハウも継承できなくなる危機感を示した[17]。山中館長も「民間はペイしなければ、公演をやめた方がマシ、ということもありうる。だからこういう時こそ、今やれることをやり続けることが公立の使命」とインタビューに答えている[18]。その後も、びわ湖ホールでは、「ホールを止めるな」を合言葉に、広い4面舞台を無料開放して県内の人が密にならずに合唱やバレエなどの練習できる「でっかい練習室」や、ロビー・コンサートのオンライン無料配信、びわ湖ホール声楽アンサンブルによる校歌音源の贈呈（希望のあった県内163校の校歌をすべて収録）など、感染下にあっても、様々な活動を通して地域に音楽を届け続けた。

注

1）2011年、財団法人びわ湖ホールは公益財団法人に移行。2期目の指定管理者に指定される。2016年、3期目指定管理者指定。2017年に財団が統合され公益財団法人びわ湖芸術文化財団が発足し、（公財）びわ湖ホールから指定管理を引き継ぐ。2021年、4期目の指定管理者指定。

2）中川幾郎 『分権時代の自治体文化政策―ハコモノづくりから総合政策評価に向けて』勁草書房 2001 p.144、根木昭 「文化政策学の論点」『文化経済学』3 2002

3）2009年7月4日 滋賀県立芸術劇場びわ湖ホールにて びわ湖ホール第2代館長・上原恵美氏への筆者インタビュー

4）財団法人びわ湖ホール「びわ湖ホールの評価および今後の運営方針について～委託調査

結果を踏まえて～」2009 年

5 ）石田麻子・根木昭 「日本の劇場運営におけるオペラ制作の課題」『長岡技術科学大学研究報告』 24 2002

6 ）2009 年 7 月 4 日 滋賀県立芸術劇場びわ湖ホールにて びわ湖ホール第 2 代館長・上原恵美氏への筆者インタビュー

7 ）2009 年 7 月 4 日 滋賀県立芸術劇場びわ湖ホールにて びわ湖ホール第 2 代館長・上原恵美氏への筆者インタビュー

8 ）2009 年 6 月 30 日 兵庫県立芸術文化センターにて 芸術文化センター元事務局長・藤村順一氏への筆者インタビュー

9 ）小林真理 「文化芸術施設の管理のあり方」『都市問題研究』 61（10）2009

10）山名尚志 「文化政策の行政評価 兵庫県立芸術文化センターの経済効果と運営手法」『地域創造』 24 2008

11）小林真理編著 『指定管理者制度 文化的公共性を支えるのは誰か』 時事通信社 2006 p.10

12）Throsby, David *Economics and Culture* Cambridge University Press 2001（中谷武雄・後藤和子訳 『文化経済学入門―創造性の探究から都市再生まで』 日本経済新聞出版社 2002 p.64）

13）2009 年 6 月 30 日 兵庫県立芸術文化センターにて 芸術文化センター元事務局長・藤村順一氏への筆者インタビュー

14）中本進一 「ハイ・カルチャー / ポピュラー・カルチャーにおけるヘゲモニーの転換と領有に関する一考察」『一橋法学』 2003

15）1995 年，フランス北西部の港町ナントで誕生したクラシック音楽祭。毎年テーマとなる作曲家またはジャンルを設定し，会場となるナント市のコンベンションセンター「シテ・デ・コングレ」では，朝から晩まで 9 つの会場で同時併行的に 45 分間のコンサートが，5 日間で約 300 公演繰り広げられる。一流の演奏を，短時間・低料金で提供し，新しいクラシック音楽の聴衆を開拓している。2000 年からポルトガル・リスボン，2002 年からスペイン・ビルバオ，2005 年には東京国際フォーラムで開催された。2008 年には金沢とブラジル・リオデジャネイロ，2010 年には新潟，びわ湖，ポーランド・ワルシャワ，2011 年には鳥栖でも開催された。

16）Sen, Amartya *Development as Freedom* Alfred A. Knopf 1999（石塚雅彦訳 『自由と経済開発』 日本経済新聞社 2000）

17）『朝日新聞』 沼尻竜典 「芸術止める痛み感じて」『表現活動はいま』 2020.4.19

18）江川紹子 「『ホールを止めるな！』 ～コロナ禍での公立劇場の使命と奮闘の 1 年を聞く」 2021 年 3 月 8 日 https://news.yahoo.co.jp/expert/articles/4f3b8b920a284f2fcbde552ce463c7aad65eb675

第4章

地域の文化資源を活かしたまちづくり

1 本章の問題意識

本章では，文化の外部効果のひとつとして，文化資源がどのように人々や地域社会に貢献し得るかを，「地域活性化」という視点から実証的，理論的に検証し，公共財としての有用性を検討する。

近年のまちづくり，地域活性化では，芸術文化，風景や食べ物，土地固有の職人仕事など，住民の暮らし方そのものを地域の文化資源として，まちづくりや観光に活用する事例が増加している。地域の特徴や人々の生活に根ざした地域固有の文化資源を有効に活用することが住民の誇りや自信に繋がり，地域再生に大きく貢献すると考えられる。多様な価値観や利害関係を持つ人々が集まる地域が，特定のビジョンやコンセプトをベースに地域活性化を果たしていこうとするならば，地域の中の様々なセクターの人々が，コンセプトへの共感をもって活動することが重要になってくるであろう。

本章では，住民が主体的に関わり，地域の文化資源を活かして活性化に取り組むまちづくりを取り上げ，どのように住民の参画が促され，ビジョンが共有され，地域の活性化に向けた動きが加速していったのかを検証し，地域活性化が促される要因を探る。

具体的には，現代アートの力で地域の魅力と資源を再発見し，それを磨く活動を通して地域内外の人々の交流を生み出し，地域創生に寄与している「瀬戸内国際芸術祭」を取り上げる。2010年の第1回に93万人を超える来場者を集めた瀬戸内国際芸術祭は，2019年第4回には，過去最高の118万人の来場者を集め，日本最大の芸術祭として注目された。文化の外部性の視点から瀬戸内国際芸術祭の成果や影響を分析し，考察を行う。

また大阪府堺市は，古来より陸海ともに交通の要衝として栄えた町であり，各時代を象徴する多くの文化や人物を生み出してきた。しかし，太平洋戦争での5次に渡る空襲により，旧市域の6割以上が焦土と化し，歴史的な資産の多くが失われてしまった。また1957年に始まった「堺臨海工業造成事業」に

より日本有数の重化学コンビナートが建設され，1967年には高度経済成長期の住宅需要に応えるため泉北ニュータウンが整備され，工業都市，ベッドタウンとしての都市イメージが強まった。そのような中，歴史文化資源をどのように現在のまちづくりに活かし，内外の人々に伝えていくか。歴史文化資源が，地域の人々の誇りの形成，主体的参画にどのように寄与し，地域活性化に繋がっていくのか，その方策と効果を検討する。

2 文化の外部性からみた瀬戸内国際芸術祭

人口減少，少子・高齢化の急速な進展の影響等により，多くの地域で過疎化や経済の縮小が進んでいる。人口減少により地域のコミュニティや伝統・文化の衰退まで懸念される状況にある。そのような中で，近年，日本各地において文化芸術を活かした地域振興が注目されている。地域活性化の方向性がハードからソフトへ転換する中で，アーティストと地域を巻き込む芸術祭も数多く生まれている。

2000年に新潟県の越後妻有地域で大地の芸術祭，2001年に横浜トリエンナーレが始まると，日本各地で「芸術祭」と呼ばれるアートイベントが開催されるようになる。日本の芸術祭は，大地の芸術祭のように農山村や離島で開催される地域型芸術祭と，横浜トリエンナーレに代表される都市型芸術祭に大きく分けられるが，過疎・高齢化が進む農山村や離島で，現代アートを活かして地域を元気づける地域型芸術祭は，日本独特のものである[1]。自然や歴史，生業，食など地域の伝統的な文化と現代アートというミスマッチともいえる出合いを通して地域を刺激し，その魅力を顕在化し，人々の交流を生み出し，地域を活性化させる試みである。

本節では，これまで5回の開催を重ねる瀬戸内国際芸術祭が，地域や住民にもたらした変化を，文化の外部性という視点から検証し，芸術祭が地域社会に果たす役割・意義について考察する。

2-1 瀬戸内国際芸術祭の概要

2010年7月19日から10月31日までの105日間，「第1回瀬戸内国際芸術祭」が，備讃瀬戸の直島，豊島，女木島，男木島，小豆島，大島，犬島といっ

た島々，そして高松港周辺を会場として開催された。「アートと海を巡る百日間の冒険」と名付けられたこの芸術祭は，「海の復権」をテーマに掲げ，島々の自然にアートを配し，来場者が瀬戸内海の島々を船で巡りながら，アートとともに，自然や食，島の人との交流を楽しむものである。18の国・地域から75組のアーティスト・プロジェクトが参加し，16のイベントが行われた。当初見込みの30万人を遥かに超え，約93万8000人が来場した。

その後，3年に1度開催され，第2回からは，会期を春，夏，秋に分け，香川県中西部の沙弥島，本島，高見島，粟島，伊吹島と岡山県の宇野港周辺が加わった（図4-1）。

2019年第4回目には，瀬戸内海の12の島々と2つの港周辺を舞台に，春，夏，秋会期で計107日間開催され，過去最高の118万人の来場者を迎えた。32の国・地域から230組のアーティスト・プロジェクトが参加し，214作品が出展され，35のイベントが行われた。海外からの来場者の割合が23％とな

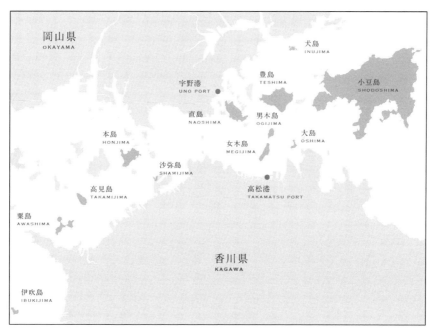

図4-1　瀬戸内国際芸術祭2022会場
出所：瀬戸内国際芸術祭実行委員会提供

表 4-1　瀬戸内国際芸術祭の概要

名称	（第1回）芸術祭 2010	（第2回）芸術祭 2013	（第3回）芸術祭 2016	（第4回）芸術祭 2019	（第5回）芸術祭 2022
テーマ	海の復権	海の復権	海の復権	海の復権	海の復権
シーズンテーマ，重点的な取り組み等	「アートと海を巡る百日間の冒険」	「アートと島を巡る瀬戸内海の四季」	「海でつながるアジア・世界と交流」「瀬戸内の『食』を味わう「食プロジェクト」「地域文化の独自性の発信」	「瀬戸内の資源×アーティスト」「アジアの各地域×瀬戸内の島々」「島の『食』×アーティスト」「芝居・舞踏の多様な展開」	「瀬戸内の里海・里山の隠れた資源の発掘と発信」「国内・世界とのつながりの継続，より質の高い交流への転換」「瀬戸内の魅力を発信していく「食」の充実・強化」「持続可能な社会の実現に向けた取組みの推進」
会期（会場日数）	7.19-10.31（105 日間）	春 3.20-4.21（33 日間） 夏 7.20-9.1（44 日間） 秋 10.5-11.4（31 日間） （計 108 日間）	春 3.20-4.17（29 日間） 夏 7.18-9.4（49 日間） 秋 10.8-11.6（31 日間） （計 108 日間）	春 4.26-5.26（31 日間） 夏 7.19-8.25（38 日間） 秋 9.28-11.4（38 日間） （計 107 日間）	春 4.14-5.18（35 日間） 夏 8.5-9.4（31 日間） 秋 9.29-11.6（39 日間） （計 105 日間）
会場	8 会場 直島，豊島，女木島，男木島，小豆島，大島，犬島，高松港周辺	14 会場 直島，豊島，女木島，男木島，小豆島，大島，犬島，沙弥島（春），本島（秋），高見島（秋），粟島（秋），伊吹島（夏），高松港周辺，宇野港周辺	14 会場 直島，豊島，女木島，男木島，小豆島，大島，犬島，沙弥島（春），本島（秋），高見島（秋），粟島（秋），伊吹島（秋），高松港周辺，宇野港周辺	同左	同左
参加アーティスト・プロジェクト数	18 の国／地域，75 組	26 の国／地域，200 組	34 の国／地域，226 組	32 の国／地域，230 組	33 の国／地域，188 組
アート作品数	76 点	207 点	206 点	214 点	213 点
イベント	16 イベント	40 イベント	37 イベント	35 イベント	19 イベント
来場者数（人）	938,246	1,070,368 春 263,014 夏 435,370 秋 371,984	1,040,050 春 254,284 夏 401,004 秋 384,762	1,178,484 春 386,909 夏 318,919 秋 472,656	723,316 春 228,133 夏 187,483 秋 307,700
作品鑑賞チケット販売数	88,437 枚	92,475 枚	84,208 枚	100,985 枚	59,177 枚
収入（3 カ年）	8.0 億円	11.8 億円	13.9 億円	13.2 億円	12.8 億円
支出（3 カ年）	6.9 億円	10.2 億円	12.4 億円	12.3 億円	12.0 億円
経済波及効果	111 億円	132 億円	139 億円	180 億円	103 億円

注：経済波及効果の計算は 2010 年は日本銀行高松支店，2013 年は日本政策投資銀行と瀬戸内国際芸術祭実行委員会，2016，2019，2022 年は日本銀行高松支店と瀬戸内国際芸術祭実行委員会の共同試算。香川県産業連関表等を用いて推計。
出所：各回総括報告より筆者作成

り，国際芸術祭を名乗るに相応しい芸術祭となった。

2022年の第5回も12の島と高松，宇野両港周辺を会場に，春，夏，秋，計105日間開催された。参加アーティスト・プロジェクトは33の国と地域から188組。213作品が出展され，19のイベントがあった。新型コロナウィルス感染症の影響で，前回は来場者の4分の1を占めた外国人が激減した。国内の観光客も減り，来場者数は72万3316人にとどまり，最多だった2019年の61.4％に縮小した。港や会場に検温スポットを設置し，室内の展示会場には換気用のサーキュレーターを備え付けるなど，徹底的な感染対策が取られ，懸念していた島民への影響や混乱はなく，無事閉幕した。

第1回から第5回までの瀬戸内国際芸術祭の概要は，表4-1[2)]の通りである。

2-2 瀬戸内国際芸術祭の開催経緯

瀬戸内国際芸術祭の主催者は，瀬戸内国際芸術祭実行委員会である。第1回の実行委員会の構成団体は表4-2の通りである。会長は香川県知事，副会長は香川県商工会議所連合会会長と高松市長，総合プロデューサーに福武總一郎（財団法人直島福武美術館財団理事長），総合ディレクターに北川フラム（女子美術大学美術学部教授）が就いている（いずれも役職は当時）。構成団体は，関係自治体，財団法人直島福武美術館財団，四国経済産業局，香川大学をはじめとする教育機関，県内関係団体等が名を連ねている。

第1回開催時の会長である真鍋武紀が，香川県知事に就任したのは1998年9月7日である。バブル経済が崩壊し，バブル期以降続いていた大型事業の建設投資が嵩み，1997年度末の県債残高は5072億円に達していた。県の財政再建が喫緊の課題であった。長く住民と県の深刻な対立が続いていた豊島産業廃棄物問題も，解決の道筋がみえず，膠着していた。この問題は，1978年，香川県が土庄町豊島の豊島総合観光開発株式会社に産業廃棄物処理業の許可を出したことに端を発する。豊島総合観光開発㈱は，1970年代後半から1990年にかけてシュレッダーダストや廃油，汚泥等の産業廃棄物を収集し，処分地に大量に搬入して野焼きなどを続けていた。島民への健康被害や農業，漁業など地場産業への悪影響が甚大であった。豊島住民は，県が責任を認めた上で原状回復することを求め，国に公害調停を申請していた。

真鍋知事は，県財政の立て直しに注力する一方，豊島問題の解決を県政の最

表4−2　第1回（2010年）瀬戸内国際芸術祭実行委員会の構成団体

瀬戸内国際芸術祭実行委員会
　会　長　：　香川県知事　浜田恵造
　名誉会長*1　：　前香川県知事　真鍋武紀
　副 会 長　：　香川県商工会議所連合会会長　竹崎克彦*2
　　　　　　：　高松市長　大西秀人
　総合プロデューサー　：　福武總一郎（（財）直島福武美術館財団理事長）
　総合ディレクター　：　北川フラム（女子美術大学美術学部教授）
　構成団体　：　香川県，高松市，土庄町，小豆島町，直島町，（財）直島福武美術
　　　　　　　　館財団，（財）福武教育文化振興財団*3，香川県市長会，香川県町
　　　　　　　　村会，四国経済産業局，四国地方整備局，四国運輸局，国立療養所
　　　　　　　　大島青松園*4，四国経済連合会，香川県商工会議所連合会，香川県
　　　　　　　　商工会連合会，（社）香川経済同友会，香川県農業協同組合，香川
　　　　　　　　県漁業協同組合連合会，（株）百十四銀行，（株）香川銀行，香川大
　　　　　　　　学，四国学院大学，徳島文理大学，高松大学，香川県文化協会，
　　　　　　　　（財）四国民家博物館，（社）香川県観光協会，（社）日本旅行業協
　　　　　　　　会中国四国支部香川地区会，（財）高松観光コンベンション・ビュー
　　　　　　　　ロー，香川県ホテル旅館生活衛生同業組合，四国旅客鉄道（株），
　　　　　　　　高松琴平電気鉄道（株），香川県旅客船協会，（社）香川県バス協
　　　　　　　　会，香川県タクシー協同組合，（財）香川県老人クラブ連合会，香
　　　　　　　　川県婦人団体連絡協議会，（社）日本青年会議所四国地区香川ブ
　　　　　　　　ロック協議会，香川県青年団体協議会，さぬき瀬戸塾
　　　　　　　　〔オブザーバー〕
　　　　　　　　岡山市，玉野市*5，岡山県商工会議所連合会，岡山大学

　　　　　*1　平成22年10月14日から
　　　　　*2　平成22年11月1日から
　　　　　*3　平成21年3月20日（第3回総会）から
　　　　　*4　平成22年3月30日（第5回総会）から
　　　　　*5　平成20年11月11日（第2回総会）から

　　　　　45団体（うちオブザーバー参加：4団体）

出所：2010総括報告より

重要課題に掲げた[3]。37回の調停を経て2000年6月6日，知事が公害調停で
謝罪し，ようやく原状回復の合意が成立した。
　豊島の産廃問題解決に取り掛かっているときに，真鍋知事は株式会社ベネッ
セコーポレーション代表取締役の福武總一郎会長（当時）に出会う。福武は，

1992 年に直島コンテンポラリーアートミュージアム（現ベネッセハウス　ミュージアム）を開設し，1998 年には空き家となっていた民家などと現代アートを融合させた「家プロジェクト」をスタートさせていた。「現代アートで直島を元気にしたい」と様々な活動を進めていたが，「それを瀬戸内海の他の島にも広げたい」と知事に語った。この出会いが瀬戸内国際芸術祭の開催につながっていく。

　一方，香川県庁では，若手職員を育成するために「職員政策研究」を実施していた。2004 年，若手の職員グループが瀬戸内の島々を舞台にした国際美術展「アートアイランドトリエンナーレ」開催を含む政策を知事に提言した。

　こうして香川県庁の動きとベネッセアートサイト直島の活動がひとつになっていく。福武が「大地の芸術祭のようなアート活動を瀬戸内でやりたい」と，北川フラムを連れて真鍋知事に会いに行ったのは，2007 年 4 月である。

　その頃香川県は，ある工場誘致に力を入れていたが，その案件はマレーシアに負けてしまう。工場誘致は，アジア近隣諸国との競争になっており，資源や労働力などの面から一地方自治体では到底叶わなくなっていた。真鍋知事は，「これからは，工場誘致などのハードな経済振興をある程度卒業し，ソフトに注目する，つまり芸術文化を活かした地域振興が大切になると考えた」と言う[4]。

　2007 年 9 月の香川県議会定例会で，知事が瀬戸内国際芸術祭の開催を表明し，2008 年 3 月，香川県当初予算に瀬戸内国際芸術祭推進事業が計上された。同年 4 月，瀬戸内国際芸術祭実行委員会を設立，開催に向けて本格的に準備がスタートした。

2-3　瀬戸内国際芸術祭による地域の変化

　2010 年に始まった瀬戸内国際芸術祭は，「海の復権」をテーマに，瀬戸内の島に活力を取り戻し，すべての地域の「希望の海」となることを目指して始まった。少子高齢化と過疎にある島の人々，今も島に住み静かに暮らしを紡いでいる人々を元気にしたい，瀬戸内の島に活力を取り戻したい，ということが芸術祭の発意であった。

　作品のある「場所」はどういうところか。周囲にはどのような風景が広がり，場所と歴史，人の営み，生業とはどのようなかかわりがあるのか。それを

113

写真4-1　高松港から東方約8kmに位置する大島。白い砂浜が広がる美しい島の大部分を，国立療養所大島青松園が占めている。

出所：筆者撮影

アートを通して明らかにする。サイト・スペシフィック・アート[5)]を設置することで，改めて地域に目を向け，島が持つ豊かさに気付き，その再興を考える。見えてくるのは，島の豊かな自然や郷土料理，伝統的な町並みなど美しい面だけではない。離島という条件のもとに，犬島や直島では銅の精錬所など煙害をもたらす工場が建設され，大島はハンセン病患者を隔離するための療養所として使われた。長年産業廃棄物の不法処理に苦しめられた豊島もそのひとつである。近代化の負の遺産にも向き合い，そこから将来を考えることも，瀬戸内芸術祭開催の意義である。

2-3-1　データでみる瀬戸内国際芸術祭

　これまで5回を数える瀬戸内芸術祭は地域に何をもたらしたのか。2010年から2022年，5回を数える瀬戸内国際芸術祭の歩みをデータで概観する。

第 4 章　地域の文化資源を活かしたまちづくり

（1）来場者の推移

第 1 回から第 5 回瀬戸内国際芸術祭までの延べ来場者の推移は図 4-2 の通りである。2019 年第 4 回が最高の来場者数で，118 万人弱に達している。

2022 年第 5 回芸術祭は，新型コロナウィルス感染症の影響下で実施された。移動の制限や徹底的な感染防止対策を講じながらの開催であった。海外からの来場が難しくなり，第 4 回（2019 年）の来場者 117 万 8484 人を 39 ％下回

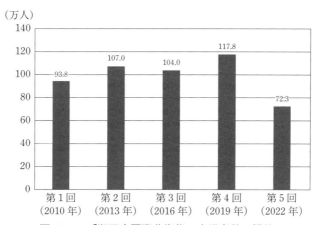

図 4-2　「瀬戸内国際芸術祭」来場者数の推移

出所：各回総括報告より筆者作成

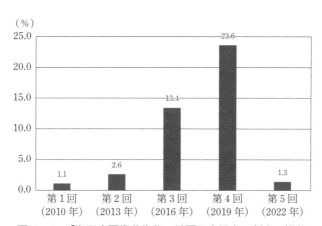

図 4-3　「瀬戸内国際芸術祭」外国人来場者の割合の推移

出所：各回総括報告より筆者作成

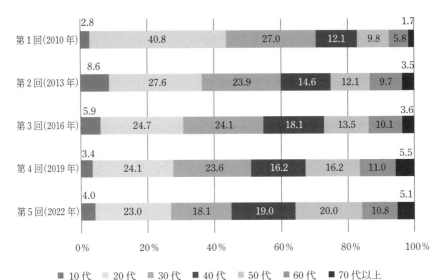

図 4-4 「瀬戸内国際芸術祭」来場者の年齢層の推移

出所：各回総括報告より筆者作成

り，72万3316人となり，初回開催以来最少であった。会場別では，香川県・直島が16万6737人（前回比45％減）で来場者が最も多く，続いて小豆島12万3382人（同34％減），豊島9万7391人（同32％減），高松港周辺6万2131人（同39％減）の順だった。新型コロナウィルスの水際対策が緩和された10月中旬以降，外国人来場者の姿が見受けられたが，増加はごく一部にとどまった。

第4回までは，外国人来場者は増加していた。外国人の割合（来場者アンケート回答者ベース）は，第1回1.1％，第2回2.6％，第3回13.4％，第4回23.6％と着実に増え，2019年は来場者の4分の1を外国人が占めるまでになった。海外からの渡航が制限された第5回の外国人の割合は1.3％である（図4-3）。

(2) **来場者の属性**

来場者の属性は，回を追うごとに少しずつ変化している。来場者の年齢層の推移，来場者の居住地域の推移は，図4-4，図4-5の通りである。

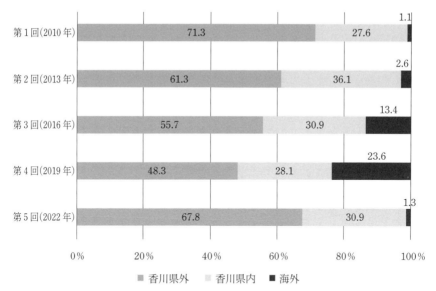

図 4-5 「瀬戸内国際芸術祭」来場者の居住地域の推移
出所：各回総括報告より筆者作成

　2010年第1回の芸術祭では，来場者は30代以下が70％を占めた。最多が20代の女性だった。それが回を重ねるごとに，来場者は多世代に広がっている。2022年第5回では，各年代，ほぼ均等に来訪するようになった。
　来場者の居住地域も，広がっている。新型コロナウィルス感染症で移動規制が厳しかった第5回を除けば，香川県外，香川県内，海外がほぼ3分の1ずつに近くなってきた。
　来場者の年代や居住地の広がりは，瀬戸内国際芸術祭の間口の広さを示している。

（3）芸術祭に対する評価

　瀬戸内国際芸術祭実行委員会は，毎回来場者を対象にアンケート調査を実施し，芸術祭に対する満足度や再訪意向を調べている。
　芸術祭に対する評価は総じて高い。第1回2010年（N = 11,476）の調査では，「作品について」の評価は，よい（65.3％），まあまあよい（28.4％）を合計すると93.7％だった。芸術祭全体の総合評価も，よい（51.5％），まあま

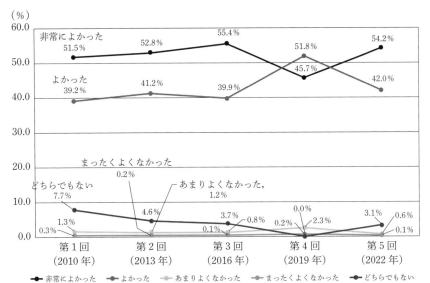

図4-6 瀬戸内国際芸術祭に対する来場者の総合評価の推移
注：年によってアンケートの選択肢の言葉は微妙に異なる。2019年は「どちらでもない」にあたる選択肢がない。
出所：各回総括報告より筆者作成

あよい（39.2％）が計90.7％に達した。

2回目以降も芸術祭に対する総合評価は高い。2013年（N = 17,297）は，とてもよい（52.8％），まあよい（41.2％）が計94％。2016年（N = 15,336）は，とてもよい（55.4％），まあよい（39.9％）の合計95.3％。2019年（N = 6,857））も，非常によかった（45.7％），よかった（51.8％）が計97.5％に達した。新型コロナウィルス感染下で行われた第5回2022年（N = 12,462）でも，非常によかった（54.2％），よかった（42.0％）という評価が計96.2％であった（図4-6）。

（4）再訪意欲

アンケート調査では，来場者の再訪意欲の高さも示された。次回の芸術祭に，「ぜひ来たい」「来たい」と答えた人の割合は，第1回（2010年）76.2％，第2回（2013年）80.4％，第3回（2016年）81.5％，第4回（2019年）86.3％だった。第5回（2022年）では91.6％に達した（図4-7）。

実際に来場者のリピーター率は高い。第2回（2013年）では，リピー

第 4 章　地域の文化資源を活かしたまちづくり

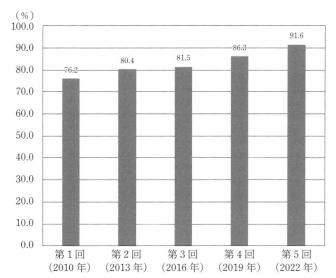

図 4－7　再訪意欲（次回芸術祭に「ぜひ来たい」＋「来たい」）の推移
出所：各回総括報告より筆者作成

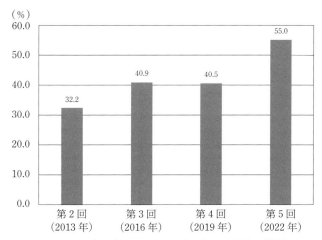

図 4－8　来場者におけるリピーターの割合の推移
出所：各回総括報告より筆者作成

が全体の 32.2 ％，第 3 回（2016 年）は 40.9 ％，第 4 回（2019 年）40.5 ％，第 5 回（2022 年）は 55.0 ％となっている（図 4-8）。

　瀬戸内国際芸術祭は，回を重ねるごとにリピーターを増やし，来場者の半数

119

が固定的なファンに育っている点が特徴的である。

　実行委員会が実施している来場者アンケートでは，再訪の目的等を問う質問はないが，香川大学教授・原直行及び共同研究者らが，豊島を対象に継続的な来場者調査を実施している[6]。来場者の属性，訪問目的，訪問施設・場所，印象に残っている施設・場所，地域資源の認知，滞在満足度，再訪意向を聞いている。2013年の調査（N = 367）では，来場者の3分の2が初めて豊島を訪問し，訪問目的は，「アート作品」（複数回答：回答数339），次に「建築」（複数回答：回答数137），3番目は「芸術祭のパスポートがあった」（複数回答：回答数97），「島の自然」（複数回答：回答数78），「食事」（複数回答：回答数28）の順だった。

　アンケート回答者で再訪意欲のある回答者（「ぜひまた訪れたい」45.5％，「機会があれば訪れてもいい」48.3％）には，再訪目的を尋ねている。「ぜひまた訪れたい」人の再訪目的は，「アート」「建築」「島の自然」「食事」。「機会があれば訪れてもいい」人では，「アート」「島の自然」「建築」「食事」と続く。当初の来場目的と比較すると，再訪の場合「島の自然を見に」の回答が高くなる。「島の人との交流」も，当初よりも再訪時でやや増加する。

　2019年の調査（N = 日本人394，外国人121）では，日本人の訪問目的は「瀬戸内国際芸術祭を見る・参加する」（複数回答：回答数280　比率71.1％），「アート作品（美術館）を観る」（複数回答：回答数222　比率56.3％），「自然景観を見る」（複数回答：回答数141　比率35.8％），「自然の豊かさを体験する」（複数回答：回答数54　比率13.7％），「美味しいものを食べる」（複数回答：回答数53　比率13.5％）の順だった。同じ質問を外国人にもしているが，訪問目的は「アート作品を観る」（複数回答：回答数80　比率66.1％），「瀬戸内国際芸術祭を見る」（複数回答：回答数79　比率65.3％），「自然景観を見る」（複数回答：回答数49　比率40.5％），「美味しいものを食べる」（複数回答：回答数32　比率26.4％）だった。外国人は食への関心がやや高い。しかし，瀬戸内国際芸術祭と自然が，重要な訪問目的になっていることは共通している[7]。

　瀬戸内国際芸術祭は，12島と2港が会場である。多くの国・地域から多様な作品が出展され，一回の訪問ではまわり切れない。芸術祭開催中に複数回訪れる人もいるが，訪問経験のない島への訪問や，まだみていない作品の鑑賞を

第 4 章　地域の文化資源を活かしたまちづくり

写真 4 - 2　時間帯によって，色を変え，佇まいを変える瀬戸内海
出所：筆者撮影

次の芸術祭の目的とする場合もあるだろう。毎回，異なったイベントも催される。種々のワークショップも開催される。

作品の中には，芸術祭期間中のみの展示ではなく，恒久設置されるものがある。同じ作品を再訪するのも楽しみとなる。自然の中で，作品は色を変え，質感を変える。錆が浮かび，それが作品の重量感を増す。作品の裂け目から草が生えていることもある。作品を通して，時の移ろいを実感する。

瀬戸内海という自然の魅力も大きい。島の佇まい，景観は季節や 1 日の時間帯により，温度も湿度も風も光も異なり，その色を変え，趣を変える。

瀬戸内国際芸術祭にリピーターが多いのは，何度訪れても，新しい発見があるためであろう。そこに「思い出を旅する」という安堵感が加わる。

(5) 住民の評価

過去 5 回の芸術祭を，島の住民はどのように評価しているだろうか。実行委

121

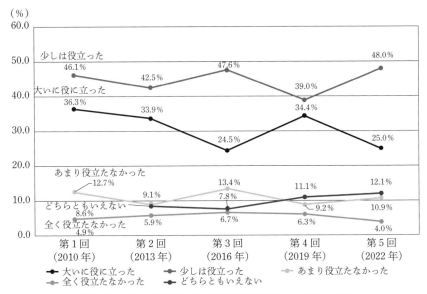

図 4-9　住民の評価（地域活性化に役立ったか）の推移

注：2010 年には「どちらでもない」にあたる選択肢がない。
出所：各回総括報告より筆者作成

員会は，毎回，作品を設置した島の住民を対象に，アンケート調査を実施している。2010 年第 1 回芸術祭会期後のアンケート調査（N = 513）では，開催前と開催後で，住民の評価に変化が見られる。

　開催前には，地域活性化に対する期待は「大いに期待していた」25.7 %，「少しは期待していた」42.8 %，「あまり期待していなかった」24.9 %，「全く期待していなかった」6.6 % である。開催後は，「大いに役立った」36.3 %，「少しは役立った」46.1 %，「あまり役に立たなかった」12.7 %，「全く役立たなかった」4.9 % に変化した。開催前には，芸術祭に対する期待度が 68.5 % に対し，開催後は 82.4 % にアップした。自分の地区に作品が設置され，「たいへん良かった」42.9 %，「まあまあ良かった」45.4 % と，88.3 % の人が地区に作品が設置されたことを評価していた。

　「芸術祭は成功だったか」という質問に対しては，「大成功だった」48.7 %，「まあまあ成功だった」45.1 % と，93.8 % の島民が評価していた。次回も「ぜひ開催して欲しい」46.4 %，「どちらかといえば開催して欲しい」37.7 % で，84.1 % が次回開催に肯定的であった。来場者のマナーについては，20 % が「良

第 4 章　地域の文化資源を活かしたまちづくり

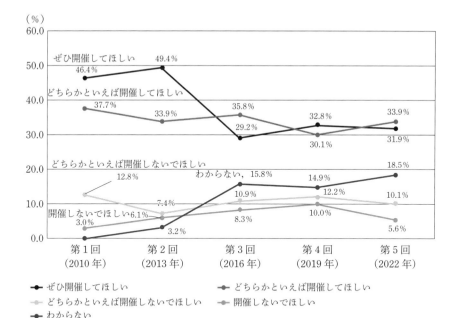

図 4-10　住民の評価（次回も開催してほしいか）の推移

注：2010 年には「わからない」にあたる選択肢がない。
出所：各回総括報告より筆者作成

くなかった」と回答し，33 %が「芸術祭の開催で，日常生活に迷惑や負担を感じた」と回答している。

5 回の芸術祭に対する住民の評価（地域活性化に役立ったか，次回も開催してほしいか）の推移は，図 4-9，図 4-10 の通りである。

実行委員会は，会期終了直後からすべての島で自治会をはじめ島民との意見交換会を開催している。第 1 回芸術祭開催後の肯定的な意見は以下の通りである[8]。予想をはるかに上回る多くの若い人が島を訪れ，島民は来訪した若者との交流を楽しみ，元気をもらったという声が多い。島を多くの人に知ってもらったことを喜んでいた。

・島民の関心が高く，掃除の共同作業に多くの島民があつまった。（直島）
・島民と観光客の間でコミュニケーションが多く生まれた。（直島）
・島にこれまでにない雰囲気（若さ，活気，刺激，日々の変化があった）に包まれていた。（豊島）

123

- 改めて豊島の良さを全国の人に知ってもらえた。（豊島）
- 島で飲食をする人も多く，島の経済にある程度貢献があった。（豊島）
- 島がこれほど賑わい活気づいたことはこれまでになく，元気をもらった。（女木島）
- アーティスト，こえび隊とつながりができた。これからもこのつながりを大切にしたい。（男木島）
- 宿に迷惑がかからない程度に若い人を泊め，酒を飲みながら話をするのが楽しかった。（男木島）
- 自治会が当番制で交流館で「たこめし」を販売した。105日間続けるのは大変だったが，蛸を獲る人，作る人，売る人の協力があったから成功した。（男木島）
- 小豆島に新しい風が吹いた。小豆島の観光客の層が変わった。（小豆島）
- 大島には子どもがいない。子どもと一緒の家族連れが大勢来てくれたことに感激した。（大島）
- 大勢の人にハンセン病の施設を知ってもらったことが良かった。（大島）
- 3年先の開催が楽しみである。また協力したい。（犬島）

課題や次回開催に対する意見もあった。

- 会期中大変な混雑で，泊まるところも，食べるところがないという状況だった。（直島）
- 3年後では芸術祭の記憶が薄れてしまう。中間点で別のイベントをすると祭のインパクトが残るのではないか。（直島）
- 田舎料理が食べたいという人が多かった。次回開催時の課題になる。（豊島）
- 3年後に芸術祭を開催することを前提に，それまでの2年間，豊島として何ができるか考えよう。（豊島）
- 7月，8月は若い人が多くマナーが良かった。ゴミも持ち帰っていた。秋になると客層が変わって，マナーが悪くなった。（女木島）
- 島にお金が落ちる仕組みがない。島内に宿泊施設を作るなどを考えなければならない。（女木島）

　第1回目は，105日間連続で開催された。島民の間に「疲れた」という意見が多く，2回目以降は，春，夏，秋と会期を3回に分けて実施することになっ

第4章　地域の文化資源を活かしたまちづくり

写真4-3　2022年の芸術祭では新型コロナウィルス感染症への配慮か，小さな島では「この先，集落につき立入禁止」の看板が設置された。

出所：筆者撮影

た。集中開催の島民負担を軽減すると同時に，来場者に，瀬戸内の春，夏，秋を楽しんでもらう狙いもあった。

　直島には期間中29万人が訪れ，大混雑の様子であった。せっかく来てくれた来場者に，どのように満足してもらうか。マナーの悪い来場者への不満もあった。男木島は住民が協力し合って「たこめし」を販売し充実感があったが，女木島は宿泊や飲食の場が少なく，来訪者が増えても島にお金が落ちない。経済的な恩恵をどうもたらすかという点について，住民自身も問題意識を持っていることがうかがえる。

　2022年第5回の芸術祭は新型コロナウィルス感染症の影響の下で開催された。離島では医療体制が不十分な中，不安も抱えながらの開催であった。住民

125

意見交換では下記のような意見があった[9]。

- コロナ禍で来島者が少なかったが，芸術祭で多くの方に来てもらい久々に活気が感じられた。（直島）
- 豊島の将来は交流人口抜きでは考えられない。多くの人に来てもらうために，歓迎の心が大切だ。（豊島）
- 看板による鑑賞ルートの制限により，来場者が民家の密集部に入らなかったのはよかった。（女木島）
- 作品制作や運営で高齢者が関われなかったことが残念。次回は関われる活動ができたらよい。（男木島）
- 小豆島はただでさえ広い中，作品が散らばると来場者の負担になる。周遊性を高める必要性がある。（小豆島）
- 初めて大島を訪れる人が多く，島のことを知ってもらえた。（大島）
- 今回は新型コロナウイルスの影響で食の提供を中止したが，次回は食の提供を通じて，島の食文化を体験していただき芸術祭を一緒に盛り上げていきたい。（沙弥島）
- 3年後も「送り太鼓」を実施したいが，子どもの人数は減っているので，次回は子ども主体ではなく住民1人ひとりの意識を上げていきたい。（本島）
- 住民の高齢化が進み，地元のお祭りや運動会など，これまでやってきた行事もできなくなっている中で，作家や来場者など若い人が来てくれるきっかけとなったことはよかったと思う。今後，若い人たちが島に住むきっかけとなるようなものを作り上げていければよい。（高見島，多度津町本通）
- 観音寺総合高校のガイドツアーについて，地域の若い世代が伊吹を知るよい機会となったと思う。（伊吹島）
- 3年毎のお祭りではあるが，3年後まで活動を中断するのではなく，折に触れて，こえび隊と地域の皆さんが触れ合える機会が作れたらよいと思う。（宇野港）

　小さな島では「この先，集落につき立ち入り禁止」の看板が設置されるなど，新型コロナウィルス感染症の配慮や対策があり，大きな混乱もなく無事に終わったことへの安堵があった。コロナ禍で積極的に関わることができなかったことを残念に思い，次回への期待の声も多い。事前説明会の開催や地域の子

どもたちの参加など地元をもっと巻き込むための方策，航路や周遊コースについての提案，地域活性化につなげるための工夫など，「自分ごと」として様々な意見や提案が出された。

(6) 予算の推移と財源のバランス

2010年第1回から2022年第5回までの予算の推移は図4-11の通りである。第2回芸術祭には，沙弥島，本島，高見島，粟島，伊吹島の5島と宇野港が新たに加わったため，第1回の当初予算7億9000万円から第2回は11億8000万円に大きく増加した。以降，第3回13億9000万円，第4回13億2000万円，第5回12億8000万円。第2回目以降，行政の負担金はほぼ一定である。増加分は，企業の協賛金，文化庁をはじめ各種助成金・補助金，チケット・グッズなど売上金の増加による。

2019年第4回芸術祭の収入の内訳をみてみる（図4-12）。芸術祭の予算は，開催年度を含む前後3年間で組まれる。芸術祭開催期間以外には，「ART SETOUCHI」と題したアートプロジェクト，作品のメンテナンス，広報活動，島での催しなどの予算もある。本祭時に比べて人数は絞られるが，事務局も運営を続けている。

第4回芸術祭の収入は，実行委員会の負担金収入が6億1800万円だった。香川県が2億円，高松市をはじめ関係市町が2億2800万円（高松市1億円，

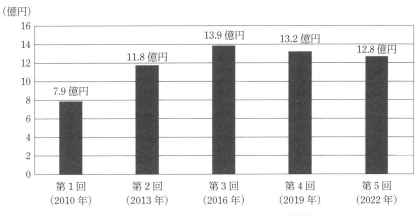

図4-11　瀬戸内国際芸術祭の予算の推移

出所：各回総括報告より筆者作成

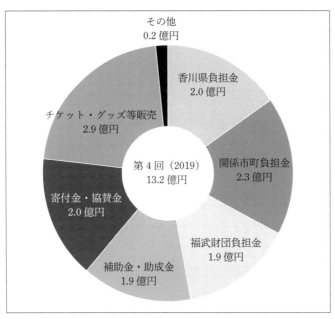

図 4-12　第 4 回（2019 年）芸術祭の収入内訳（3 ヵ年）
出所：2019 総括報告より筆者作成

高松市を除く市町が 1 億 2800 万円）を拠出した。福武財団が 1 億 9000 万円を負担した。

　開催回によって助成や補助金を受ける先は異なる。2019 年第 4 回は，文化庁，福武財団などの他，Australia Council for the Arts（オーストラリア・カウンシル・フォー・ジ・アーツ），Goethe-Institute（ゲーテ・インスティトゥート），Institut français（アンスティチュ・フランセ），台湾文化部など，各国政府などが設立した国際文化交流機関から，計 1 億 9300 万円の助成を受けている。

　企業や個人からの寄付金・協賛金が 2 億 400 万円にのぼる。1 社 1000 万円を寄付するパートナー企業（9 社）から 10 万円〜500 万円までの協賛企業・団体（267 団体）まで寄付の幅は広く，地元企業から東京本社の企業まで業種，規模ともに様々である。

　チケット・グッズの販売金は 2 億 8800 万円。その他 1600 万円。総計 13 億 1900 万円になった。

第 4 章　地域の文化資源を活かしたまちづくり

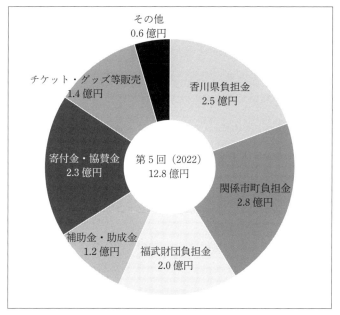

図 4-13　第 5 回（2022 年）芸術祭の収入内訳（3 ヵ年）
出所：2022 総括報告より筆者作成

　収入の公民割合は，県と関係市町の負担金（4 億 2800 万円）が，全体の 30.8 %，福武財団負担金に企業等の寄付金・協賛金を加えた民間財源（3 億 9400 万円）が，29.9 %，チケット・グッズの販売収入が 21.8 % である。補助金・助成金（1 億 9300 万円）の中には，国や政府機関の助成もあるが，あくまで競争的資金で，民間団体の助成メニューもあるのでまったくの公的財源とは言いにくい。公的財源，民間財源はほぼ同割合になる。

　2022 年第 5 回芸術祭の収入の内訳は図 4-13 の通りである。新型コロナウイルス感染症対策の経費が嵩み，香川県，関係市町の負担金がやや増加した。来場者が減少し，チケット・グッズの売り上げが前回より 1 億 4900 万円減少した。補助金・助成金も減少したが，コロナ禍にもかかわらず企業からの寄付金・協賛金は増加した。その結果，行政の負担金（5 億 2400 万円）は，全体の 41 %，福武財団負担金に企業等の寄付金・協賛金を加えた民間財源（4 億 3100 万円）が，33.8 %，チケット・グッズの販売収入（1 億 3900 万円）10.9 %，補助金・助成金（1 億 2100 万円）9.5 % となった。やや公的負担割合

が多いが，大枠では公的財源，民間財源がほぼ半々だった。

「金の切れ目が，事業の切れ目」にならないためには，財源のバランスをとること，多様な収入源を持つことが肝要である。持続的な運営のためには，広く，多様な資金を集める必要がある。瀬戸内国際芸術祭は財源のバランスが良く，それが持続可能な運営につながっている。もちろんチケットやグッズ販売などの自立的な収入の増加を目指す努力も欠かせない。

2-3-2 瀬戸内国際芸術祭がもたらしたもの

（1）住民の参画と協働

第1回芸術祭後の意見交換会で，小豆島の島民に「芸術祭に関わった人は大変な思いをしたが，全体として良かったと感じている。半面，関わっていない人も多く，そうした人は芸術祭にマイナスの印象を持った」という意見があった。芸術祭への参加，関与の度合いによって事業に対する評価が真逆に変わる，という指摘である。

地域型芸術祭が住民の考え方にどのような影響を及ぼすかを，定量調査をし，分析した先行研究がある。

勝村ら（2008）は，新潟で開催されている大地の芸術祭の舞台である妻有地域で住民アンケート調査を実施し，その結果，①地域住民は来場者との交流よりもアーティストやボランティアと協働し，制作に携わった場面でより大きな影響を受ける，②高齢者も新たな人的ネットワークを獲得している，③協力した人は新しい知り合いをつくり，地域に好ましい変化を感じている。といった評価を得ている。住民が芸術祭に協力すると，他の地域行事への参加が増える。それが日々の生活でも参加や協力，地域への愛着の増加などの副次効果につながっている[10]。

鷲見（2014）は，2006年と2012年の越後妻有大地の芸術祭の開催に合わせて住民アンケート調査を実施し，地域活性化の効果を「ソーシャルキャピタル」という概念を用いて検証した。芸術祭の運営に協力した住民ほど人々との交流が促進されたこと，高齢者の活躍を促進したこと，他地域の人や異なる考えを受け入れ，連携する土壌が構築されたこと，集落間及び住民間の結束が強まったことなどを明らかにした[11]。

瀬戸内国際芸術祭についての調査研究では，室井（2013），原（2021）の研

究がある。

室井（2013）は，2009 年の芸術祭前に豊島と直島で，芸術祭後の 2011 年に男木島，女木島，豊島，直島で住民アンケート調査を実施している。事前調査では，①島民発意の内発的なイベントではなく，それでも島に協力を求められたために混乱も大きい，②生活課題の優先順位が医療や交通，教育や産業にあり，文化や交流を重視する芸術祭に対する関心もそれほど高くない，などが指摘された。一方，芸術祭に対する期待もあった。特に「多くの観光客が訪れて島に活気が生まれる」「島の魅力を島外に発信できる」などの期待値が高かった。

芸術祭開催後の調査では，①アートプロジェクトは地域の文化的自負を涵養し，対外的に社会的つながりを創出する地域づくりの効果を期待できる，②芸術祭の住民評価は，芸術祭で知り合った人がいるか，芸術祭に関与したかで左右され，次回の開催意向にも影響する，③住民評価に影響を及ぼしたのは，来場者数ではなく，アーティストやボランティアとの継続的な関わりだった，④住民とボランティアの交流が芸術祭閉幕後も継続し，地域行事の支援に幅を広げ，持続的な支援関係が築かれたことは芸術祭の成果である，といった効果を導き出している[12]。

原（2021）は，第 1 回芸術祭が行われた 2010 年 12 月と 2011 年 1 月に豊島の一集落で聞き取り形式のアンケート調査を実施した。さらに第 4 回芸術祭後には，豊島全戸を対象にアンケート調査を実施している。その結果，①多くの地域住民が芸術祭を肯定的に受け入れているが，否定的な人も 23 ％ 〜 29 ％いる，②芸術祭に関わりがあった人々は，芸術祭が自身にもたらした変化，芸術祭の継続，満足度，いずれでも積極的な評価をしている，③芸術祭が始まって以降，移住者が増加したことが最も高い評価を得，次に島の知名度アップや活性化をめぐる評価が高かった[13]。

いずれの調査でも，芸術祭への関与の度合いが，芸術祭の満足度，地域や自身にもたらす変化，継続意向に大きな影響を与えていることが指摘されている。地域型芸術祭では，地域住民の参画や協働を促し，地域内外の交流を活発にすることが肝要であると言える。

（2）こえび隊という関係人口

第1回瀬戸内国際芸術祭に先駆けて，2009年にボランティアサポーター「こえび隊」が組織された。こえび隊は，瀬戸内国際芸術祭を支えるため，作品制作の手伝いや芸術祭のPR活動，芸術祭期間中の運営，各島での催しなどを手伝う。芸術祭の開催期間以外も，「ART SETOUCHI」と題したアート作品の公開や島で行われるイベント，地域行事などに参加する。2012年には，特定非営利活動法人瀬戸内こえびネットワークとして法人化された。その目的は，「瀬戸内国際芸術祭2010で発足したボランティアサポーター『こえび隊』の運営を担い，芸術祭，ART SETOUCHI全般を支える活動をする。島間，サポーターのネットワーク，行政と民間などの媒介者として機能する」ことである[14]。

代表理事は北川フラム，事務局長を甘利彩子が務めている。常勤スタッフは8名（2023年6月現在）である。

当初，隊員をネットで募集するとともに，四国や岡山，関西で説明会を開いた。2010年11月1日時点のこえび隊の登録人数は，2606人である。第1回芸術祭運営時に関わった人数（実働人数）は約700人，延べ約5000人である，これに作品制作時を含めると，実働約800人，延べ約8500人が参加した。47都道府県のうち，39都道府県から参加があった。

各回の芸術祭でこえび活動に携わった延べ参加者数の推移は図4-14の通りである。海外からこえび隊の活動に参加する人も回を重ねるごとに増えている。2016年の第3回では，海外からの参加者がこえび隊の約1割に達した。2019年の第4回では，こえび隊の約18％が海外からの参加者で，中国，香港，台湾，タイ，マレーシア，シンガポールなどアジアの国と地域の他，カナダ，イタリア，スペイン，フランス，ドイツ等から参加があった。遠方からの参加者が宿泊しながら長期に渡り活動できるように高松市内に開設した「こえび寮」利用者の約54％が国外在住者であった。

2023年3月1日現在のこえび隊登録者数は，1万1355名。そのうちお知らせだけを受け取る人及び最終活動日から3年以上経過した人は7972名。3年以内に活動に参加した人は3383名である。その内訳は，四国が49.87％と最も多く，中国14.84％，関東12.03％，海外8.87％，関西8.75％と続く。年齢は小学生から90歳代まで幅広く，20代から40代で全体の6割余（62.49％）

132

第 4 章　地域の文化資源を活かしたまちづくり

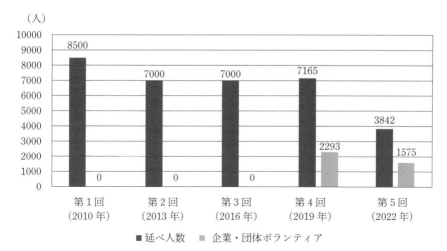

図 4-14　こべび隊の活動に携わった延べ参加者数の推移

注：第4回（2019年）からは，企業や学校を中心とした「企業・団体ボランティアサポーター」も作品受付等の活動を行っている。
出所：各回総括報告より筆者作成

を占める[15]。仕事を持っている人が時間をやり繰りをして参加するケースも多い。

　瀬戸内国際芸術祭を訪ねると，受付，ガイド，作品説明など各地でこべび隊に出会う。リピーターも多い。最初は来場者として芸術祭に参加し，こべび隊の存在を知り，次は芸術祭とのかかわりを深めたいとこべび隊の活動に参加するようになったという声を聞いた。鑑賞する側から，芸術祭を支える側に回るということだ。こべび隊には年齢制限がなく，1日だけでも参加できる。活動内容も活動場所もいろいろである。都合や好みに合わせて活動を選択でき，最初の一歩を踏み出しやすい。世界から集まる様々な年齢，職種のサポーターと交流できることも，こべび隊に参加する魅力である。

　こべび隊は，芸術祭開催期間以外も，島に渡って種々の活動をしている。芸術祭の継続作品の受付や作品メンテナンスのほか，島行事やイベントの手伝い，島のカフェやレストランの手伝い，こべび新聞の発行などを通して，島の人々とのつながりを保っている。彼らは，一時的に観光に来る「交流人口」ではなく，地域と継続的に多様に関わる「関係人口」である。

(3) 若者・子育て世代の移住

　瀬戸内国際芸術祭とその開催場所である島々に注目が集まり，多くの来場者が実際に瀬戸内に訪れる中，香川県や島への移住者が増加している。香川県への移住者の推移は図4-15の通りである。2021年の移住者を年代別にみると，20代が931人，次に30代（541人）が続く。この年齢層が全移住者の過半数を占めている。定年後の移住ではなく，若者・子育て世代の移住が多い（図4-16）。

　小豆島には，土庄町と小豆島町があるが，移住者数は，2021年には，土庄町151人，小豆島町177人の計328人であった（県推計）。

　小豆島町は，2006年頃から移住促進に力を入れている。空き家バンクや移住者への就労支援，子育て支援を町が推進してきた。瀬戸内国際芸術祭が移住促進を後押しし，芸術祭開催以降，移住者は増加傾向にある（図4-17，図4-18）。

　小豆島町の移住者（Iターン/Jターン）に，進学・就職などの理由で島を出た後，生まれ育った出身地に戻って就職もしくは転職するUターン組を加えると，2018年度は268人に達した。これを年齢別にみると，Iターン/Jターン組も，Uターン組も，20歳〜39歳がもっとも多い（Iターン/Jターン組48％，Uターン組51％）。

　移住者には，地元の産業に携わる人もいるが，カフェや雑貨屋，書店を始めたり，地元特産のオリーブや醤油の販売，柑橘類を取り入れたビール醸造所を開くなど新しい仕事に取りかかる人もいる。東京のデザインカンパニーに籍を置き，農産品のブランディングや農家のためにWebサイトを立ち上げるなどのリモートワーカーもいる[16]。

(4) 保育所，小学校，中学校が再開

　男木島も，瀬戸内国際芸術祭を機に大きく変化を遂げている。高松港の北7.5km，女木島の北1kmに浮かぶ面積1.34㎢，周囲5.9㎞の小さな島である。住民基本台帳による人口は，2023年3月現在で148人。生業は漁業中心であったが，従業者の高齢化，後継者不足等の問題をかかえている。

　男木島は，子どもがいなくなり，2002年に保育所が休所，2008年には小学校が休校し，2011年に生徒3人が卒業し中学校も休校した。

134

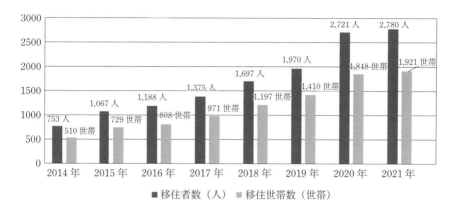

図 4-15　香川県への移住者数・移住世帯数の推移
出所：香川県地域活力推進課資料より筆者作成

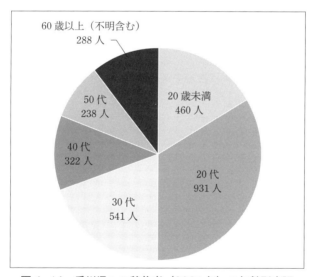

図 4-16　香川県への移住者（2021 年）の年齢別内訳
出所：香川県地域活力推進課資料より筆者作成

　小学校，中学校の空き校舎は，2013 年第 2 回芸術祭でアート作品の展示会場となった。その後，移住希望者が出てきたため，2014 年 4 月，6 年ぶりに小学生 4 人，中学生 2 人が通う男木小中学校が仮設校舎で再開された。2016 年に男木小中学校の新校舎が完成し，5 月には小規模保育事業所も開所して，

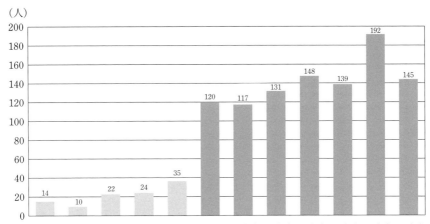

図4-17 小豆島町へのI/Jターン数の推移
出所:小豆島町「第2期小豆島町の人口ビジョン」より筆者作成

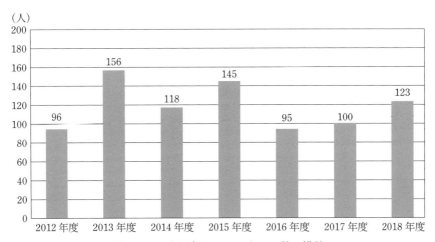

図4-18 小豆島町へのUターン数の推移
出所:小豆島町「第2期小豆島町の人口ビジョン」より筆者作成

1歳から5歳まで4人が入所した。2019年時点で,男木保育所に1歳から4歳までの幼児7人が通い,小学生5人,中学生1人の計13人が男木小中学校で学んでいる。

第4章　地域の文化資源を活かしたまちづくり

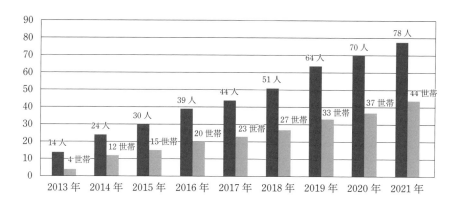

図4-19　男木島への移住者数及び移住世帯数の累計
注：数値は年度末。
出所：高松市資料より筆者作成

　男木島の移住者の推移（累計）は図4-19の通りである。島民のおよそ半数が移住者である。故郷を元気にしたいとＵターンしてきた出身者もいれば，海外からの移住者もいる。2018年7月15日，IT関係の仕事に携わっている人が実行委員長となって，無料のウェブサイト作成用ソフト「WordPress」の利用者らが親睦を深める「WordCamp」が，男木島で開かれた。これまで世界48カ国で開催され，日本では首都圏を中心に開かれてきたが，離島での開催は初めてであった。2020年9月には，男木島で2回目の「WordCamp」を，日本では初となるオンラインで開催した。

　芸術祭を契機に男木島を知り，島に魅力を感じて移住してきた人々が，小さな島に大きな変化をもたらしている。

2-4　文化の役割と外部性

　文化芸術は個人の趣味や教養，精神的な満足，生きがいなどに関わるもので，行政が文化芸術の財・サービスを供給することの正当性については議論の的となってきた。一方，今日，文化の機能は，経済学や公共政策の領域のみならず，都市再生・地域再生の議論へと広がっている。芸術文化だけでなく，風景や食べ物，土地固有の職人仕事など，地域住民の暮らし方そのものを地域の文化資源として，まちづくりや観光資源として活用する事例も増加している。

文化芸術基本法の前文では，文化芸術の役割・意義について，文化芸術の本質面すなわち文化芸術が人間の本性に根ざしたものという側面と，効用面すなわち文化芸術の社会にとっての有用性という側面の両面から規定している[17]。

文化事業の公共性のひとつは，地域に住む人々がその活動にかかわり，それをきっかけに人々が交流し，地域的なまとまりができ，地域のアイデンティティの確立につながることだろう。さらには，そこを訪れる広域の人々も巻き込んだ文化圏がつくられていくことで，経済活動の循環もできていく。

瀬戸内国際芸術祭は官民協働のプロジェクトであるが，実行委員会会長は香川県知事であり，関係各市町も主催に名を連ねる。行政の予算も計上され，県や市町から実行委員会事務局に人材が派遣される。地方自治体の公共政策の一つでもある。そこで，5回を数える瀬戸内国際芸術祭が地域の経済及び社会に果たす役割，効果を，文化の外部性理論に則って検証する。

2-5 瀬戸内国際芸術祭の社会的効果―文化の外部性による検証

第1章で検討したボウモルとボウエンが示した文化の外部性は，（1）国家に付与する威信，（2）文化活動の広がりが周辺のビジネスに与えるメリット，（3）将来世代への効用，（4）教育的貢献の4点である。

2-5-1 国家に付与する威信

ボウモルとボウエンが示した文化の外部性①「舞台芸術が国家に付与する威信」を地域に読み替えると，地域イメージや地域ブランドの向上，あるいは地域住民の誇り，アイデンティティの確立になる。

瀬戸内国際芸術祭による地域の情報発信，それに伴い地域ブランドやイメージはどう変わったのであろうか。瀬戸内国際芸術祭に関するメディア掲載数の推移，瀬戸内国際芸術祭の公式 WEB サイトへのセッション数の推移は図4-20，図4-21の通りである。

新聞，テレビ，雑誌等に掲載・放送された数は，第2回芸術祭時に飛躍的に伸び，第3回芸術祭をピークにやや減少傾向である。一方，公式 WEB サイトへのセッション数については，新型コロナウィルス感染症の影響下にあった第5回を除くと，増加の一途である。海外からのアクセスも増えており，第3回芸術祭時は全アクセスの 12.1 ％が海外から，2019年の第4回芸術祭では，

第4章　地域の文化資源を活かしたまちづくり

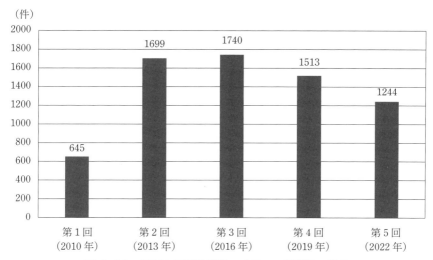

図4-20　瀬戸内国際芸術祭のメディア掲載数の推移
注：新聞・テレビ・雑誌等の各種メディアで，掲載・放送の主眼が芸術祭に置かれているものを抽出。
　　各回芸術祭の前年秋から芸術祭期間終了まで約1年間の実績。
出所：各回総括報告より筆者作成

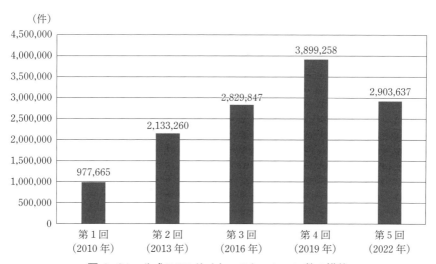

図4-21　公式WEBサイトへのセッション数の推移
注：セッション数は，Google Analyticsにより解析した「延べ何回Webサイトを訪問されたか」を示す数字。
出所：各回総括報告より筆者作成

20.6％が海外からのアクセスであった。

海外メディアでの報道も増えている。

たとえば，*ARCHITECTURAL DIGEST*（米）では，「2019 年に訪ねるべき旅行先トップ 20」を発表し，「瀬戸内」を世界第 8 位にランク付けした。その目玉は瀬戸内国際芸術祭である。海外からの旅行者は，東京，京都，大阪のゴールデンコースを旅するのが一般的だが，瀬戸内を見過ごし「過小評価している」と記す。「内海に点在する 350 の島風景に文化と食が完全に融合している」と指摘し，瀬戸内を訪ねるべき 13 の理由を挙げている[18]。

また，*Fodor's Travel*（米）でも，「2019 年に推奨する旅先ランキングのトップ 52」を発表し，日本では唯一「瀬戸内」を選定し，世界第 13 位に評価した。「東京のような超近代的なカオス」都市に対して瀬戸内は「静かで内省的な土地柄です」と書いている。「『むかしむかし』の穏やかなロマンを誘う，独特の魅力に満ちたファンタジーランドです」という。穏やかで多彩な伝統を育む島々，そこを巡りながらシュールな現代アートを楽しむ瀬戸内国際芸術祭，その対照的な空間を訪ねる旅は独特で他ではなかなか経験することができない，という記事である[19]。

The Guardian（英）では，「外国人旅行者に見過ごされてきた」四国が，最近は見直されてきたと書かれていた。香川県三豊市の＜父母が浜＞に「今では多くの外国人ツーリストが浜の残照を撮りに来る」と書き，2019 年開催の芸術祭では，「ぜひ，訪ねるべき会場になる」という記事である[20]。

The New York Times（米）では，「2019 年に旅行するならば」の旅行先 52 ランキングで，日本からは唯一「瀬戸内の島々」を第 7 位に選出した。広島平和記念資料館，しまなみサイクル道などと並べて瀬戸内国際芸術祭が開催されることが「瀬戸内の島々」の高ランク入りになった，という説明であった[21]。

他にも，イギリスの旅行雑誌 *National Geographic Traveller*（UK 版）（2019 年1・2 月号）では，「2019 年に注目する旅行場所」の第一番に「瀬戸内」を選定した。アメリカの旅行誌 *Condé Nast Traveler*（2018 年 12 月）は，「2019 年に訪れるのを推奨する 19 場所」で日本を選び，瀬戸内国際芸術祭について言及していた。

2022 年第 5 回芸術祭についても，*Condé Nast Traveler* 7 月号が記事を掲載し，アメリカ *TIME* 誌の World's Greatest Places for 2022（「2022 年世界の最も

素晴らしい場所」）で「瀬戸内の島々」が選ばれ，瀬戸内国際芸術祭が紹介された。

このように，国内外多くのメディアに瀬戸内国際芸術祭が取り上げられており，芸術祭及び瀬戸内海地域の自然や文化の魅力，美しさ等を讃えている。広く，多くの人々に情報を届けることは，芸術祭への来場者増加に貢献するとともに，瀬戸内海地域の認知度向上やファン増加にもつながる。記者の目を介した客観性のある情報は，視聴者・読者から信頼や納得感を得ることにもなるだろう。芸術祭の来場者の増加，ボランティアサポーターの増加，ひいては関係人口や移住者への増加につながっていく。

芸術祭によって，住民たちの地域への思いにも変化がみられる。実行委員会が実施する住民アンケートでは，芸術祭を通じて自分が住む地域を再発見した，地域への愛着や地域に対する思いや見方が変わったという声が40％前後ある（図4-22）。

芸術祭開催後の意見交換会でも，芸術祭によって住民の一体感が生まれた，改めて地域の良さを発見したという意見があった[22)]。

・瀬戸芸を通じて，地域が一体になることができ，島民同士の結束ができ

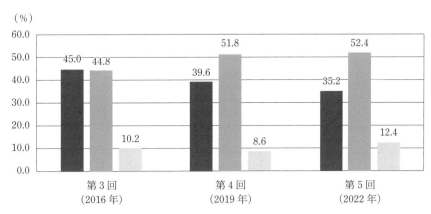

図4-22 住民の地域への見方の変化の有無（芸術祭を通じて地域の再発見や愛着，地域に対する思いや見方が変わったか）の推移
注：2010，2013年は同データなし
出所：2016，2019，2022総括報告より筆者作成

た。（2013年　本島）

・芸術祭の開催によって島民の意識が変わったように思える。（2013年　高見島）

・来場者から町の良さを逆に教えられた。（2013年　宇野港）

・自分の住む町を素晴らしい所といってくれたり，感謝してくれたりしたことは，非常に嬉しかったし，また改めて地域の良さを発見する機会となった。（2016年　小豆島）

・小さな集落で高齢化が進む中，芸術祭による外の刺激を受けることによって，地域の将来のために何かしなければならないというきっかけになった。（2016年　小豆島）

・全国各地から高見島にきてもらえたし，「次回も来ます」といってもらえ，嬉しかった。（2016年　高見島）

芸術祭の開催を機に，小豆島で「こまめ食堂」を開店した立花律子も，「芸術祭が始まって最も変化したのは，島の人たちの地域への思いだ」と言う[23]。若者が大勢来て，田畑で農作業をする地元の人に，「いいところですね」「綺麗な景色ですね」という。「高齢でしんどいから米作りをやめたい」と話していたおじいさんが，草刈りの回数を増やしたり，畦道に花を植えている。来場者にいろいろ質問されるため，島についての勉強をし直している人もいる。地域も人も，褒められて，元気に，前向きになっていく。

2-5-2 芸術祭の経済効果

ボウモルとボウエンによる文化の外部性②は，「文化活動の広がりが周辺のビジネスに与えるメリット」である。実行委員会は，金融機関と共同で，産業連関表を用いた経済波及効果を算出している。第1回から第5回までの経済波及効果の推移は図4-23の通りである。経済波及効果は，コロナ禍の第5回を除けば回を追うごとに拡大し，2019年第4回は，180億円に達している。地域活性化のための芸術祭は，目の前の数字的な効果だけを追うものではないが，公共政策として次回開催の合意を得るためには，短期的な成果を問われることも事実である。

2022年第5回は，コロナウィルス感染症の影響で，来場者数が過去最少となり，経済波及効果も減少した。それでも観光庁（四国運輸局）によると，

第 4 章　地域の文化資源を活かしたまちづくり

写真 4 - 4　小豆島にあるこまめ食堂。2010 年の第 1 回瀬戸内国際芸術祭に合わせてオープンした。小豆島産の食材を使った手づくりの料理を提供する。

出所：筆者撮影

　2022 年 1 月から 10 月までの香川県内の延べ宿泊者数は前年比 154.9 ％で，8 月の都道府県別の客室稼働率において，香川県が 59.5 ％と全国 5 位の稼働率であった。また，香川県が公表している県内の主要観光地（栗林公園，屋島，琴平，小豆島）の 2022 年ゴールデンウイーク期間中（4 月 29 日からの 10 日間）の入込客数は 19 万 5000 人で前年比 187.4 ％となった。高松空港の 2022 年 4 月から 10 月までの利用実績は，前年比 253.2 ％，芸術祭の会期の中心となる 5 月，8 月の 2 カ月では前年比 301.1 ％であった[24]。

　前述の通り，瀬戸内国際芸術祭に関するメディア報道数は相当な数に上る。第 1 回，第 2 回芸術祭後に，実行委員会は無料で掲載された芸術祭関連記事や放送を広告料金や CM 料金に換算する，いわゆる「広告費換算」を行っている。第 1 回芸術祭時のパブリシティ効果は 8 億円以上[25]，第 2 回芸術祭時は約 33 億円[26]と算出されている。

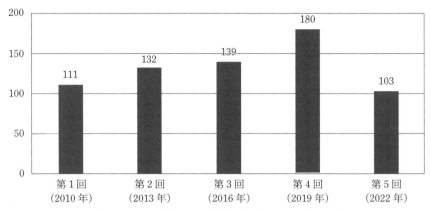

図4-23 瀬戸内国際芸術祭の経済波及効果の推移
注：経済波及効果の試算は，2010年は日本銀行高松支店，2013年は日本政策投資銀行と瀬戸内国際芸術祭実行委員会，2016，2019，2022年は日本銀行高松支店と瀬戸内国際芸術祭実行委員会の共同試算。
出所：各回総括報告等より筆者作成

2-5-3 将来世代への貢献

　ボウモルとボウエンによる文化の外部性③「将来世代への効用」とは，「芸術鑑賞能力は訓練や出会いに適した時期をはずしたら獲得できるものではないと理解されて」おり，将来に備えるためには，現在芸術への支援が必要だと説く。

　高松市では，第1回の芸術祭開催に先駆けて，2009年から保育所や幼稚園，こども園にアーティストである「芸術士」を派遣する「芸術士派遣事業」を企画した。様々な芸術分野に豊富な知識を持つ「芸術士」が，保育所・こども園・幼稚園で子どもたちと生活を共にする。子どもたちの興味や芸術表現をサポートし，子どもたちの自由な発想と創造力を最大限に引き出す環境をつくる。子どもにも，保護者にも好評で，市内8割ほどの施設から，芸術士の派遣要請がある。現在では，丸亀市や善通寺市をはじめ近隣の市町にも，同じ事業が広がりつつある。

　2022年度は，高松市内97施設の保育所・こども園・幼稚園で活動が行われた。単発のワークショップを実施するのではなく，専門性がある芸術士が継続的に保育所などに行く。年間を通して保育に参加し，子どもたちの感性や創造

第4章　地域の文化資源を活かしたまちづくり

力の芽を育む活動である。芸術士は日々の保育の中で保育士・幼稚園教諭と連携しながら子どもたちが自由に表現する手助けをする。芸術士の専門領域は，絵画，彫刻，造形，身体表現，音楽など幅広い。高松市を拠点に活動しているアーティストや他地域から移住してきたアーティストもいる。芸術祭を契機に新しい活動が始まり，アーティストやその卵達が，高松に集まっている[27]。

　また，高松市は，大島アーティスト・イン・レジデンス事業として，大島の歴史を次代に伝える「こどもサマーキャンプ」の活動を行っている。2014年に始まったこのイベントでは，毎年，小学生から中学生の子どもたちが大島を訪れ，大島青松園の入所者から話を聞く。ハンセン病の歴史を学び，講師のアーティストとアート活動や自然を楽しむワークショップである。

　芸術士派遣事業を請け負っているのは，高松市に本拠を置くNPO法人アーキペラゴである。アーキペラゴは，2010年第1回芸術祭当初から男木島の「漆の家」の運営に携わり，第5回では高松港の食のテラスを運営するなど芸術祭に参画している。大島アーティスト・イン・レジデンス事業は，NPO法人瀬戸内こえびネットワークが事業実施に携わっている。

　芸術祭の開催がこうした官民連携活動を生み出し，市民や子どもたちが参加する，平素からの活動が芸術祭への関心や参画を促すという循環につながる。経済効果や来場者数などの数字には表れないが，瀬戸内国際芸術祭の地域創生への貢献である。瀬戸内国際芸術祭がコミュニティや地域の本質的な再生・維持につながっているかをめぐっては議論があるところだが[28]，高松市の芸術士派遣事業，大島の活動は，地域住民や地元アーティストに文化資源を再分配し，地元の人々を巻き込む文化教育的なプロジェクトになっている。そして新たな社会関係を構築している。

2-5-4 教育的貢献

　文化芸術には人々の生活の質を高め，共同体に対して活力を提供する教育的貢献がある。

　芸術祭では，アーティストは，地域に入り，地域の人々の話を聞き，地域の文化を体感する中で作品を制作する。住民やサポーターと一緒に作品の協働制作を行うアーティストも多い。

　台湾の作家・ワン・ウェンチー（王文志）は，2010年の第1回瀬戸内国際

145

写真 4-5 小豆島中山地区の田園風景に中に立つワン・ウェンチー（王文志）（台湾）の「ゼロ」（2022 年）。地元の人たちとの協働で切り出した 4000 本の竹を使ってつくられた。

出所：筆者撮影

芸術祭から小豆島に出品を続けており，毎回竹を使った作品を発表している。材料となる竹は地元住民らが 4000〜5000 本を切り出して用意し，ワン・ウェンチーは住民らの協力を得ながら作品を仕上げる。アーティストによるワークショップ等も各島で行われている。アーティストやこえび隊と一緒に，作品制作等を協働することについて住民は下記のように評価している[29]。

- アーティスト，こえび隊とのつながりができ，これからもこのつながりを大切にしていきたい。（2010 年　男木島）
- 作品の制作を通じて与島地域（沙弥島・瀬居島・与島・櫃石島・岩黒島）がひとつになれた。（2013 年　沙弥島）
- 作家は島民に熱心に作品を説明してくれたし，ワークショップで指導してくれた。雨が降る中でも，材料を集めに島を回っていた。作家の熱意が伝

わったので，多くの島民が協力したと思う。（2016年　女木島）
・作家の人と人をつなぐ力はすごいと思う。地元では，その人なしでは瀬戸芸は始まらないというくらい根付いている。（2016年　沙弥島）
・作品やイベントで活用された地域にある資源や歴史，文化，民俗等を今後も作家と共有していきたい。（2016年　本島）
・作家は本当に一生懸命やってくれて，感心した。島民が一緒になって制作に携わり，島全体で盛り上げた芸術祭だった。（2016年　粟島）

芸術祭を機に，地元のお祭りが復活し，それが子どもたちにも良い影響を及ぼしているという意見もあった。

・地元中学生により，粟島の獅子舞を復活させた。このことで教育効果もあり，あまり喋らなかった子が喋るようになった。これからも持続させ，運動会等で披露する場を作りたい。（2019年　粟島）

アート活動以外にも，住民の自主的な活動が各所で起こっている。たとえば，2022年第5回芸術祭時には，直島，豊島，沙弥島，本島，粟島，伊吹島等で，住民による清掃活動が行われた。直島，豊島，女木島，男木島，小豆島，本島，高見島，粟島，伊吹島の港などでは，住民による来場者の出迎え，見送りが行われた。

女木島では芸術祭の開催に合わせ，2軒の飲食店が新たに開業し，男木島では観光協会が中心になり港で土産物の販売を行った。豊島では，住民と福武財団が協働し，棚田で田植え体験，収穫体験等の農業体験を行った。大島では，島で採れた梅や柑橘類を使ったお菓子が販売された。犬島では婦人会により季節の食がふるまわれ，高見島では，島出身者や住民の親族が期間限定で飲食店を開店し，郷土料理や地元でとれた食材を用いた料理を来場者へ提供した。伊吹島では，お茶会の開催や地元の女性らによる弁当の販売が行われた。

小豆島の「迷路のまち」ボランティアガイド，沙弥島では「坂出親子おてつ隊」による島内ガイド，高見島の「さざえ隊」の島歩きガイド，粟島での「子どもガイド」，宇野港周辺でも，スチューデントガイド，ボランティアガイドなど，地元住民や学生，子どもたちによる来場者の案内，ガイド等が行われた。

他にも，住民が自作のベンチを設置したり，高校生主体のステージイベントやマルシェが開催されるなど，様々な地域活動が喚起され，瀬戸内の将来を担

写真4-6　芸術祭の島々では，住民による来場者の出迎えや見送りが行われる。小豆島土庄港では，2022年9月4日夏会期最終日，港に住民が訪れ「また秋も来てね」と声をかけながら来場者を見送った。

出所：筆者撮影

う子どもたちを育成する活動も活発である[30]。

2-5-5 まとめ

　文化経済学の共通認識となっているボウモルとボウエンが提示した文化の外部性4項目——①威信，②ビジネスメリット，③将来世代への効用，④コミュニティへの教育的貢献——に基づいて，瀬戸内国際芸術祭が地域にもたらしている効果の検証を試みた。瀬戸内国際芸術祭が地域にもたらした影響を，ボウモルとボウエンの文化の外部性に照合すると表4-3の通りである。

　この4項目から瀬戸内国際芸術祭の地域への貢献を検討すると，顕著な効果がみて取れる。経済的効果や情報発信による地域ブランドの向上はもちろん，地域固有の文化資源をアートを媒介に際立たせることは，住民が自分たちの住

表 4-3　文化の外部性と瀬戸内国際芸術祭による地域への影響

ボウモル／ボウエンによる文化の外部性	瀬戸内国際芸術祭によって喚起された活動等
①舞台芸術が地域にもたらす威信	・来場者数※ ・各種メディア掲載，海外メディアでの報道，公式ウェブアクセス数※，SNS 発信数等 ・旅行先ランキング等の選出 ・住民の地域への誇り，自信の回復
②文化活動の広がりが周辺のビジネスに与えるメリット	・経済波及効果※ ・地場産業の活性化 ・新規事業（宿泊，飲食，ツアー，IT 関連事業等）
③将来の世代への効用	・次世代の創造活動（ワークショップ，こどもサマーキャンプ，保育所・幼稚園・こども園への芸術士派遣事業等） ・教育委員会や高等学校との学校連携事業 ・移住者の増加
④コミュニティにもたらされる教育的貢献	・住民の自主的活動（清掃活動，来場者の出迎え・見送り活動，特産品・郷土料理の提供，お接待等） ・芸術祭以外の地域活動の活性化（伝統的祭り，清掃活動等） ・島間交流事業による住民同士のネットワーク構築 ・内外のボランティアサポーター，地域の企業・団体サポーター ・地域とアジア各国との繋がりを深めるプロジェクト

注：新型コロナウィルス感染症の影響下にあった 2022 年を除けば増加傾向にある（※）。
出所：筆者作成

む地域を見直し，地域への誇りを醸成することにつながっている。芸術祭での協働が一体感を生み出し，他の地域活動にも活力を与え，地域再生に貢献すると考えられる。

　瀬戸内の離島の現状——高齢化，過疎化は依然として厳しい。住民の意見にもあったが，3 年に 1 度 100 日間の芸術祭開催中の賑わいのみならず，開催期間以外に活動をどう継続するか。移住者の定住化，芸術祭の持続可能性，島の生業の持続性や新しい仕事をどう生み出すか等，継続した努力が欠かせない。

　作品受付やボランティアなどに「関わった」「少しは関わった」と答える住民の数が減少していることも気がかりである。特に第 5 回目の芸術祭では，新型コロナウィルス感染症の影響もあり，「芸術祭に関わっていない」と答えた住民が 73 ％に達している（図 4-24）。次回芸術祭への期待の声も多くあった

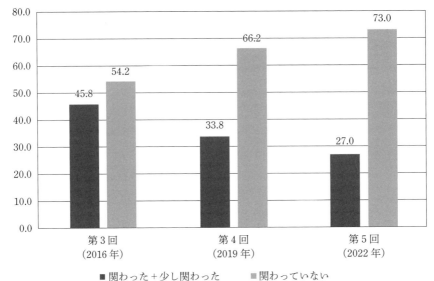

図4-24 住民の芸術祭への関わり（作品制作・受付，来場者の見送り，案内，食事など芸術祭に関わったか）の推移

注：2010，2013年は同データなし。
出所：2016,2019,2022総括報告より筆者作成

が，実際にどのくらい住民たちの関わりや交流が復活するか。再度住民の参画を促す工夫が求められるだろう。

　芸術祭と関わりのあった人は，芸術祭への評価が高いというだけではなく，他の地域活動にも積極的に参加し，コミュニティの活性化につながる。そのためにも，芸術祭が，住民の自分ごとになることが肝要である。芸術祭が地域の自発的な動きや連鎖を生み出すためには，活動を推進していく中で住民の対話と交流を積み重ね，人々の関心や熱意を紡いでいくことが鍵になる。

　瀬戸内国際芸術祭を訪れる来場者（交流人口），芸術祭を支えるサポーター（関係人口），そして芸術祭を機に増えてきた移住者（定住人口）など，5回の開催を重ねて広がってきた人の動きも貴重な成果である。地域型芸術祭が内外の人々や地域社会にもたらしてきたものを，どのように活かして地域社会の変革，地域の持続可能性につなげていくかが，今後の課題と言えるだろう。

3 歴史文化資源を活かした堺市のまちづくり

3-1 堺の歴史

大阪府堺市は，人口約81万人（2024年5月1日現在）の政令指定都市である。大阪市のベッドタウンとしての性格が強く，昼夜間人口比率は政令指定都市20市中5番目に低い。一方，1950年代終わりから造成された堺泉北臨海工業地帯の中核都市であり，製造品出荷額等は4兆2306億円（2022年経済構造実態調査）に及び，全国4位，人口一人当たりでは政令指定都市中1位の工業都市でもある[31]。

このように近年は大阪市のベッドタウン，あるいは全国有数の工業都市のイメージが強い堺市であるが，一方で，長い歴史を持ち多くの文化資源を有するまちでもある。

堺は，古代から現代に至る長い歴史の中で，三度大きく繁栄したと言われている。まずは仁徳天皇陵古墳に代表される巨大古墳が築造された古墳時代。2019年にユネスコの世界遺産に登録された百舌鳥・古市古墳群は，4世紀後半から6世紀代に造営された古代日本の王たちの墓である。大規模な前方後円墳を中心に，中小規模の多様な古墳が集まり，古墳時代の政治・社会・文化を物語る貴重な遺産である。古墳の建設・土木技術はもとより，副葬品にみる多様な文化・製造技術，多くの人員を集める権力とマネジメント能力，中国大陸や朝鮮半島との交流など，古代日本の政治・文明の中心であったことがうかがえる。

二度目は，15世紀から17世紀初めにかけて自治都市・国際貿易港として栄えた中世の堺。奈良の外港であった堺は，早くから国内の物流の中継地として発展し，15世紀には遣明船の発着港となり，中国や東南アジアとの交易によって国際貿易港として栄えた。16世紀には，スペインやポルトガルとの交易が始まり，南蛮貿易の中心地となる。ポルトガルから種子島に鉄砲が伝来して間もなく鉄砲製造技術が堺に伝わり鉄砲の生産地になった。まちの西側を海，他の三方を濠で囲んで防御する「環濠都市」を形成し，まちの運営は豪商たちで構成する「会合衆」が行う自治都市を築いた。

三度目は，明治に入りアーバンリゾート都市として栄えた近代の堺である。1903（明治36）年，第5回内国勧業博覧会の第2会場として東洋一の水族館

が造られ，堺の海岸沿いには公会堂や潮湯などのレジャー施設，海水浴場や海泳練習所（現浜寺水練学校）なども開設され，多くの観光客で賑わった。現存する私鉄では最古の阪堺鉄道（1885 年，現南海電鉄）や日本初の民間航空会社「日本航空輸送研究所」（1922 年）なども開業された。

　中でも，中世の堺の繁栄は，格別のものであったと伝えられる。1467 年の応仁・文明の乱の後，1615 年の大阪夏の陣で焼け野原になるまで，堺は国際貿易都市として繁栄を極めた。

　日本のキリスト教史上最初期の宣教師で，ポルトガル人のカトリック教会司祭ガスパル・ヴィレラは，「堺の町は甚だ広大にして，大なる商人が多数あり，此町はベニス市の如く執政官に依りて収めらる」と記している[32]。また「日本全国當堺の町より安全なる所なく，他の諸国に於て動乱あるも，此町には嘗てなく敗者も勝者もこの町に在住すれば，皆平和に生活し，諸人相和し，他人に害を加えるものなし。町は甚だ堅固にして，西方は海を以て，また他の側は深き堀を以て囲まれ，常に水充満せり」と書いている[33]。三方を環濠に囲まれ，会合衆と呼ばれる豪商による自治を行っていた堺は，世界各国との交易により，人，もの，情報が行きかい，巨大な富と高い市民文化により「自由自治都市・堺」として栄えた。堺が「東洋のベニス」と称された所以である。

　1595 年に欧州で出版された最初の日本地図である「ティセラ／オルテリウス『日本図』」には，Sacay（堺）という名前が記され，Meaco（都＝京都）とともに，当時の堺が国内屈指の大都市であったことがうかがえる。

　また，鋳物産業の国内の中心地だった堺では，伝統的に刀や武具を製造していた。鋳物技術の基礎があったところに火縄銃が伝わり，火薬の原料となった硝石が手に入りやすかったことも手伝い，鉄砲の一大生産地になった。そのことも堺の経済的繁栄を促す大きな要素であった。

　富を背景に，堺のまちには，名物の美術工芸品等が集まり，連歌や茶の湯などの文化が広まっていった。中でも日本独自の文化である茶の湯は 16 世紀の堺で大成された。

　喫茶（抹茶法）の習慣は，12 世紀に臨済宗開祖の栄西禅師が中国から持ち帰り，13 世紀には広まったという。室町時代には武家や貴族による，高価な茶道具を使った「書院茶」がいとなまれていた。

　はじめて茶の湯を人間の生き方をふくむ「道」として捉えたのは村田珠光

152

第 4 章　地域の文化資源を活かしたまちづくり

(『心の文』)と言われている。珠光の門人と交流し，茶の湯に禅的な境地を加味し，精神性を伴った「わび茶」を深化させたのは，千利休の師匠である武野紹鷗であり，大成したのが千利休である。今日まで続く点前，茶室やにじり口といった様式も，この時代に考案された。当時，天下三宗匠といわれた今井宗久，津田宗及，千利休は，いずれも堺の商人である。

　このような堺のまちの歴史や文化——特に古代日本の姿を物語る古墳群，進取の気風溢れた自由・自治都市であった中世の堺——を 21 世紀のまちづくり

(Sacay　拡大図)

写真 4-7　ヨーロッパで印刷された最初の日本単独図（1595 年）。ポルトガル人地図製作者ルイス・ティセラによる。「Sacay」の地名が記されている。
出所：堺市博物館提供

にどう活かしていくか，ということが大きなテーマであった。

3-2 歴史文化を現代にどう活かすか
3-2-1 「百舌鳥・古市古墳群」を世界遺産へ

　堺市では，豊富な歴史文化遺産を守り伝えるとともに，地域への誇りと愛着が醸成されることを目指して，世界遺産登録の可能性を探るべく，2003年頃に独自に百舌鳥古墳群の世界遺産登録に関する調査・研究を開始した。2005年には庁内に2名の担当者を配置し，世界遺産登録への取り組みを本格化させる。2007年に，大阪府，羽曳野市，藤井寺市とともに，百舌鳥・古市古墳群を世界遺産暫定一覧表記載資産候補とする提案書を文化庁に提出。それから10年以上にわたり，多くの関係者の努力，関係省庁の尽力，地域コミュニティの活動等が続けられ，2019年にようやくそれらの活動が結実した。

　2019年，大阪府で初の世界遺産として登録された「百舌鳥・古市古墳群」

写真4-8　日本最大の前方後円墳である仁徳天皇陵を含む百舌鳥古墳群

出所：筆者撮影

は，百舌鳥エリア（堺市）と古市エリア（羽曳野市，藤井寺市）に広がる計45件，49基の大小様々な古墳から構成される。

4世紀後半から6世紀前半にかけて，百舌鳥エリアでは100基以上，古市エリアでは130基以上の古墳が造られたことが調査により判明している。1945年以降，戦災復興の開発によって多くの古墳が破壊されたが，百舌鳥エリアでは44基，古市エリアでは45基の古墳が現存している。

日本最大の仁徳天皇陵古墳をはじめ，巨大な前方後円墳が集中して築造されたこと，前方後円墳以外にも帆立貝形墳，円墳，方墳と多様な形と大きさの古墳が造られ，複雑な階層構成を成すことなどが，百舌鳥・古市古墳群の特徴である。世界遺産委員会での審議においては，委員国から古代の政治的社会的構造や葬送儀礼を伝え，高度な墳墓の建造技術を示す世界的にも稀有な文化遺産であると高い評価を受けるとともに，都市化の圧力に屈することなく地元住民に守られて状態良く残されてきたことに対して称賛の声が上がったという。

世界遺産登録の目的は，貴重な遺産を人類全体のための遺産として，損傷，破壊等の脅威から保護し保存することである。国や自治体，地域コミュニティが連携し，貴重な遺産を未来へ引き継いでいかなくてはならない。1600年間，大切に守り，受け継がれてきたものを，まちの誇りとして，次代へつなぐ。世界遺産登録は，その新たなスタートでもある。

3-2-2 保全体制とコミュニティの役割

世界遺産条約には自国の領域内に存在する遺産を保護する義務を認識し，その履行のために最善を尽くすことが規定されている。世界遺産の資産の保護管理にあたっては，「顕著な普遍的価値及び完全性及び／又は真正性の登録時の状態が，将来にわたって維持，強化されるように担保すること」及び「適切な長期的立法措置，規制　措置，制度的措置，及び／又は伝統的手法により確実な保護管理が担保されていなければならない」とされている[34]。

保護措置の中には，「資産を適切に保全するために必要な場合は，適切に緩衝地帯を設定すること」とある。緩衝地帯とは，「(推薦) 資産を取り囲む地域に，法的又は慣習的手法により補完的な利用・開発規制を敷くことにより設けられるもうひとつの保護の網」である。

堺市では，かねてより150m以上の大型前方後円墳の周囲を第一種低層住居

専用地域や風致地区に指定することで，建築物の高さを抑え，良好な環境の形成を促してきたが，世界遺産登録を目指すにあたり，約517haの範囲に緩衝地帯を設定し，景観の維持・改善に努めることとした。2016年1月より建築物の高さ・形態意匠，屋外広告物について新たな規制をしいた。羽曳野市・藤井寺市においても約373haの範囲に緩衝地帯を設定し，建築物と屋外広告物に同様の基準で制限をかけて資産周辺の保全を行っている。

　世界遺産の構成資産となった古墳には，地方公共団体や民間が所有・管理している「史跡」と，皇室の祖先の墓として宮内庁が管理している「陵墓」とがあり，管理主体が異なる。地元自治体と宮内庁書陵部は，世界遺産登録前の2018年に「百舌鳥・古市古墳群世界遺産協議会」を設置し，資産の一体的な保全が行える体制を整えた。適切な保存には地元自治体の協力が不可欠との判断の元，同年宮内庁が実施する仁徳天皇陵古墳第一堤の調査に，堺市からも学芸員を派遣する共同調査が初めて実現した。

　資産の保全や来訪者への情報提供等は，行政のみでなく地域住民との協働が欠かせない。

　世界遺産の構成資産のひとつである，いたすけ古墳は，1955年頃，住宅造成計画により破壊の危機に直面した。しかし，地元住民を中心とした保存運動により開発計画が中止となり，国史跡に指定されて公有地化が行われた。保存運動のさなかに採集された衝角付冑の埴輪は，堺市の文化財保護のシンボルマークとして，現在も広く用いられている。

　古墳の周辺では，地域住民のボランティア団体やNPO法人が主体となって清掃活動やガイド活動が行われている。地元自治会を中心に設立された「仁徳陵をまもり隊」と「魅力あふれる百舌鳥野をつくる会」は，それぞれ仁徳天皇陵古墳周辺及び堺市北区に所在する古墳で，定期的に清掃活動を行っている。自主的に古墳周辺の清掃を行う地域住民も多い。

　また，仁徳天皇陵拝所や堺市役所21階展望ロビー等では，NPO法人堺観光ボランティア協会のメンバーが常駐し，来訪者へのガイド，情報提供を行っている。

　2015年には，百舌鳥・古市古墳群の世界遺産登録を市民が共に推進するため，「百舌鳥・古市古墳群の世界遺産登録を応援する堺市民の会」が設立された。講演や対談などの「市民の集い」の開催，「世界遺産ニュース」の刊行，

世界遺産や考古学関係イベントの情報提供等を実施し，世界遺産への登録について多くの人々が理解を深め，その取り組みを一体となって進めていくことを目指した。設立以来，4万1000人を超える市民・団体が入会した。世界遺産登録後は，古墳群を後世に継承していくため，市民が行政と一体となって保全・活用に向けた取組を推進することを目的に，会の名称を「百舌鳥・古市古墳群を応援する堺市民の会」に改め，活動を継続している。

世代を超えて古墳の価値を理解し，保全の機運を醸成していくためには，次代を担う子どもたちが，世界遺産について学ぶ機会が非常に重要である。藤井寺市では，教育の重要な柱のひとつとして，「郷土愛の醸成」を掲げ，子どもたちが郷土にある歴史資産や地域に誇りを持ち，大切にする態度を育むための取り組みとして，いち早く小学校6年生を対象に「世界遺産学習ノート」を作成して世界遺産学習を実施してきた。座学のみならず，学芸員による出張授業や資産をめぐるフィールドワークを実施している。

また堺市でも，小・中学校の9年間を通じて，自分が生まれ育った地域への愛着と誇りを持ち，知識や技能を社会で活用できる力を身につけるための教育プログラム「子ども堺学」を実施しているが，その中で古墳や歴史等について学習する。さらに，世界遺産の目的を理解し百舌鳥古墳群を身近に感じるため，2016年より小学校6年生を対象に「百舌鳥・古市古墳群　堺市世界遺産学習ノート」を作成，配布している。堺市博物館では小・中学校の利用に備えた学習メニューを用意して受け入れを行う。他にも「百舌鳥古墳群夏休み子どもウォーク」の実施，夏休み「古墳の自由研究」の募集など，様々に子どもたちの学びを促している。

世界遺産登録の目的は，いうまでもなく貴重な資産の保全と継承であるが，堺市では，世界遺産登録を機に，住民の地域への誇りと愛着が醸成され，人々が住みやすく訪れやすい歴史と文化の溢れるまちにしていくことを目指して，様々な取り組みが進められている。

3-2-3　茶の湯のまちづくり

日本有数の歴史を持つ堺市ではあるが，それをどのように現在のまちに活かし，個性あるまちづくりにつなげていくかは容易ではない。堺のまちは，何度も焼失している。1615年の大坂夏の陣の戦火で徹底的に焼き尽くされ，江戸

時代に復興されたものの，第二次世界大戦では5回に渡って空襲を受けた。特に1945年7月10日の大空襲で，市の中心部は大半が焦土と化した。中世の環濠都市エリアが焼失したことで，国際貿易都市としての歴史や，茶の湯を大成した千利休の足跡を顕す歴史的建造物や道具類などは，ほとんど失われてしまった。

幸い，百舌鳥古墳群は，自然災害や都市化の波等を耐え抜きながら，1600年の時を経て現在も44基が残った。世界遺産となった今，古墳群は「人類の宝」という認識が共有された。

歴史・文化を活かしたまちづくりを進めるために，堺市では，歴史的風致維持向上計画を策定し，2013年に国の認定を受けた[35]。これは，2008年に施行された「地域における歴史的風致の維持及び向上に関する法律」（通称：歴史まちづくり法）に基づくもので，認定されると各種事業制度や法令上の特例措置などによる支援を受けることができる。

この計画では，百舌鳥古墳群の整備や保存にかかわる計画，かろうじて戦災を免れ市内に残る豪商の山口家住宅や，全国で唯一残る江戸時代の鉄砲鍛冶の作業場兼住居である「鉄炮鍛冶屋敷」などの貴重な歴史的建造物の保存修理事業といったハード整備に加え，環濠都市内の町家で今も製造販売が行われている刃物や線香などの伝統産業，茶の湯の文化，祭礼など，地域の人々によって続けられてきた営みや活動の振興にも力を入れている。

ポルトガル人の宣教師ジョアン・ロドリゲスは，数寄茶が堺に始まったと記している。「数寄と呼ばれるこの新しい茶の湯の様式は，有名で富裕な堺の都市に始まった。（中略）その都市には茶の湯の最高の道具があった。またここの地にあった茶の湯が市民の間で引き続いて行われていたので，そこにはこの芸道に最も優れた人々がでた。その人たちは茶の湯のあまり重要でない点をいくらか改めて，現在行われている数寄を整備していった」[36]。

武野紹鴎や千利休は，八代将軍足利義政が築いた京都の東山山荘（銀閣寺）を中心に生まれた東山殿の茶の湯の方式を改め，より禅の精神性を高めた数寄茶を成したというのである。

中世の堺のまちなみは，現代のまちなみの地下に眠っている。地面を掘り下げると，幾層にも重なった真っ赤な焼土層が見つかる。これは堺を何度も襲った大火災の痕跡であり，焼土層に覆われることにより，当時のまちなみや屋敷

158

割りを現代に伝えている。その堺環濠都市遺跡からは，陶磁器を中心に当時の茶道具が数多く発掘されている。豪商の広大な屋敷跡からだけでなく，一般商人や職人の住居跡と考えられる地域からも多くの陶磁器が出土している。当時，豪商など一部の者に限らず，庶民まで広く茶の湯を楽しむ文化が根付いていたことがうかがえる。

わび茶の大成者として知られる千利休が生まれたまちとして，庶民の多くが茶の湯を楽しんでいたまちとして，茶の湯の文化が息づくまちづくりを現代にどう再生するかは，歴史文化資源を活かしたまちづくりの大きなテーマのひとつであった。

2006年から「堺スタンダード茶の湯体験事業」が始まった。この事業は「茶の湯体験」を「堺のスタンダード」として位置付け，子どもたちが茶の湯体験を通して，自国の伝統文化を知るとともに，茶道において大切にされている「もてなしの心」や人とのかかわり方を学び，豊かな心を育むことを目的としている。市内に在住する茶道の先生の指導のもと，茶の湯の心や歴史を学び，立ち方，座り方，歩き方やお茶のたて方，飲み方，和菓子のいただき方などの体験学習を行う。子どもたちにとって，本物に触れ，堺の伝統文化のよさを学ぶ機会となっている。堺市内の全小学校で実施，中学校も約半数が取り組んでいる。

2015年には，利休屋敷跡隣接地に，堺ゆかりの2人の人物，千利休と与謝野晶子の生涯や人物像，功績に触れながら，堺の歴史や文化を学び，体験できる文化観光施設「さかい利晶の杜」が開館した。表千家・裏千家・武者小路千家の三千家のお点前による立礼呈茶（椅子席）や，茶道三千家の指導のもと茶室お点前などが体験できる。館内には，立礼茶席（南海菴）や三千家の茶室（西江軒，風露軒，得知軒），無一庵の他，利休がつくった茶室「待庵」（国宝）の創建当初の姿を想定復元した「さかい待庵」などの茶室がある。ここでも，市内在住の茶道の先生らが，毎日呈茶や指導に携わっている。

2018年10月には，市民の豊かな心の醸成と都市魅力の向上を目指して，「堺茶の湯まちづくり条例」が施行された。全小学校で茶の湯を学ぶ体験学習が実施され，市民等によって様々な茶会が催されるなど，茶の湯を楽しむ文化の継承が行われてきたが，それらをさらに進め，文化，教育，観光，産業の振興につなげていくための条例である。

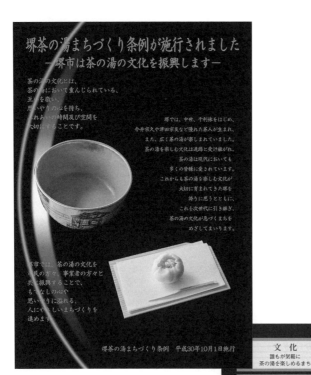

写真4-9
　茶の湯の文化が息づくまちづくりを目指して，2018年に「堺茶の湯まちづくり条例」が施行された。
出所：堺市提供

第4章　地域の文化資源を活かしたまちづくり

　各区役所庁舎のロビーでは，市民が気軽に茶の湯を楽しむ「おもてなし茶会」が行われ，市内の公園では民間主催で市内大学茶道部の学生による野点や和菓子づくり教室，茶碗づくり・茶摘み・利き茶体験などの催しも開催されている。市内団体がお茶の苗木を小学校に寄贈し，子どもたちが茶の木の植樹を行うなど，様々な茶の湯関連の事業が実施される。市民，事業者の協力のもと「茶の湯のまちづくり」が進められている。

　茶の湯とは，日本の伝統的な様式に則り，亭主が客人にお茶を点て振舞い，客人は亭主のおもてなしを受けお茶をいただく，一連の「行為」である。亭主と客人との精神的な交流を重んじる精神性や，そのための茶室や庭，茶室のしつらえ，茶道具の選別や鑑賞，振舞われる料理や手前作法などの審美性が融合した総合芸術でもある。行為や精神といった「形なきもの」をまちづくりの中で実現していくのは容易ではないが，人々の生活や活動とまちなみが一体となって，良好な歴史的，文化的環境をつくりだし，次代へ受け継ぐ取り組みを続けていくことで，少しずつ根付いていくだろう。生活に根ざしたまちづくりは，行政のみでできるものではなく，市民や事業者との協働が欠かせない。

3-3 まとめ

　地域固有の歴史文化資源や歴史的な風土を，まちづくりに活かそうという考え方は，各地に普及してきている。2004年6月に公布された「景観法」に続き，2008年5月には「地域における歴史的風致の維持及び向上に関する法律」（愛称：歴史まちづくり法）が公布された。歴史まちづくり法が，文部科学省（文化庁），農林水産省，国土交通省の共管であることからわかるように，個々の文化財の保護を越えて地域の歴史的環境を一体的総合的に保全していくための施策であり，地域の歴史や文化を都市計画制度やまちづくり施策に内部化するという動きでもある。

　歴史文化資源は，様々な時代背景の中で，人々の生活や風土との関わりにおいて生み出され，現在まで守り伝えられてきた貴重な地域資源である。しかし多くの市民にとってはその存在が身近過ぎたり，あるいは逆に自らとは関係のない遠いものとして，その価値や魅力について理解されていないことも多い。歴史や文化を活かしたまちづくりを推進していくためには，それを大切に思い，自ら楽しむ市民がいなければ，歴史も文化も受け継がれることはないだろ

161

う。まちづくりを進めるためには人づくりが何よりも大切であることは言を俟たない。

　一方，東日本大震災からの復興においても，地域の拠り所として，復興のエネルギーとして，歴史文化が大きな力になったことは多くの人が経験的に知るところである。住民・関係者の内的エネルギーを発動させる力が歴史文化にはある。

　戦火等による焼失と再建を繰り返してきた堺が，1600年の時を超えて残った古墳群，そして「茶の湯」を地域の個性を発揮する重要な歴史文化資源と位置付けて，それを保存・継承し，かつその将来像を描くためには，時間をかけて定着させていく地道な活動が欠かせない。市内全小学生が世界遺産について学び，茶の湯を体験することは，細く長く続けることで人材が育っていく取り組みである。

　堺市のような地方都市にとっても人口減少は喫緊の課題であり，まちの総合的魅力を向上するための施策が不可欠である。遠くの存在であった歴史文化資源を，現代の市民の手元に引き寄せ，多様な主体がそれぞれの持てる力を生かして，その価値を顕在化し，現代的価値へ転換していくことが肝要だろう。行政，地域住民やNPO等市民団体，地元企業が連携して地域の歴史・文化を発掘し，それを磨く活動を通してまちの魅力が増し，自分たちのまちに誇りを持てるようになる。それが現在の住民を地域に引きつけ，将来の居住者を呼び寄せることに繋がっていく。さらには観光等の交流人口が増加し，地域の活力が維持される。そのような連鎖を生み出す力を発露させることが，歴史文化資源の持つ公共性そのものと言えるだろう。

4　むすび

　文化資源がどのように人々や地域社会に貢献し得るのかを，地域活性化という視点から検討を行った。瀬戸内国際芸術祭と堺市のまちづくりは，その方法も地域特性も全く異なる事例である。

　瀬戸内国際芸術祭は，現代アートを通して，瀬戸内海の島々の地域固有の文化や資源を再発見する。それを磨く活動を通して地域内外の人々の交流を生み出し，交流を通して，そこに住む人々が土地に誇りを持ち，誇りを基盤に地域

を再生していこうという試みである。

　歴史文化資源を活かした堺市のまちづくりは，工業都市，ベッドタウンといった都市イメージが先行する中で，歴史文化やアイデンティティを再確認し，市民の誇りとして，未来に引き継ぐべき財産として見つめなおそうという取り組みである。それによって市民が地域に愛着と誇りを持ち，訪れる人にも感動を与えられるようなまちをめざしている。

　共通していることは，地域の資源や魅力を再発見し，それを磨く活動を通して，地域住民が自分たちの住むまちを見つめ直し，誇りを取り戻そうという点である。さらに，次代を担う若者や子どもたちが，自分たちのまちを知り，学び，体験を重ねることで，歴史や文化を未来へつないでいく。行政の施策だけで住民の誇りが醸成されることはなく，そこに暮らし，働き，事業活動を行う人々の主体的参画が重要な鍵となる。関わる人々が，地域の歴史や文化，自然，食など，長い時間をかけて築きあげられてきた営みを掘り起こし，理解し，さらに磨きをかけて育てていく。そのような活動が地域内外の人々の共感を呼び，さらに新たな主体や活動が生み出されるという循環が起こるとき，地域は揺り動かされる。

　2つの事例からは，文化資源が地域社会を動かす'触媒'の役割を果たしていると言えるだろう。それは，第1章で定義した「公共性とは，誰に対しても開かれ，市民の主体的参加を誘発する契機になること」に通底している。

注

1）　2000年に始まった「大地の芸術祭　越後妻有アートトリエンナーレ」が地域型芸術祭の嚆矢であるが，近年は中国や台湾などアジアを中心に海外へも広がっている。都市と農村の格差が大きな問題となっている中国では，「大地の芸術祭」そのままの名前で開催されている芸術祭もある。世界銀行では地域型芸術祭の方法論を開発途上国に適用し活性化を図ろうと，スリランカでパイロットプロジェクトを実施するためのリサーチ活動を行っている。

2）　初出　狹間恵三子『瀬戸内国際芸術祭と地域創生－現代アートと交流がひらく未来』学芸出版社　2023　pp.14-15

3）　2021年7月15日　高松市内にて　元香川県知事・真鍋武紀氏への筆者インタビュー

4）　2021年7月15日　高松市内にて　元香川県知事・真鍋武紀氏への筆者インタビュー

5）　特定の場所で，その特性を活かして制作する表現。「サイト・スペシフィック・アート」という表現としては，立体物を設置したものが多いが，身体表現で場所と関わる，自然物の物理的均衡を用いて作品を構築するなど様々な方法が存在する。「サイト」という観点

では，森林，砂漠などの自然環境，都市，村落，田園などの社会環境，さらには水中など
の特殊な環境など多様な選択肢があり，また恒久性，一時性という表現上の設計の違いを
見ることもできる。(美術手帖　ART WIKI　沖啓介)

6）　山本暁美・川原晋・原直行　「地域振興における芸術・文化活動の役割と影響―2013 瀬
戸内国際芸術祭　訪問者意識調査報告」『観光科学研究』7　2014

7）　山本暁美　「瀬戸内国際芸術祭における訪問者の意識動向」『地域活性化学会 2020 年
研究大会論文集』12　2020

8）　瀬戸内国際芸術祭実行委員会　「2010 総括報告」　2010

9）　瀬戸内国際芸術祭実行委員会　「2022 総括報告」　2023

10）　勝村文子他　「住民によるアートプロジェクトの評価とその社会的要因－大地の芸術祭
妻有トリエンナーレを事例として」『文化経済学』6（1）　2008

11）　鷲見英司　「大地の芸術祭とソーシャルキャピタル」『アートは地域を変えたか　越後
妻有大地の芸術祭の十三年　2000 － 2012』慶應義塾大学出版会　2014

12）　室井研二　「離島の振興とアートプロジェクト－『瀬戸内国際芸術祭』の構想と帰結」
『地域社会学会年報』25　2013

13）　原直行　「住民による瀬戸内国際芸術祭の評価－豊島を事例として」『香川大学経済論
叢』93（4）　2021

14）　特定非営利活動法人瀬戸内こえびネットワーク　定款

15）　特定非営利活動法人瀬戸内こえびネットワーク　2022 年度　事業報告

16）　香川県 政策部地域活力推進課　香川移住ポータルサイト　「かがわ暮らし」　https://
www.kagawalife.jp
NPO 法人トティエ　「島暮らしナビ」　https://shimagurashi.jp/

17）　平成十三年法律第百四十八号　文化芸術基本法　前文　「文化芸術を創造し，享受し，
文化的な環境の中で生きる喜びを見出すことは，人々の変わらない願いである。また，文
化芸術は，人々の創造性をはぐくみ，その表現力を高めるとともに，人々の心のつながり
や相互に理解し尊重し合う土壌を提供し，多様性を受け入れることができる心豊かな社会
を形成するものであり，世界の平和に寄与するものである。(後略)」

18）　「ARCHITECTURAL DIGEST」（July 25, 2018）
https://www.architecturaldigest.com/story/setouchi-japan-design-travel-guide

19）　「Fodor's Travel」（November 12, 2018）
https://www.fodors.com/news/photos/fodors-go-list-2019

20）　「The Guardian」（November 16, 2018）
https://www.theguardian.com/travel/2018/nov/16/the-japanese-beach-that-became-an-ins-
tagram-sensation

21）　「The New York Times」（January 9, 2019）
https://www.nytimes.com/interactive/2019/travel/places-to-visit.html

22）　瀬戸内国際芸術祭実行委員会　各回総括報告

23）　2022 年 7 月 31 日　小豆島にて　立花律子氏への筆者インタビュー

24）　瀬戸内国際芸術祭実行委員会　「2022 総括報告」　2023
高松空港株式会社が毎月発表している「高松空港旅客輸送実績」より実行委員会事務局

で集計。

25）　瀬戸内国際芸術祭実行委員会　「2010 総括報告」　2010
　　　博報堂による推計。会報誌等，新聞（地方紙，地方版），ニュース（テレビ，ラジオ，新聞等），ウェブ関係，海外メディアは含まない。

26）　瀬戸内国際芸術祭実行委員会　「2013 総括報告」　2013
　　　株式会社中国四国博報堂による推計。会報誌等，ニュース（テレビ，ラジオ等），ウェブ関係，海外メディアは含まない。

27）　2022 年 7 月 14 日　高松市内にて　高松市長・大西秀人氏への筆者インタビュー

28）　金谷信子　「瀬戸内国際芸術祭における公民パートナーシップ―その利点と課題」『広島国際研究』　20　2014
　　　清水真帆　「芸術祭を通じた持続可能な地域の在り方に関する一考察―香川・瀬戸内国際芸術祭と香港・火炭の事例比較研究」『大正大学紀要』　102　2017

29）　瀬戸内国際芸術祭実行委員会　各回総括報告

30）　瀬戸内国際芸術祭実行委員会　「2022 総括報告」　2023

31）　堺市の人口一人当たりの製造品出荷額等（従業員 4 人以上）は 518 万円で，政令指定都市中第 2 位の静岡市 327 万円と比べて 1.6 倍である。（2022 年経済構造実態調査）

32）『耶蘇会士日本通信』　所収　1561 年　パードレ・ガスパル・ビレラの書簡

33）『耶蘇会士日本通信』　所収　1562 年　パードレ・ガスパル・ビレラの書簡

34）　ユネスコ世界遺産センター「世界遺産条約履行のための作業指針」

35）　2013 年に国の認定を受けた堺市歴史的風致維持向上計画（第 1 期）は，10 年間事業を進め 2023 年に第 1 期計画を完了。歴史的風致のより一層の向上をめざして第 2 期計画を策定し，再び国の認定を受け，現在第 2 期計画を進めている。

36）『日本教会史』　上　ジョアン・ロドリーゲス著　佐野泰彦・浜口乃二雄・江馬務・土井忠生訳・注　『大航海時代叢書』　9　岩波書店　1967　p.605

第5章
住民がつくる地域文化

　人々の生活を楽しく豊かにする芸術・文化は，政治や経済とともに社会を構成する重要な要素である。それぞれの地域社会は，それぞれの風土・歴史に根差した固有の文化を形成し，地域を特徴付けている。文化は社会の構成員の共有の財産であり，だれでもその便益を享受できる公共性を有している。

　大震災や感染症流行などの災害時には，ともすれば不要不急視されることもあるが，被災地の人々の心の支えとなり復興を促進するのもまた文化の大切な役割である。

　地域の住民はただ文化を享受するだけではなく，力を合わせて文化をつくり，守り，育ててきた。こうした地域の文化活動が郷土愛や地域社会の絆を強め，地域づくりの一翼を担っているのである。

1　地域文化活動の歩み

1-1　伝統文化の継承・発展

　今日，わが国の各地域でみられる住民主体の文化活動には大きく分けて次の3つのタイプがある。

　①近代以前に起源を持ち，伝統芸術・文化として保存・継承されてきたもの

　②近代以降，西洋文化の輸入により，近代的芸術・文化として各地域に普及したもの

　③第二次世界大戦後の高度経済成長期を経て，新しく生まれたもの

　①の伝統文化は，能・狂言，歌舞伎，人形浄瑠璃，神楽，獅子舞，盆踊り，民謡，太鼓などの芸能を中心に多種多様である。それぞれ，たとえば江戸時代三都と呼ばれた京都・大坂・江戸などの都会の文化的影響を受けながらも，地域の住民が中心となり，「農村歌舞伎」や「地芝居」と言われるような地域独自の芸能・文化としてつくりあげ育ててきた。

　こうした芸能や生活文化をふくむ伝統文化のうち，「無形民俗文化財」として指定されたものだけでも，2024 年現在，国・地方自治体合わせて 2034 件存

在する。ただその多くが担い手不足などの理由により存続が危ぶまれているのが実情である[1]。

　地域の伝統芸能・文化を保存・継承し，今日も活動を続けているのは，主として地元住民有志による「保存会」的な団体である。たとえば，郷土芸能の振興を目的として1973年に発足した「全日本郷土芸能協会」には，2022年時点で全国各地域の保存会など210団体が会員として参加している。同協会の事業として，「全国地芝居サミット」や「全国獅子舞フェスティバル」が例年開催されている[2]。

　地域文化の公共性という視点で考えると，伝統文化の多くが地域の祭りとの関連で継承されてきたことも重要なポイントである。

　宗教的起源を持つ祭りという行事の中で，神仏や先祖への祈りやもてなしとして，神楽・舞踊・地芝居・風流と呼ばれる山車や行列など様々な趣向や芸能が生まれ，地域の人々によって地域社会の公的行事として継承され発展してきた。

　神楽では，ユネスコの無形文化遺産に登録されている岩手県の「早池峰神楽」はじめ，出雲神話にちなむとされる島根県の「石見神楽」，夜神楽で有名な宮崎県の「高千穂神楽」など，地域の文化資源として今日も大きな役割を果たしている。

　2011年の夏，筆者は島根県江津市で石見神楽を観賞した。出演者も観客もほとんどが地元の人で，小さな会場いっぱいに熱気があふれる里神楽の真骨頂を目の当たりにした。「石見神楽」の流れを汲む「芸北神楽」が盛んな広島県の安芸高田市では，第二次大戦後に宗教色を排した新作神楽を創作し，町を挙げての神楽の里づくりに取り組んでいる。1995年には，旧美土里町長の発案で2000人収容の神楽専用施設「神楽ドーム」が完成し，その後広島県内を中心とした各地域の神楽団のレベルアップを図る「神楽グランプリ」や高校生のための「神楽甲子園」を開催し，神楽文化の拠点となっている。筆者も2022年，関西初公演となった安芸高田市の羽佐竹神楽団の「八岐大蛇」他，大人数による迫力ある神楽を観賞したが，舞台芸能としても見事なものであった。

　能・歌舞伎・人形浄瑠璃なども地方では，もとは祭礼行事の一環として奉納されたものが，地域社会に根付き，近代以降も保存会等により維持・継承されてきたものが多い。

第 5 章　住民がつくる地域文化

　500 年以上の歴史を有する山形県鶴岡市の黒川能は，同市櫛引地区の春日神社の氏子たちにより，「頭屋」と呼ばれる年当番制で維持されてきた。1961 年に上座・下座の氏子宮座と当時の櫛引町が協力して「黒川能保存会」を発足させ，郷土の文化遺産を継承する体制を整えた。さらに 1986 年,「財団法人黒川能保存伝承事業振興会」を設立して，地域挙げての支援・振興を図り，2023 年には両者の活動を一元化して，公益財団法人「黒川能保存会」となり，山形県外支援者の協力も得ながら貴重な歴史的文化資源としての黒川能の保存・継承活動を進めている。

　歌舞伎は，農村歌舞伎・地芝居として，埼玉県の秩父歌舞伎や静岡県浜松市の横尾歌舞伎，香川県小豆島など，広く各地で継承されており，また茨城県常陸大宮市の西塩子や群馬県渋川市の上三原田など，回り舞台を始めとする伝統的な舞台装置の保存活動も盛んである。

　長野県大鹿村では江戸時代から各集落の神社への奉納歌舞伎として受け継がれてきた伝統芸能を守るために，当時の教育長が中心となり，1956 年「大鹿歌舞伎保存会」を発足させた。1958 年には，村内の愛好者により「信州大鹿歌舞伎愛好会」を立ち上げ，役者から舞台回り，演出，衣装，道具まで上演に関わるすべてを自前で行う体制を確立した。また，地元中学校の授業や部活動に大鹿歌舞伎を取り入れることにより，若い世代にファンを広げ，後継者の育成にも努めている。

　人形浄瑠璃も各地で継承されている。500 年以上の歴史を持つ淡路島の人形浄瑠璃は，江戸時代の最盛期には島内の各座が地方に巡業に回り，人気を博して全国各地に人形浄瑠璃の種をまいた。ところが明治以降は衰微の一途をたどり，第二次大戦後には映画やテレビに押されて人形浄瑠璃が廃絶の危機に瀕した。これを憂えた地元商工会が中心となり，復活をめざして 1964 年三原町（現南あわじ市）に「淡路人形座」を設立，1971 年には全島挙げての支援団体「淡路人形協会」が発足した。76 年には国の重要無形文化財に指定され，85 年以降は淡路人形浄瑠璃館に拠点を移し，芸能の島の伝統を守っている。地元の小中高生にクラブ活動や出前講座を通じて指導を広げ，後継者育成にも力を注いでいる。また，全国各地の人形芝居の団体に呼びかけて 1995 年から,「人形芝居サミット＆フェスティバル」を開催し，海外公演を活発に行うなど人形芝居の中心地としての活動に地域を挙げて取り組んでいる。

169

大阪府能勢町も町立の「浄るりシアター」を有し，人形浄瑠璃が盛んであるが，もともとは江戸時代から続く「語り」と「三味線」からなる素浄瑠璃の伝統を継承してきた。「おやじ制度」と呼ばれる独自の家元制度により，地域の浄瑠璃人口を拡大してきた。2006年には劇団「能勢人形浄瑠璃鹿角座」が誕生し，例年6月に定期公演を開催している。2006年，能勢町は「浄瑠璃の里文化振興条例」を制定し，行政と町民が協働して，伝統文化を核としたまちづくりを推進している。

太鼓や民謡，盆踊りなどの伝統芸能も各地の住民の手で受け継がれている。

岩手県陸前高田市は，古くから七夕祭りが盛んで，そこでは太鼓が重要な役割を果たしてきた。太鼓の町の伝統を活かして1989年，市と市民の協力により「第1回全国太鼓フェスティバル」を開催した。以後毎年開催され，太鼓関係者から「太鼓の甲子園」と呼ばれるほどの全国的行事として定着した。ところが，2011年の東日本大震災による陸前高田市の被害は甚大で，多くの住居も太鼓も津波で押し流された。直ちに全国の太鼓仲間からの支援が寄せられ，太鼓が復興の心の支えにもなり，同年秋には愛知県の名古屋ドームで臨時の「陸前高田太鼓フェスティバル」が開催された。その後陸前高田市で復活されたものの2020年のコロナ禍による中止以後，現地での全国太鼓フェスティバルは開催されていない。

全国的には和太鼓の人気は根強く，1967年に地元飲食店経営者が中心となって始めた「北海道くしろ蝦夷太鼓」や，「エイサー」と呼ばれる盆踊りを土台に，若者の感覚を大胆に取り入れた1982年結成の沖縄県の「琉球國祭り太鼓」，1986年に結成し韓国などとの国際交流にも貢献している鹿児島県姶良市の「蒲生郷太鼓坊主」などの新しい太鼓団体も各地で誕生しており，住民が主役となって地域色豊かな文化の創造に貢献している。

太鼓同様，民謡も地域色豊かな伝統芸能である。北海道江差町の江差追分は，信州地方の馬子唄が源流とされる追分が江戸時代に北海道の松前に伝わり，江差の地で生まれたものとされている。明治中期になり，ニシンの群来が途絶え江差の町が寂れ始めた時，「ニシンは去っても，追分は残さねば」という気運が高まり，1935年町を挙げて「江差追分会」が発足した。それまで歌い方もバラバラであった町内の各流派が協力して統一した曲譜をつくり，普及に尽力した。1963年からは全国大会が始められ，海外からの参加者も含めて

170

2日間にわたって熱唱が続く。筆者も2005年9月，江差追分会館での大会を傍聴したが，出演者の微妙な出来・不出来に反応する耳の肥えた聴衆の真剣な雰囲気に驚いたことを憶えている。2023年時点で，海外5支部を含む125支部からなる「江差追分会」を中心に各地との交流の輪を広げる江差追分は，同町のシンボルとなっている。

　富山県の民謡おわら節は，江戸時代に起源を有し，二百十日の風の厄除けを願い，唄いながら練り歩く「風の盆」の行事として定着してきた。今日のような洗練された形になったのは，地元の医師川崎順二が中心となり，1929年に発足した「越中八尾民謡おわら保存会」の活動が契機となっている。町内会ごとに唄・囃子・踊りなどの指導・育成を行い，芸能の水準維持と広がりを推進している。近年は，風の盆の3日間に観光客が集中しすぎるため問題となっており，保存会ではおわらの通年化により観光客の分散化を図る工夫をしている。2009年，保存会は「富山県民謡越中八尾おわら保存会」と改称し，一般社団法人として活発な活動を継続している。

　芸能からは少し離れるが，火の芸術とも言われる花火大会なども祭りの奉納行事として始まり，地域の文化的行事として大きな役割を果たしている。

　新潟県小千谷市の「片貝花火まつり」は，江戸時代に地元浅原神社の祭礼に住民が各自で花火を作り奉納したのが始まりとされる。明治以降も花火好きの伝統が受け継がれ，1891（明治24）年には，当時世界最大級と言われた三尺玉花火を打ち上げている。さらに1985（昭和60）年には，世界一の四尺玉の打ち上げに成功し，町を挙げての快挙となった。片貝花火の特色は大型花火だけでなく，住民が身銭を切ってそれぞれの思いを込めた花火を打ち上げるところにある。家族や学校の同窓仲間，職場の仲間が，花火を通じて熱いコミュニケーションを繰り広げる花火祭りの場は感動的である。神社への奉納行事であるが，地元花火業者の煙火協会が中心となって運営している。

　秋田県大仙市の「大曲の花火」も江戸時代から花火づくりが行われていた伝統的風土から生まれた。地元諏訪神社の祭礼行事として始まった花火大会が，1915（大正4）年から全国花火大会となり，年々規模を拡大して今日では全国トップレベルの花火師が集うまでに発展している。大曲駅前は花火通り商店街となっており，また花火好きの市民がNPO法人「大曲花火倶楽部」を結成し，ユニークな「花火観賞士」の認定試験を行うなど，花火によるまちづくり

を推進している。花火大会の開催は大曲商工会議所などが中心となった「大曲の花火」実行委員会が運営している。2005年には「全国花火サミット」を大曲で開催し，花火を通じた国際交流・地域交流にも力を入れている。

　祭礼行事の華とも言える山車・屋台・行列などは，都市型の祭りの特色でもある。京都の祇園祭・大阪の天神祭を始めとして信仰を前提としない見物人を意識した「見られる祭り」，町内の競い合いからうまれる「見せる祭り」へと変容してきた。華やかな祭礼行事を支える町衆の創造性が，都市の文化を育んできたのである。

　山田浩之を中心としたグループによる文化経済学的研究によれば，京都の祇園祭・岸和田のだんじり祭・飛騨の高山祭などは，それぞれ祭礼行事を主催する町内の組織が確立し，町内挙げての準備・運営から財政面の維持に至るまで，住民の知恵と工夫で継続と発展を図っている[3]。

　地方の町村から大都市に至るまで，それぞれの地域の伝統文化を支えて来たのは，何よりもまず住民の力である。江戸時代あるいはそれ以前から，祭りという地域社会の公共的行事に伴って育ってきた各地の芸能・文化が，明治以降の近代化という社会構造の大変化の中で，西洋文化の浸透・都市への人口移動・財政難等々の困難に直面した。

　そうした荒波を乗り越えて今日まで継続・発展を続けている地域の伝統文化の多くが，旧来の地縁的団体の存在感が弱まる中で，保存会や実行委員会など地元有志が中心となってつくった団体により支えられてきた。そうした住民の活動が輪を広げ，「芸北神楽」の安芸高田市・人形浄瑠璃の南あわじ市・浄瑠璃の能勢町・江差追分の江差町・大曲の花火の大仙市など，行政・企業なども含めた地域挙げての文化活動にまで発展している例が少なくない。

1-2　洋風文化の普及と地域文化

　明治以降の社会全体の近代化により，文化面でも東京を窓口として西洋文化が「輸入」され，東京発の洋風文化が全国各地に波及・浸透することとなった。中央のコピー文化が主流となり，地方で独自の芸術・文化を育てることは困難な時代が長く続くことになる。

　こうした状況下で，長野県での山本鼎の指導による自由画・農民美術の運動や山形県鶴岡市の白虹社（現白甕社）による美術創作活動，長野県諏訪市の

第 5 章　住民がつくる地域文化

「諏訪ストリングソサエティ」（現諏訪交響楽団）による音楽活動など，市民による自主的な文化活動が，すでに第二次大戦前から各地で芽生えていたが，戦後「文化国家建設」の掛け声のもとに，全国各地で市民参加による文化活動が一斉に花開いた。

　音楽分野では，1924（大正13）年に長野県下諏訪で誕生した「諏訪ストリングソサエティ」が弦楽合奏団としてスタートし，その後管楽器を加え，地元の合唱団との共演など活動の幅を広げ，戦時の苦難も乗り越えて，戦後いち早く活動を再開し，1949年には「諏訪交響楽団」として再出発を果たした。長年地域に密着した活動を続けながら力を蓄え，1999年には本場ウィーンへの演奏旅行を成功させ，2013年には公益社団法人となっている。

　群馬県では，高崎市民オーケストラ（現群馬交響楽団）が終戦直後の1945年に発足し，その後千葉県の市川交響楽団（1951年），豊橋リード・フィルハーモニー（現豊橋交響楽団1965年）などの地域楽団が設立された。

　群馬交響楽団は，1947年にプロの楽団として活動を始めた後も，県内の学校を巡回する「移動音楽教室」などのアウトリーチ活動を続け，1963年には財団法人として組織を整え，高崎市が市民の協力を得て設立した群馬音楽センター（2019年からは高崎芸術劇場）を拠点に地域の楽団としての活動を活発に展開している。2021年のコロナ禍の折には，「おうちで群響」というインターネット配信を続け，多くの群響ファンを励ました。

　合唱活動も，戦前から洋風文化の一環として学校教育で普及が図られ，合唱団も各地で活動していた。その素地の上に，戦後になって各地で特色ある合唱団が花開いた。福島市のF.M.C.混声合唱団（1947年），名古屋市のグリーン・エコー（1956年）を筆頭に岡山市の桃太郎少年合唱団（1962年），下関市少年少女合唱隊（1965年）などのジュニア合唱団から広島市の「トワ・エ・モア」（1976年）や沖縄県の「小浜島ばあちゃん合唱団」（1993年）などのシニア女性合唱団まで幅広い年齢層に広がり，多彩な活動を繰り広げている。

　音楽好きの若者8名が始めたF.M.C.混声合唱団は，地道な努力を長年続け，合唱コンクールへの参加，テレビ・ラジオへの出演，海外での公演活動などを通じて県内の合唱活動をリードし，合唱王国福島の土台を築いてきた。

　大分県では，1947年に戦後復興の象徴として地元ゆかりの瀧廉太郎没後45周年記念の音楽祭を開催し，その後毎年高校声楽コンクールを中心に「瀧廉太

173

郎記念音楽祭」を続けている。当初は九州各県の参加が主であったが徐々に参加地域を拡大し、1992年以降は「全日本高等学校声楽コンクール」として、大分県の竹田市で例年秋に町を挙げて開催している。

演劇分野では、北九州市の劇団「青春座」（1945年），富山市の劇団「文芸座」（1947年），岐阜市の劇団「はぐるま」（1954年）を始め各地に市民劇団が続々と誕生している。

敗戦の打撃が癒えない焼け野原となった北九州八幡の町で、23名の若者が演劇による復興を目指して結成した「青春座」はその後長年にわたって地域の劇団として目覚ましい活動を続けてきた。「劇団員はよき社会人であれ」をモットーに市民生活の中に根を下ろし、「郷土」と「現代」をテーマに230回以上の公演を重ねている。1993年からは，市と地元劇団の協力により「北九州市演劇祭」も始まり，一層地域の演劇文化をリードする存在として活躍している。

富山市の「文芸座」も，戦後間もない1948年に誕生した市民劇団である。レパートリーは幅広く，日本の民話劇では海外でも高く評価されている。1983年にはアジアで初めての「国際アマチュア演劇祭」，2000年には「とやま世界こども演劇祭」などの開催に尽力し，その後も富山県を拠点として，アマチュア演劇を通じた国際交流に大きな役割を果たしている。

美術分野では，1924年に発足した山形県庄内地方の美術団体「白虹社」（現白甕社）の活動が先駆的である。美術教諭の指導の下，旧制鶴岡中学の学生を中心に洋画運動を展開し，戦中・戦後の困難な時期も一度も休むことなく展覧会を開いている。1948年にはそれまでの同好会形式から，一般からも公募する形を取り，さらに日本画・彫刻部門を加えた総合的な美術団体として，2024年には創立100周年を迎え，庄内地方の文化の中核となり発展を続けている。

新潟県の佐渡島で始められた「佐渡版画村運動」は，1949年両津高校の教諭に赴任した高橋信一の指導によるものであった。同氏の熱心でユニークな指導により，同高校は全国コンクールにたびたび入選し，版画の高校として知られるようになった。氏は1976年の退職後も，佐渡全島の農・漁民に版画を広め，1984年には社団法人「佐渡版画村」を結成し，相川町（現佐渡市）の協力も得て，全国的にも珍しいアマチュアによる「版画村美術館」がオープンし

第5章　住民がつくる地域文化

た。1986年の氏の没後，版画村の活動は地域住民により受け継がれ，2000年からは，自治体や地元観光業界の協力を得て「はんが甲子園」（全国高等学校版画選手権大会）がスタートした。全国から選ばれたチームが佐渡に滞在し版画制作を競うもので，版画の島佐渡の文化を全国に発信している。

　以上のように，近代以降の東京発の洋風文化普及の時代に，単にそれを受容するだけでなく，地域独自の創造的な芸術・文化活動として取り組む例が各地で見られた。多くの場合，音楽や演劇や美術などの芸術・文化を愛し，郷土愛に燃えた先覚者がリーダーとなって，同好の士を集め，有志の支援・協力を得て，幾多の困難を乗り越えて活動を続けてきた。そうした人たちの努力により，優れた文化の苗が育ち，地域社会に深く強く根を下ろしていったのである。

1-3 新しい地域文化活動と地域づくり

　戦後の高度経済成長を経た1970年代は，大阪万国博覧会に象徴される国際化とともに，文化や地方に目を向ける転換期ともなった。

　それまでの経済成長を牽引した「重・厚・長・大」型産業偏重から脱工業化・ソフト化経済への転換が叫ばれ，モノの豊かさから心の豊かさを重視する「文化の時代」がスローガンとなった。地方では「地方の時代」を標榜し，東京一極集中に抗して地域の経済・文化の振興を目指す自治体の動きが活発化した。

　こうした時代環境の中で，地域における文化活動は追い風を受け，特に70年代以降，市民が積極的に参画する自主的で多彩な文化活動が各地で顕著となった。

　音楽分野では，従来の演奏・合唱などの活動に加えて総合芸術とされるオペラをアマチュアの市民の手で公演する地方オペラが各地に誕生した。その草分けともいえる「大分県民オペラ協会」は，大分大学の小長久子を中心に地元の音楽愛好家が集まり，1967年に旗揚げした。翌年の県芸術祭での初公演「フィガロの結婚」が好評を博し，県民後援会も発足して，県内巡回公演が繰り返された。その後レパートリーを増やし，1973年には，大分に伝わる民話に題材をとった「吉四六昇天」が創作オペラとして話題となり，県外各地でも公演を重ね，日本の創作オペラの評価を高めた。

175

以後，1971年の「鹿児島オペラ協会」，1973年の「藤沢市民オペラ」などのオペラ活動が全国的に広がり，行政側の支援・協力や公共ホール建設促進にも大きな影響を与えてきた[4]。

　ポピュラー音楽の分野でも，地域社会のなかで目覚ましい活動を繰り広げるものが台頭した。日本のジャズ発祥の地と言われる神戸の街で，地元のジャズ評論家末廣光夫の発案で，プロとアマチュアの音楽家，地元のジャズファンが協力して1982年「神戸ジャズストリート」が始まった。界隈のライブハウス・洋館・教会など様々な会場で同時多発的にコンサートを開くイベントで，ジャズを通じて，地域を越えた人と人との交流が生まれる。阪神・淡路大震災が起こった1995年は開催が危ぶまれたが，全国のファン・常連のプレーヤー・地元の住民の励ましと協力によって震災10カ月後に無事開催され，多くの人が訪れて街に活気が戻った。そして2023年秋には，第40回が盛大に開催されている。

　ジャズストリートはその後各地に広がっているが，1991年からスタートした仙台市の「定禅寺ストリートジャズフェスティバル」は，ジャズに限らずロック・ポップス・民族音楽などジャンルは多様で，町中の公園や広場が即席のステージになる。実行委員会も当日の運営も市民のボランティアが担っており，文字通り市民手づくりの音楽祭として定着している。

　福島県川俣町で開催されるフォルクローレの祭典「コスキン・エン・ハポン」は，1975年に地元で織物業を営む長沼康光が中南米音楽を愛する仲間と共に始めた。小学生時代からケーナに親しんだ子どもたちも参加する町挙げてのイベントとなっている。フォルクローレを通じて，コスキン市やアルゼンチンとの国際交流も盛んである。2011年の東日本大震災時には，川俣町も多大の被害を受けたが，全国からの支援が集まり，多くの困難を乗り越えて例年通り「コスキン・エン・ハポン」を盛大に開催して川俣町の人々の心意気を示した。

　音楽を通じた国際交流を活発に行っている点でユニークなのは，富山県南砺市の「スキヤキ・ミーツ・ザ・ワールド」である。1991年に始まったこのイベントは，地元の若者が中心となって音楽を通じた異文化交流の場をつくろうという試みである。旧福野町の文化センターと若者たちの連携により，アジア・アフリカ・ラテンアメリカなど海外からのミュージシャンを招いて滞在し

てもらい，住民ボランティアの参加によるコンサートやワークショップなどを通じて交流を図っている。

演劇分野では，1971年岩手県遠野市に開設された市民センターを拠点に，市民が主役の演劇「市民の舞台」が企画された。市職員であった濱田榮一が中心となり，民俗学の古典『遠野物語』に集められた郷土の民話を題材に，オリジナルな劇を作りあげる。原作・脚本・スタッフ・キャストなどすべて市民の手で行い，1976年第1回の公演を成功させた。以後年々協力する市民が増え，1983年からは市民と行政が連携して立ちあげた「遠野物語ファンタジー制作委員会」を母体に上演が続けられている。

2017年2月，筆者は第42回公演を観賞したが，遠野の方言で演じる役者はもちろん，音楽演奏・合唱・バレエなど地元の小中高校の生徒・合唱団・バレエ教室の生徒などが総出演の文字通りの市民劇に目を見張った。満員の地元観客の熱気にも圧倒され，舞台後の打ち上げ会での晴れ晴れとした市民関係者の姿に感動した。市民による市民の舞台「遠野物語ファンタジー」は遠野市という地域のコミュニティの核となっていると実感した。

長野県飯田市では，毎夏「いいだ人形劇フェスタ」が盛大に開催される。公民館・小中学校体育館・神社の境内・公園など市内各所で様々な人形劇が上演され，市外も含めた多くの人々が観劇と交流を繰り広げる。

もともとは人形劇関係者が，1979年に全国的規模のイベント「人形劇カーニバル飯田」を開催したのが始まりである。古くからの人形芝居の伝統を持つ飯田の市と市民がこれに応えて受け入れ体制を整え，回を重ねるにつれ参加劇団も海外からの招待も含め増加していった。1999年には，市民が主体となった実行委員会が結成され名称も，「いいだ人形劇フェスタ」と改称された。

「見る，演じる，支える　わたしがつくるトライアングルステージ」をモットーに，市内各地区住民で構成する実行委員と市職員から子どもまでを含む熱心な市民ボランティアによって「いいだ人形劇フェスタ」は支えられている[5]。

北海道函館市では国の特別史跡五稜郭を舞台に壮大な野外劇が市民の手で上演され，夏の夜の風物詩として親しまれている。はるかアイヌの昔から近現代にいたる函館の歴史をテーマにしたスペクタクルで，本物の馬や船も登場する。

提唱者はフランス出身で函館在住のフィリップ・グロード神父で，フランス

のルピディフ野外劇を参考に地元の有志を募って,「市民創作『函館野外劇』の会」を結成したのは1988年のことであった。

　数百人に上る出演者,演出・衣装・道具・会場運営などすべてを市民ボランティアが担っている。それでも財政的には厳しい状況だが,1999年にはNPO法人を設立し,活動の継続に努めている。同会理事長代行の輪島幸雄は,「観客に喜んでもらえることが何よりもうれしい。先人たちの心意気と旺盛な進取の精神を思いながら,今後も市民の心合わせの場となるよう続けていきたい」と語っている[6]。

　以上,いずれも「遠野物語」「人形芝居」「五稜郭」といった地域の貴重な歴史的文化資源を演劇という形で現代的に活用しながら,地域挙げての市民参加型文化プロジェクトとして成功させている点が特色である。

　美術関連の活動としては,山口県の工業都市宇部市で市の緑化運動の一環として,「第1回宇部市野外彫刻展」が市と市民の協力により1961年に開催され,大規模な野外彫刻展の先駆けとなり,2009年からは「UBEビエンナーレ」と改称して続けられている。

　70年代以降は,全国各地で地域の特色を活かした市民が主役のアート関連の創造的な活動が活発となる。山形県上山市では農業高校の学園祭で行われていた「かかしコンクール」を地元住民が中心となって「全国かかし祭」に発展させ,1971年から継続して開催している。県内外からのユニークな創作かかしが,市内月岡公園に展示され,多くの人が集い,笑いと感動を生んでいる。1990年には,20周年を記念して「全国案山子サミット」を開くなど,かかしを通じた地域間交流の輪を広げている。

　高知県黒潮町では,1989年に写真家北出博基・デザイナー梅原真らと町の職員が力を合わせ,太平洋を臨む砂浜を展示場にした「Tシャツアート展」を実現した。以後「Tシャツアート展」は毎年開催され,他にも「漂流物展」「潮風のキルト展」「砂の彫刻」など様々な企画が実施されている。運営の中心となる市民グループは,2003年に「NPO砂浜美術館」を設立し,「私たちの町には美術館がありません。美しい砂浜が美術館です」をモットーに,多くのボランティアに支えられて活動を続けている。

　古代からの稲作の村,青森県田舎館村は毎年夏,田んぼに稲の穂で描かれた「田んぼアート」でにぎわう。1993年,村役場職員の発案で始まったこのイベ

ントは，絵柄のデザイン・苗の育成・田んぼの測量・田植えなど村中総出で取り組まれる。遠近法などを活用した「作品」の出来栄えは年々レベルを上げ，多くの観光客も訪れる。「田んぼアート」は全国各地や韓国・台湾でも行われるようになり，田舎館村は発祥の地のプライドを持って，外部の力を借りずに地域の力で「田んぼアート」のクオリティに磨きをかけている。

　このように「かかし」・「砂浜」・「田んぼ」といったありふれた身近な資源も，アートに活かすことによって，地域の人がつながり，地域の誇りとなるような文化資源にまで価値を高めているのである。

　住民参画型の新しい芸術・文化活動の創出に加えて，1970年代以降の地域文化活動の特徴は，まちづくり・地域づくりとの結びつきにより活動の幅を広げ，公共性を高めたことである。

　先駆的活動として知られる大分県湯布院町（現由布市）の「自然と文化のまちづくり」は，60年代末に由布岳のすそ野に広がる草原をゴルフ場にする計画が持ち上がった時に反対した住民の運動が契機となった。豊かな原野を残すために牛を飼おうという声が上がり，1970年，町外の人に仔牛を購入してもらい飼育を地元農家に委託するという「牛一頭牧場」のアイデアが生まれた。

　1976年からは，この牧場の牛をバーベキューにして食べ，大声を出して競い合う「牛喰らい絶叫大会」が，秋の名物イベントとなった。一方，1975年に高原の爽やかな風に吹かれて聴く「小さな星空のコンサート」（後の「ゆふいん音楽祭」）が九州交響楽団岸辺百百男の発案で始まり，1976年には地元の旅館経営者中谷健太郎らの尽力で，映画人とファンがつくりあげる「湯布院映画祭」がスタートし，「映画館の無い町での映画祭」として好評を博し，地方映画祭の嚆矢となった。豊かな自然と文化を守り育てる湯布院のまちづくりは，住民が主役のまちづくり運動の旗手として，その後も，県内ばかりではなく全国各地のまちづくりの先導的役割を果たしている。

　またこの時期，住民が参加するまちづくりで大きな潮流となったのは，町並み保存運動である。長野県南木曾町では，役場職員の小林俊彦がリーダーとなり，1968年に「妻籠を愛する会」が発足し，旧中山道の宿場「妻籠宿」の保存活動に着手している。71年には，宿場町の景観を保存するために「売らない・貸さない・こわさない」をモットーに住民憲章をつくり，76年には町の

保存条例が成立している。行政と住民が一体となった妻籠の町並み保存活動は，全国の町並み保存活動に影響を与えた[7]。

　妻籠の町並保存とリーダー同士つながりのあった愛知県足助町（現豊田市）のまちづくりも草創期の活動としてよく知られている。かつて信州方面への塩の道としてにぎわった三州足助宿の町並みが残る郷土の発展を願った有志が集まり「足助の町並みを守る会」が発足したのが1975年のことであった。行政もこれに呼応して，町並み保存と観光に力を入れるようになる。

　役場職員の小澤庄一がリーダーとなって，1980年には，明治期の庄屋屋敷を再現した「三州足助屋敷」が開設された。機織り・炭焼き・紙漉きなどの手仕事をお年寄りの手で復活・再現し，山里の生活の知恵を後世に伝えていこうとする生きた民芸館ともいうべき施設であり，足助のまちづくりのシンボル的存在となっている。2005年の編入合併により足助は豊田市となったが，足助の町並み保存とまちづくりは貴重な地域文化として今後も引き継がれていくだろう。

　明治期に木蝋づくりで栄えた愛媛県内子町のまちづくりも妻籠の町並み保存運動に刺激を受けている。1970年代ごろから往時の面影を残す旧街道沿いの町並みを保存しようという機運が芽生え，町役場職員の岡田文淑が旗振り役となって推進した。内子の場合は，道路に面した外観保存に重点を置き，奥の生活スペースは住民の自由に任せるという形で保存と生活の両立をはかりながら，住民の理解と協力を得て，町並みの修理と復元を進めた。

　1985年には，内子のシンボルともいえる大正期の歌舞伎劇場「内子座」の復元が成り，文化活動の拠点として活用されている。さらに周辺の山間部でも，水車小屋やかやぶき屋根，自然と調和した村の景観を復元する「村並み保存」運動を展開している。「内子のまちづくりを支えているのは，郷土を愛する住民と行政，全国各地で街づくりに取り組む人々とのネットワークです」と岡田文淑は語っている。

　湯布院にしろ，足助・内子にしろ，この時期に地域の文化活動とまちづくりが結びついたのは，地域の将来に思いを馳せる住民有志と役場職員の連携・協力が大きかった。彼らがまちづくりのリーダーとなって，それまでの大都市集中・経済偏重の時代の流れに抗して，地域が有する豊かな自然・文化の価値を再発見し，住民と地方自治体が一体となって個性豊かな地域づくりを推進した。

第 5 章　住民がつくる地域文化

そのネットワークは地域を越えて広がり，たとえば町並み保存の分野では，1974 年「町並み保存連盟」（現全国町並み保存連盟）が発足し，1978 年に「第 1 回全国町並みゼミ」が愛知県の有松・足助で開催され，以降全国各地の町並み保存活動の交流が活発となっていく。80 年代，湯布院・足助・内子を訪れ，まちづくりのリーダーとして活躍中の湯布院の中谷健太郎・溝口薫平，足助の小澤庄一・矢沢長介，内子の岡田文淑らに面会した時に感じた彼らの故郷への熱い情熱とリーダーとしての人間的魅力は忘れられない。

2　地域文化活動の継続と発展

2-1　地域文化活動の顕彰

本章で取り上げた地域文化活動の事例の多くは，公益財団法人サントリー文化財団の「サントリー地域文化賞」を受賞した団体の中から選んだものである。同じく本章で取り上げた各団体の活動内容も，概ね同財団による受賞者紹介をもとにしている[8]。

1979 年にサントリー株式会社創業 80 周年を記念して設立されたサントリー文化財団は，当初からの主要な事業のひとつとして，全国各地の地域文化活動の支援・振興を目的としたサントリー地域文化賞を設けている。原則毎年 5 件の文化活動を選び，第 46 回を迎えた 2024 年までの受賞者は，全都道府県にわたり，計 245 件に上っている（表 5-1）。

既に述べた通り 70 年代は，日本各地で文化活動が盛んになり社会的にも注目された時代であるが，全国的な視野からの顕彰という例はほとんどなく，地域文化賞の創設は，同財団理事であった山崎正和の発案によるものであった。「脱工業化の到来」「地方の時代」「文化の時代」といった言葉に象徴される時代の潮流を背景に，山崎はこの賞への思いを次のように述べている。

「人々が身近に生の文化を求めるこの時代に，文化の配給拠点が東京一極を離れ，それぞれの個人の住む多様な世界，言い換えれば地域に移らなければならないのは当然のことでしょう。」[9]

同賞の対象は芸術・芸能から生活文化分野まで幅広く，全国の各地方新聞社と NHK の各局から候補の推薦を受け，団体または個人の受賞者を選定する。選考は，活動の独創性・継続性・発展性・地域への影響力などを基準に，書

181

表 5-1　サントリー地域文化賞受賞者一覧（1979 ～ 2024 年）

本拠地	受賞者・受賞活動	受賞年
北海道		
函館市	カール・ワイデレ・レーモン（個人）　手作りハム	1979
江差町	江差追分会	1982
旭川市	木内綾（個人）「優佳良織」	1983
函館市	南茅部沿岸漁業大学	1985
置戸町	おけと人間ばん馬	1987
東川町	東川氷土会　野外氷彫刻	1989
札幌市	札幌こどもミュージカル	1990
士別市	士別サフォーク研究会	1991
函館市	市民創作「函館野外劇」の会	1993
札幌市	YOSAKOI ソーラン祭り	1998
札幌市	加藤博（個人）　人形劇	1999
壮瞥町	昭和新山国際雪合戦	2007
釧路市	北海道くしろ蝦夷太鼓	2010
上川地域	「君の椅子」プロジェクト	2015
函館市	函館西部地区バル街	2019
鹿追町	しかりべつ湖コタン	2021
函館市	函館市民映画館シネマアイリス	2022
蘭越町	蘭越パームホール	2024
東北		
青森県		
弘前市	高橋彰一（個人）「津軽書房」	1983
八戸市	八戸市民創作オペラ協会	1990
大鰐町	ひばのくに　雪の大食卓会	2009
田舎館村	田舎館村　田んぼアート	2015
岩手県		
遠野市	遠野市民の舞台	1983
陸前高田市	全国太鼓フェスティバル	2005
三陸沿岸部	三陸国際芸術祭	2020

182

第5章　住民がつくる地域文化

秋田県		
秋田市	秋田伝承遊び研究会	1980
羽後町	西馬音内盆踊り保存会	2003
大仙市	大曲の花火（全国花火競技大会）	2006
小坂町	エコの文化が根づくまち小坂	2010
秋田市	秋田県民謡協会	2021
宮城県		
石巻市	石巻　文化をはぐくむ港町づくり	1985
加美町	中新田バッハホール	1989
石巻市	村上定一郎（個人）　木造洋式帆船の復元	1994
仙台市	定禅寺ストリートジャズフェスティバル	2002
気仙沼市	森は海の恋人運動	2011
山形県		
鶴岡市	白甕社　美術団体	1981
鶴岡市	黒川能	1988
鶴岡市	山口吉彦・山口考子（個人）「アマゾン資料館」	1998
山形市	山形交響楽団	2001
上山市	全国かかし祭	2005
山形市	山形国際ドキュメンタリー映画祭	2007
川西町	山形県立置賜農業高等学校　農と食に関連した活動	2012
上山市	上山市民俗行事加勢鳥保存会	2016
福島県		
福島市	F.M.C. 混声合唱団	1979
いわき市	いわき地域学會	1991
檜枝岐村	檜枝岐　いこいと伝統の村づくり	1992
川俣町	コスキン・エン・ハポン	1993
会津若松市	童劇プーポ	1995
郡山市	民俗芸能を継承するふくしまの会	2021
会津若松市	はるなか　住民による里山づくり	2022
関東		
茨城県		

183

土浦市	土浦　歴史と自然のふるさとづくり	1987
常陸大宮市	西塩子の回り舞台保存会	2006
取手市	取手アートプロジェクト	2007
つくばみらい市	つくばみらい市綱火保存連合会	2008
桜川市	真壁　伝統ともてなしのまちづくり	2011
霞ヶ浦地域	霞ヶ浦の帆引船・帆引網漁法の保存活動	2021
栃木県		
宇都宮市	いっくら国際文化交流会	1992
栃木市	栃木［蔵の街］音楽祭実行委員会	1999
群馬県		
大泉町	細谷清吉（個人）　郷土史	1986
県全域	富岡製糸場世界遺産伝道師協会	2015
渋川市	上三原田歌舞伎舞台操作伝承委員会	2019
高崎市	群馬交響楽団	2021
高崎市	たかさき絵本フェスティバル	2024
埼玉県		
川越市	川越いも友の会	1991
秩父市	吉田龍勢保存会	1993
秩父市	秩父歌舞伎正和会	2007
千葉県		
市川市	市川交響楽団	1980
千葉市	佐治薫子（個人）　地域音楽活動	1988
香取市	佐原囃子保存会	2008
東京都		
墨田区	下町タイムス社	1988
文京区	谷根千工房	1992
武蔵野市	武蔵野中央公園　紙飛行機を飛ばす会連合会	2004
武蔵野市	生態工房　住民による水辺再生	2022
神奈川県		
横浜市	東横沿線を語る会	1990
横浜市	ヨコハマ映画祭	2000

第 5 章　住民がつくる地域文化

中部		
新潟県		
佐渡市	佐渡版画村運動	1982
小千谷市	片貝　花火まつり	1984
阿賀町	津川　狐の嫁入り行列実行委員会	1995
新発田市	人形浄瑠璃「猫八座」	2020
関川村	えちごせきかわ大したもん蛇まつり	2024
山梨県		
山梨市	妣田豊原塾	1990
北杜市	身体気象農場・舞塾	1995
富山県		
富山市	劇団「文芸座」	1981
高岡市	越中野外音楽劇団	1994
南砺市	いなみ国際木彫刻キャンプ実行委員会	1996
富山市	ふるさと開発研究所	1997
南砺市	スキヤキ・ミーツ・ザ・ワールド	2002
富山市	富山県民謡おわら保存会	2004
富山市	全日本チンドンコンクール	2005
高岡市	福岡町つくりもんまつり	2006
高岡市	伏木相撲愛好会	2012
立山町	布橋灌頂会実行委員会	2014
高岡市	弥栄節保存会	2022
石川県		
金沢市	金沢を世界へひらく市民の会	1981
金沢市	浅の川園遊会	2005
白山市	白峰・桑島地区の雪だるままつり	2006
福井県		
福井市	朝倉氏遺跡保存協会	1985
越前市	今立現代美術紙展実行委員会	1991
坂井市	日本一短い手紙「一筆啓上賞」活動	1999
小浜市	若狭小浜ちりとて落語の会	2023

185

勝山市	勝山左義長ばやし保存会	2024
長野県		
長野市	信州児童文学会	1984
飯田市	いいだ人形劇フェスタ	1988
御代田町	西軽井沢ケーブルテレビ	1993
下諏訪町	諏訪交響楽団	1996
飯田市・浜松市	峠の国盛り綱引き合戦	2014
大鹿村	大鹿歌舞伎	2020
静岡県		
静岡市	劇団「炎」	1980
浜松市	浜松まつり凧揚げ保存会	1986
静岡市	青島昭男・青島節子（個人）　手作りコンサート	1994
浜松市	浜松交響楽団	2000
浜松市	横尾歌舞伎	2009
磐田市	樋ケ谷沼　トンボの楽園づくり	2013
伊豆の国市	パン祖のパン祭	2016
愛知県		
豊橋市	豊橋交響楽団	1981
名古屋市	グリーン・エコー	1983
豊田市	足助　ロマンの町づくり	1986
名古屋市	名古屋むすめ歌舞伎	1996
瀬戸市	せとひとめぐり	2020
岐阜県		
岐阜市	劇団「はぐるま」	1983
美濃市	美濃流し仁輪加	2003
瑞浪市	美濃歌舞伎博物館　相生座	2020
三重県		
志摩市	佐藤忠勇（個人）　無菌牡蠣養殖	1981
松阪市	あいの会「松坂」	1989
鳥羽市	島の旅社推進協議会	2010
多気町	三重県立相可高等学校「調理クラブ」	2011

第 5 章　住民がつくる地域文化

鈴鹿市	伊勢型紙技術保存会	2023
近畿		
滋賀県		
長浜市	長浜曳山祭	1984
東近江市	八日市大凧保存会	1992
長浜市	江北図書館	2013
長浜市	冨田人形共遊団	2019
京都府		
京都市	京都女子大子どもの劇場	1979
京都市	高橋美智子（個人）　わらべ歌の保存・普及	1987
京都市	遠藤寿美子（個人）　演劇	2002
京都市	丸田明彦（個人）　京料理	2004
宮津市	丹後藤織り保存会	2013
大阪府		
大阪市	季刊誌「大阪春秋」	1982
大阪市	映画“中之島”製作グループ	1986
大阪市	中之島まつり	2004
能勢町	能勢　浄瑠璃の里	2007
八尾市	八老劇団	2008
大阪市	今宮戎　宝恵駕行列	2011
兵庫県		
神戸市	国際ジャパネスク歌舞伎	1980
神戸市	月刊「神戸っ子」	1982
尼崎市	ピッコロシアター	1988
神戸市	神戸ジャズ・ストリート実行委員会	1996
南あわじ市	淡路人形協会　淡路人形座	1997
姫路市	日本玩具博物館	1998
奈良県		
奈良市	荒井敦子（個人）　わらべ歌の継承・普及	1993
上北山村	河合弓引き行事保存会	2017
和歌山県		

187

和歌山市	ミュージカル劇団「ヤング・ジェネレーション」	1986
和歌山市	紀州　ふるさとの歌づくり	1990
田辺市	南方熊楠顕彰会	2009
和歌山市	和歌祭保存会	2023
中国		
鳥取県		
米子市	永井伸和（個人）　読書運動	1991
米子市	むぎばんだ応援団　遺跡の保存	2018
島根県		
隠岐の島町	隠岐古典相撲大巾会	1988
雲南市	鉄の歴史村づくり	1991
松江市	劇団「あしぶえ」	1997
出雲市	出雲歌舞伎「むらくも座」	1999
浜田市	波佐文化協会	2000
隠岐の島町	隠岐国分寺蓮華会舞保存会	2008
松江市	美保神社大祭奉賛会	2014
飯南町	飯南町注連縄企業組合	2015
隠岐の島町	全隠岐牛突き連合会	2016
岡山県		
岡山市	夢二郷土美術館	1985
岡山市	桃太郎少年合唱団	2003
倉敷市	大原美術館ギャラリーコンサート	2006
新見市	新見庄たたら学習実行委員会	2017
津山市	津山国際音楽祭	2018
広島県		
福山市	日本はきもの博物館	1982
広島市	トワ・エ・モア　女性コーラス	1989
廿日市市	説教源氏節人形芝居「眺楽座」	2004
呉市	歴史と文化のガーデンアイランド　下蒲刈島	2015
尾道市	因島水軍まつり実行委員会	2018
安芸高田市	ひろしま安芸高田　神楽の里づくり	2020

第 5 章　住民がつくる地域文化

広島市	広島文学資料保全の会	2023
山口県		
宇部市	宇部市緑化運動推進員会	1987
下関市	下関市民ミュージカルの会	1994
下関市	下関少年少女合唱隊	2001
長門市	近松伝承をいかすまち長門	2002
山口市	山口鷺流狂言保存会	2012
四国		
徳島県		
阿波市	阿波町　花いっぱい運動	1989
徳島市	徳島国際人形劇フェスティバル実行委員会	1995
徳島市	犬飼農村舞台保存会	1998
三好市	四国の秘境　山城・大歩危妖怪村	2013
鳴門市	鳴門「第九」を歌う会	2016
徳島市	阿波木偶まわし保存会	2017
香川県		
高松市	四国民家博物館	1984
高松市	イサム・ノグチ日本財団	2012
丸亀市	丸亀市猪熊弦一郎現代美術館	2022
愛媛県		
内子町	内子　歴史と文化の里づくり	1992
東温市	高畠華宵大正ロマン館	2000
新居浜市	日本のお手玉の会	2003
松山市	俳句甲子園実行委員会	2012
松山市	へんろみち保存協力会	2018
西予市	全国「かまぼこ板の絵」展覧会	2024
高知県		
梼原町	梼原史談会	1979
四万十市	トンボと自然を考える会	1990
香南市	土佐絵金歌舞伎伝承会	2000
馬路村	馬路村　柚子のふるさと村づくり	2003

189

仁淀川町	秋葉まつり	2010
黒潮町	砂浜美術館	2016
九州		
福岡県		
北九州市	劇団「青春座」	1984
福岡市	博多町人文化連盟	1987
福岡市	はかた夢松原の会	1993
飯塚市	嘉穂劇場	2005
北九州市	福岡県立北九州高等学校「魚部」	2011
八女市	八女福島　住まう文化のまちづくり	2014
佐賀県		
多久市	多久古文書村	1985
佐賀市	地球市民の会	1988
有田町	玄海人クラブ	1999
鹿島市	鹿島ガタリンピック	2017
鳥栖市	キッズミュージカル TOSU	2023
長崎県		
長崎市	中島川を守る会	1979
雲仙市	勤労障がい者長崎打楽団　瑞宝太鼓	2008
対馬市	朝鮮通信使行列振興会	2009
熊本県		
熊本市	高野和人（個人）「青潮社」	1984
山鹿市	熊本史談会	1987
山都町	清和文楽人形芝居保存会	2001
熊本市	開懐世利六菓匠	2014
熊本市	橙書店	2017
大分県		
大分市	大分県民オペラ協会	1979
由布市	湯布院　自然と文化のまちづくり	1982
宇佐市	新邪馬台国	1986
姫島村	姫島　車えび養殖	1988

大分市	ニューCOARA　地域ネット		1996
佐伯市	県南落語組合		1998
豊後高田市	豊後高田　昭和の町		2009
竹田市	瀧廉太郎記念音楽祭		2019
宮崎県			
美郷町	南郷村　百済の里づくり		1994
高千穂町	高千穂の神楽		2019
鹿児島県			
鹿児島市	鹿児島オペラ協会		1985
蒲生町	蒲生郷太鼓坊主		2001
出水市	出水市立荘中学校　ツルクラブ		2002
沖縄県			
宜野湾市	沖縄民話の会		1980
うるま市	演劇集団「創造」		1989
沖縄市	琉球國祭り太鼓		1992
沖縄市	沖縄県民踊研究会		1995
那覇市	おもろ研究会		1997
那覇市	沖縄芸能史研究会		2001
うるま市	現代版組踊「肝高の亜麻和利」		2010
竹富町	うふだき会と小浜島ばあちゃん合唱団		2013
読谷村	くるちの杜100年プロジェクトin読谷		2018

出所：サントリー文化財団ホームページより筆者作成

類・現地調査・選考委員会での検討を経て，決定する。

　筆者も，同財団事務局の一員として現地調査や選考資料の整理に携わった経験を持つが，毎年各地から挙げられる活動に触れ，日本の地域文化の多彩さと水準の高さに驚かされたものである。当初から長年選考委員会をリードした梅棹忠夫は，「文化の本質は遊びであり，腹の足しにもならない，一文の得にもならんことを一生懸命やるのが本当の文化だ」と語り，年々推挙されるユニークでバラエティに富んだ文化活動に触れ，日本の地域文化の底力を高く評価していた。

40年以上にわたる地域文化賞受賞者の活動をみると，当初は北海道の「江差追分会」，新潟県の「片貝花火まつり」，滋賀県の「長浜曳山祭」などの地縁をベースにしたものや，福島県の「F.M.C.混声合唱団」，富山県の劇団「文芸座」，福岡県の劇団「青春座」など音楽や演劇を通じた同志的集団によるものが多くみられるのは，時代的背景を反映したものであろう。文化にとって決して順風とは言えない環境下で，苦境を乗り越えて文化活動を続け，組織を維持し仲間を増やしていった貴重な活動である。

その後，70年代以降に始まった住民主体の新しい多彩な活動が脚光を浴び，今日に至っているのは，すでにみた通りである。ただ，いかに文化に光が当たるようになったとはいえ，10年以上も文化活動を続けることは決して容易ではない。多くの活動が年月の経過とともに，リーダーの交代やメンバー・参加者の意識の変化，行政との関わりや，経済的問題等の課題に直面している。以下に，具体的事例をもとに文化活動の継続と発展のヒントを探ってみたい。

2-2 創る情熱

文化活動自体は全国どこの地域でもできることであるが，特色ある優れた活動は芸術・文化の面白さ・楽しさに深く没頭した人材によって始められることが多い。最初は「バカ者」とか「物狂い」とか言われるような熱心な人間が中心となって，仲間を集め活動の輪を広げていく。「全国かかし祭」も「田んぼアート」も「砂浜美術館」も当初は奇抜な発想であったが，続けるうちに地域のシンボルとして大きく発展した。それぞれ風土や歴史・伝統など地域固有の資源を活用している点も興味深い。

歴史的伝統行事の比較的少ない北海道では「若者」の力が発揮しやすい。札幌市の「YOSAKOIソーラン祭り」はよく知られているが，北海道大学の学生だった愛知県出身の長谷川岳が高知の「よさこい祭り」を見た感動を持ち帰り，仲間とともに札幌で始めた市民参加型の新しい「祭り」である。1950年に始まった「さっぽろ雪まつり」は，地元の中・高校生が6つの雪像を大通公園に設置したことがきっかけとなった[10]。

置戸町の「おけと人間ばん馬」は，商工会青年部を中心とした若者が，木材の町にふさわしいばん馬レースを企画していたところ馬の入手が困難となり，馬に代わって人間がソリを引くという奇抜なアイデアを出して，1977年，町

第5章　住民がつくる地域文化

を挙げての協力により実現にこぎつけ，成功を収めた。以後ユニークなイベントとして人気を呼んで，町外からのチームも参加する夏の行事として定着した。

　他の地域でも，若者のアイデアとエネルギーが地域文化活動の発展に大きな役割を果たしている例は枚挙にいとまがない。

　地域文化の発展にとって，「若者」のエネルギーとともに，地域外の世界を経験したり，知っていたりすること，いわゆる「ヨソ者」的な目を持っていることは，地域の魅力を客観的にとらえ，その良さを発揮する上で大きな力となる。町並み保存活動のリーダーたちの多くが地域外での経験や交流を大切にしている。また，函館野外劇の提唱者グロード神父のように他の地域から移住してきた人材が，地域の魅力を発見し大きな役割を果たしている場合も多い。

　住民主役の文化活動の原点となるのは，芸術・文化への情熱や郷土愛に根差したアマチュアリズムである。経済的利益を生まなくても，生活を楽しく豊かにという精神が感動を共有する仲間を集め，地域を元気にするのである。

2-3　続ける知恵

　最初は数人のグループで始めた文化活動も，何年も続けるためには何らかの組織的なものが必要となる。企業経営と同様，ヒト・モノ・カネ・情報といった活動の要素が重要であり，それを保持できずに数年で途絶える活動も少なくない。

　サントリー文化財団事務局の調べによれば，2012年までの個人受賞を除く地域文化賞受賞団体159の組織形態・法人格の内訳は表5-2の通りである[11]。

　表の①と②を合わせた全体の4分の3に近い119団体が法人格を持たない任意団体となっている。文化活動は，概ね数人の仲間や有志で始めることが多く，組織と言えるものがない場合も多い。各種保存会・愛好会や研究会，少し規模が大きいイベントや行事では実行委員会という形の任意団体が多くみられる。他方近年は，すでにみた通り活動継続のために法人化する団体も徐々に増えており，その場合社団法人・財団法人やNPO法人の形態が一般的である。公益または共益型の非営利法人であるが，関連法の整備・制度改革が進んだのが前世紀末ごろからであり，一般的な普及は今世紀になってからのことである。定着にはまだ課題も多いのが現状である[12]。

193

表 5-2　地域文化賞受賞団体の組織形態の内訳

①実行委員会や諸団体の協働組織	34
②各種任意団体・グループなど	85
③ NPO 法人	8
④社団・財団法人	15
⑤会社・企業	8
⑥その他の法人	2
⑦行政の関連事業	3
⑧その他（学校のクラブ活動など）	4
合計	159

出所：サントリー文化財団事務局調べ（2012 年 1 月）より筆者作成

　活動継続のためには，組織の形を整えるだけでは十分でなく，担い手となる人材の確保・育成や参加者・支援者の拡大も重要な課題となる。

　営利が目的ではないとは言え，経済的基盤も欠くことはできない。そのためには，市民だけではなく企業や行政などの助成や支援を仰ぐファンドレイジングの知恵も必要となる。

　また活動によっては，ユネスコの世界文化遺産や国・地方自治体の文化財への登録なども大きな支援・奨励の力となる。

　他方，想定外の災害に備えることも大きな課題となる。1995 年の阪神淡路大震災，2011 年の東日本大震災を始めとする震災や 2020 年から始まった新型コロナウイルス感染症（コロナ禍）などの災害の影響により，活動の継続を断念した文化活動も少なくない。

　たとえば，福岡県飯塚市の「嘉穂劇場」は，1921（大正 10）年に地元の事業家らにより建てられた木造芝居小屋の中座が前身で，火災や台風により倒壊したあと，1931 年に地元の伊藤家により嘉穂劇場として再建された。歌舞伎・大衆演劇から浪曲・落語・歌謡ショーなどの芸能，バレエ・オーケストラなどの洋楽，さらには格闘技の興行まで様々な演目を提供し，地域の劇場として長年住民に愛されてきた。2003 年には，北九州を襲った洪水により 1 階部分が水没し，壊滅的な打撃を受けたが，地元住民・劇場関係者・芸能界・企業・団体・行政・各地のファンなどから熱い支援が寄せられ，わずか 1 年で建物を復

旧し，住民参加でベートーヴェンの第九を復旧記念に公演している。同館の経営を館主として担ってきた伊藤英子が中心となり，2003年にNPO法人を設立し，後継者にバトンタッチしたが，2021年にはコロナ禍の影響を受けやむなく解散，建物は飯塚市に寄贈された。寄贈を受けた飯塚市は，再建のためのクラウドファンディングを実施し目標額を上回る寄付が寄せられている。これまで，幾多の災害を乗り越えて活動を続けてきた嘉穂劇場が，たとえ運営の形が変わっても，地域の文化拠点としてよみがえり，従来にも増して大きな公共的役割を担っていくことが期待される[13]。

　幾多の困難を乗り越え長年続いている各地の活動の事例から汲み取れることは，活動の原点を大切にし，絶えず文化の楽しさと魅力を磨き，誰もが参加したり，支えたりしたくなるボランタリズムを誘発するような文化活動が肝要だということである。

2-4　つながる力

　文化活動の魅力は，世代や地域・国境を超えて人と人とが感動を共有し，通じ合う点にある。

　岩手県遠野市の「市民の舞台」，長野県飯田市の「飯田人形劇フェスタ」，大阪府能勢町の「浄瑠璃の里」などの地域に根付いた演劇活動や，神戸市・仙台市などでのジャズストリートのイベント，新潟県佐渡市の「佐渡版画村」・高知県黒潮町の「砂浜美術館」などは，地域外の人も含めて老若男女誰でも容易に参加できるように工夫されている。

　茨城県取手市では，1999年東京藝術大学の取手キャンパスに先端芸術表現科が新設されたのを機に，市民・大学・行政が一体となった「取手アートプロジェクト」が発足した。毎年，身近な生活環境に密着したテーマを設定し，全国公募の野外アート展や地元作家のアトリエを公開するオープンスタジオなどを実施し，市内各所でワークショップやアートイベントが開催され，町全体がアートの空間となる。多くの市民サポーター・ボランティアや大学学生・職員が運営スタッフに参加し，現代アートを通じて豊かな交流を展開している。

　また，地域を越えた交流という点では，地域外の参加を呼びかけるコンクール形式のイベントも成果を収めている。北海道の「YOSAKOIソーラン祭り」，秋田県の「大曲の花火大会」，富山市の「全国チンドンコンクール」，長野県の

「いいだ人形劇フェスタ」，大分県竹田市の「瀧廉太郎記念音楽祭」などのイベントは，全国から同好の人たちがその町に集まり，技を競い，交流する。全国レベルのコンクールの開催を通じて，地域間交流や国際交流が生まれ，有益な情報やノウハウの交換により，さらに活動の輪が広がり水準も向上することになる。

　愛媛県松山市の「俳句甲子園」は，俳句が盛んな町の特性を活かして1998年から高校生が集い競う俳句の全国大会を同市で開催している。大会の運営は「NPO法人俳句甲子園実行委員会」が中心となり，多くのボランティアが参加して行っている。

　以上のようにアイデアと工夫によって，地方の都市や町村がそれぞれの特色を活かした分野の中心として，全国レベルの交流の拠点となることも可能である。

　災害は文化活動に負の影響をもたらすことは，嘉穂劇場などの例でもみてきたが，一方で災害を機に文化活動が新たにスタートしたケースもある。

　2011年，東日本大震災で甚大な被害を受けた三陸沿岸部へ震災復興支援に訪れたNPO法人ジャパン・コンテンポラリーダンス・ネットワーク（JCDN）のダンサーたちが，三陸地方の郷土芸能の素晴らしさに触れることにより，郷土芸能団体とアジア各地のアーティストが交流する「三陸国際芸術祭」が2014年，岩手県大船渡市を中心に始まった。以後2018年には「三陸国際芸術推進委員会」が組織され，開催地域も岩手県から青森県に至る全長600kmにもおよぶ三陸沿岸部の各地を舞台とするスケールの大きな芸術祭に発展している。

　文化活動は地域や国境の壁を越えて，顔と顔が見える・心と心が通い合う交流や絆を生んでいる。この文化の持つ「つながる力」が，文化活動を支える大きな力となっているのである。

3　むすび

　本章では，サントリー地域文化賞受賞団体の例を中心に，地域における文化活動の「つくる，つづける，つながる」ことの重要性を述べてきた。

　「文化は一代限り」という意見もあり，地域文化賞でも個人受賞の活動の場

合や当初のリーダーの引退を機に低迷する団体の活動などをみると，該当する例も少なくない。しかしながら，「つくり，つづけ，つながる」知恵と情熱は，次の世代にも伝えることができるということを各地の長く続く活動が示している。

「一文の得にもならないことを一生懸命やる」力は，ふるさとと文化を愛する人たちのアマチュアリズムとボランタリズムから生まれる。楽しさと感動が文化の原点であり，それは男女・世代・地域・国境を超えて通じ合う力を持っている。文化が人を結び，生活を豊かにし，地域に誇りと活気をもたらす。文化の公共性が力を発揮する時代は開幕したばかりである。

注
1） 『日本経済新聞』「データで読む地域再生」　2024.6.8
2） （公社）全日本郷土芸能協会ホームページ　http://www.jfpaa.jp
3） 山田浩之編著　『都市祭礼文化の継承と変容を考える』　ミネルヴァ書房　2016
4） 石田麻子　『市民オペラ』　集英社新書　2022
5） 『日本経済新聞』　高松和子　「大人ゴコロ操る人形劇」　2008.9.11
6） 『日本経済新聞』　輪島幸雄　「函館の歴史伝える野外劇」　2007.6.19
7） 西村幸夫・埒正浩　『証言・町並み保存』　学芸出版社　2007
8） サントリー文化財団ホームページ　https://www.suntory.co.jp/sfnd
9） 山崎正和編　『文化が地域をつくる』　学陽書房　1993　p.13
10） さっぽろ雪まつりホームページ　https://www.snowfes.com
11） サントリー文化財団事務局小島多恵子・西尾麻衣子による 2012 年 1 月調べに基づき筆者編集
12） 1998 年の「特定非営利活動促進法」施行後，2008 年には民法の公益法人制度が抜本的に改革・施行された
13） 福岡県飯塚市ホームページ　https://www.city.iizuka.lg.jp

企業の文化芸術支援

1 社会貢献活動による公共性の実現

1-1 文化芸術支援活動の系譜

　今日,多くの企業は社会の一員としてCSR（Corporate Social Responsibility）活動に取り組んでいる。企業が法的義務を守り,商品やサービスの提供を通じて社会に貢献することは本来の責務であるが,それ以上に多くの役割が社会的に期待されている。人・モノ・カネ・情報といった経営資源を有する企業が,それらの資源をビジネス以外でも,社会のために活用することが公共性の観点からも重視され,社会とのコミュニケーション・社会への貢献は今日の企業経営の基本となっている。

　企業の社会貢献活動は地球環境問題をはじめ多岐にわたるが,中でも文化芸術への支援活動は長い歴史を持つ重要なテーマである。

　わが国では,近代的企業が導入される以前の商人や商家の経営にその源流が認められる。室町時代以降,台頭し富を蓄積した商人により,地域の祭礼や芸能への寄進が多く行われた。中でも堺の商人による茶の湯の文化や京都の豪商角倉家による「嵯峨本」出版は,後世にも大きな影響を与えた。その根底には,商人自らが文化芸術を愛し,自らの力でそれを守り育てようという気概があった[1]。

　江戸時代に活躍した近江商人・伊勢商人・大坂商人らの地域社会への貢献は,今日の企業の社会貢献活動の先駆けとなるものであった。文化芸術面では,大坂商人が果たした役割が大きい。彼らは天神祭などの祭礼文化を支えたばかりでなく,芝居を観劇し,俳諧・書画などの文芸に親しみ,文人墨客と交わって,芸術・芸能を支援した。浮世草子・歌舞伎・人形浄瑠璃に代表される元禄文化の開花は,大坂商人のパトロネージがなければ実現しなかったであろう[2]。

　近世商人の社会貢献の背景には,伝統的な仏教や儒教の考えが浸透していた。近江商人の「売り手によし,買い手によし,世間によし」という「三方よ

し」の経営に象徴されるように，当時社会的地位の低かった商人・商家の経営
を維持するためにも，地域社会に貢献し，つながりをひろげ，仏教や儒教の教
えを体現した報恩・感謝の意を尽くすことは重要であった。

　明治以降の近代化の時代になると西洋的な企業制度が導入され，近代産業の
発展とともに多くの新興企業が誕生した。近代企業家の事業の成功・富の蓄積
に伴い，社会的影響力も大きくなり，渋沢栄一・大倉喜八郎・森村市左衛門ら
を始めとする多くの企業家が，教育・福祉などの公共的分野で先駆的な役割を
果たした。関西でも，五代友厚・藤田伝三郎・住友吉左衛門友純らが，多大な
社会貢献活動を行っている。

　文化芸術分野では，美術振興に関心が集まり，美術館の建設が目立ってい
る。大阪ボランティア協会ボランタリズム研究所監修の『増補改訂版　日本ボ
ランティア・NPO・市民活動年表』[3]によると，第二次大戦前における企業・
企業家により建設された美術館の主なものは次の通りである。

大倉集古館（東京）	大倉喜八郎（大倉財閥）	1917（大正 6 ）年
資生堂陳列場（東京）	福原信三（資生堂）	1919（大正 8 ）年
有鄰館（京都市）	藤井善助（藤井紡績）	1926（大正 15 ）年
大原美術館（倉敷市）	大原孫三郎（倉敷紡績）	1930（昭和 5 ）年
白鶴美術館（神戸市）	嘉納治兵衛（白鶴酒造）	1934（昭和 9 ）年

　いずれも，創設者の芸術振興への志がこもった施設であり，リニューアル等
はあっても今日まで存続し，長年にわたって美術の発展に大きく寄与してき
た。特に倉敷の大原美術館は，わが国初の西洋美術館として意義あるばかりで
なく，大原孫三郎の地域社会における社会貢献活動の一環として位置付けら
れ，公共性の観点からも重要な役割を果たしている。

　大原孫三郎は，紡績業を中心として，農業・銀行・電力・新聞といったビジ
ネスを通じて地域社会の発展に多大の寄与をなしているが，一方で教育・福祉
をはじめとする当時の社会問題に対しても類のない貢献を行っている。岡山孤
児院を運営する石井十次との出会いから始まった孤児院への支援，大原奨学会
を通じた奨学金支給による人材育成，一般市民を対象とした日曜講演会などの
社会教育活動，大原社会問題研究所などによる学術・研究の振興等は，今日に
まで影響を及ぼす大きな足跡を残している。

　大原美術館創設のきっかけをつくった岡山出身の画家児島虎次郎とは，彼が

大原奨学生時代からの縁があり，彼のフランス留学以後も生涯その画業を支援した[4]。

　大原孫三郎の公共・公益思想の根底には，深い郷土愛に加えて青年期に接した二宮尊徳の報徳思想と石井十次の影響によるキリスト教の教えが融合した富者の生き方への指針がうかがえる[5]。大原孫三郎に限らず社会貢献活動に尽力した近代企業家たちの公共・公益思想の背景には，近代以前からの伝統的な仏教・儒教的「報恩・感謝」の精神と近代以降に影響を受けた欧米的あるいはキリスト教的な富者の義務や「ノブレス・オブリージュ」の考え方が混在していた。

1-2　岡山における企業の文化芸術支援活動

　第二次大戦後の地域社会における企業の文化芸術活動支援の事例を，前記『増補改訂版　日本ボランティア・NPO・市民活動年表』をもとに，大原孫三郎が活躍した岡山県を中心にみてみたい。

　大原孫三郎は，戦前大原美術館のほかにも，柳宗悦らの民芸運動にも理解と交流を深め，1936 年には民芸運動の拠点となる東京目黒区の「日本民芸館」設立を支援している。戦後の 1948 年には，彼の後を継いだ長男大原總一郎の発案・支援により，倉敷市に「倉敷民芸館」が設立されている。

　大原總一郎はまた，戦後いち早く町並みの保存を提唱し，彼の尽力により1949 年にわが国初の町並み保存を目的とした民間団体として「倉敷都市美協会」が発足した。その後 1968 年には，倉敷市の「伝統美観保存条例」が制定され，倉敷川沿いの美観地区指定など，全国に先駆けた町並み・景観保存活動を展開している。こうした倉敷の町並み保存活動は，大原孫三郎の民芸支援活動に端を発していると言えるであろう。

　岡山市の老舗企業林原（現ナガセヴィータ）は，1883（明治 16）年に水飴製造業として創業し，戦後バイオテクノロジーの活用により大きく発展した。戦後の林原一郎社長時代に，地域社会への貢献を目的に社団法人「林原共済会」を発足し，彼の没後の 1964 年には彼の収集した日本と東洋の古美術を中心とした林原美術館が，後継者の林原健らによって岡山市内に開設された。その後同社は経営破綻し，2011 年に長瀬産業の傘下となったが，同美術館は今日も岡山市を代表する美術館として活動を続けている[6]。

交通・運輸の両備グループは，1966年に創業の地岡山市西大寺に夢二郷土美術館を開設した。きっかけは，1951年，当時の両備バス社長松田基が，大阪の古本屋で同郷の画家竹久夢二の作品に出会い購入したことである。以後，夢二の作品を里帰りさせるために収集を続け，美術館オープン後も，瀬戸内市の夢二の生家を整備し夢二郷土美術館の分館として公開した。さらに1979年には夢二のアトリエ「少年山荘」を復元・公開し，夢二生誕100年の1984年には本館を西大寺から後楽園外苑の一角に移設・新築し，訪れる市民への便宜を図っている。絵画以外にも夢二の文芸作品や写真，館内に流れる夢二作詞の歌謡などロマンチシズムにあふれる夢二の世界を現出している。創設者松田基の郷土岡山と竹久夢二への思いと志は，両備文化振興財団と両備グループの手で今日も受け継がれている[7]。

　また，1984年には地方での野外国際芸術祭の草分けとなる「牛窓国際芸術祭」が牛窓町（現瀬戸内市）でスタートした。これは，日本オリーブの社長であった服部恒雄のプロデュースによるものである。彼自身画家でもあったが，海外からの作家らも招いて，経営するオリーブ園なども会場に提供して，屋外でアートに親しむイベントとして，以後毎年1992年まで，継続開催した。単に作品を展示するだけでなく，景観とアートとの調和をはかり，講演会・シンポジウムなどによる国内外のアーティストと地元との交流，ボランティアの活用などの先駆的試みを行っている。その精神を受け継いで，2010年には「牛窓・亜細亜芸術交流祭」が復活開催され，瀬戸内市が誇る文化資源となっている。

　一方，瀬戸内海に浮かぶ直島（行政的には香川県）では，岡山市に本社を置く福武書店（現ベネッセコーポレーション）の福武總一郎社長（当時）が中心となり，美術館とホテルが一体となった「ベネッセハウス」を開設した。ここを拠点に島全体を舞台としたアート活動が展開され，1998年には住民の協力を得て，空き家を現代アートで再生する「家プロジェクト」が開始された。その後も現代アート展や地中美術館などの美術館がオープンし，アートの島としての名声を確立した。2010年には瀬戸内海に浮かぶ島々とも連携して，第4章でも取り上げた「瀬戸内国際芸術祭」が実現した。

　福武總一郎は直島のアートプロジェクトについて，概ね次のように語っている。「現代アートと直島の自然と歴史を組み合わせた構想で，『よく生きる』と

第 6 章　企業の文化芸術支援

いうベネッセのメッセージを形にしようと考えた。『あるものを活かし，ない
ものを創る』発想だ。自然や古民家の中に現代アートを入れ込んでいくと，新
しい価値が生まれ，人の対流が起こり，住む人も訪れる人も生き生きとしてき
た」「社会的な存在である企業は物質面だけでなく，精神的にも豊かな暮らし
のために利益を還元すべきだ。私の名前は大原孫三郎の長男總一郎さんからも
らった。大原孫三郎は，企業経営と社会貢献を車の両輪として進めた最も尊敬
する経営者だ」[8]。

　戦前大原孫三郎が播いた企業・企業家の文化芸術支援という種は，直接・間
接に岡山の風土に根付いて，戦後に大きく花開かせたと言えるだろう。文化芸
術支援という分野においては，郷土・地域社会への貢献というだけでなく，そ
れぞれの芸術分野に対する企業家・経営者の思いや志が反映される場合が多
く，リーダー個人の果たす役割・影響がそれだけ大きいのである。

2 公共性の実現における企業経営者の役割

2-1 石見銀山地区における町並み保存活動

　地域社会における文化芸術面での企業の公共・公益活動は，企業家・経営者
の個人的資質に負うところが大きいと述べたが，その例を島根県の世界遺産，
石見銀山地区大森の町並み保存についてみてみよう。

　2010 年から 12 年にかけて，筆者らは「着地型観光と地域社会」という現地
調査を実施した。この調査は，屋久島・石見銀山・紀伊山地というユネスコの
世界文化遺産登録地における観光と地域づくりの実態を探ろうとするもので
あった[9]。

2-1-1 大森の町並み

　2007 年，石見銀山がユネスコの世界遺産に登録された。その正式名称は「石
見銀山遺跡とその文化的景観」となっている。産業遺跡としての銀山遺跡の歴
史的価値とともに，銀山を中心として長年にわたって形成された景観が「自然
と人間との共同作品」として高く評価された。

　石見銀山の場合，その文化的景観は概ね①鉱山跡と鉱山町，②銀山街道，③
港湾と港町から構成されるが，世界遺産登録との関連でもっとも重要な位置を

203

占めるのは①の銀山跡そのものと鉱山町の玄関として栄えた大森地区の町並みである。大森地区は，江戸時代には幕府直轄地として代官所が置かれ，武家・商家・社寺等が集中してにぎわった。しかし明治以降，鉱山は近代化されることもなく休山となり，玄関口の大森地区も徐々にさびれていった。

今日，大森地区の人々は，「石見銀山が近代化されず，町に開発の波が押し寄せなかったことがかえってよかったのかもしれない」と語る。自然と共生しながら人間の手で掘った中世〜近世の鉱山の様子がよく残り，鉱山とともに栄えた町の生活と生業を伝える町並みも維持されたからである。

銀山閉鎖後も，厳しい環境の中で生活と生業の営みを続け，住民が守ってきた大森の町並みは，北の端にある代官所跡の石見銀山資料館から，南の銀山公園あたりまでの 1km 足らずの細長い地区である。銀山川に沿った谷あいの町で，周りは山に囲まれている。かつての武家屋敷や大小の商家・町屋が混在しながらも調和して，屋根瓦も美しく端然とした町並みを形成している。観光客向けの飲食店や雑貨屋も点在するが，町並みに溶け込んで落ち着いた佇まいである。観光協会，石見銀山資料館はじめ，飲食店や雑貨屋の店の人たちのもてなしにも，石見銀山と大森の町に対する誇りと愛着が感じられる。

2-1-2　町並み保存運動

1923（大正 12）年の銀山休山後，谷あいの農地も少ない大森の町は人口減少の一途をたどり，戦後は急速に過疎化が進んだ。そうした時代の厳しい流れの中でも，大森に住む人々の心の中には石見銀山への誇りと郷土愛は根付いていた。1957（昭和 32）年には，大森町の全戸が加入して「大森町文化財保存会」が民間の手で結成され，銀山遺跡の清掃や歴史の学習・説明板設置等の保護活動が続けられた。その後も，「大森町観光開発協会」や「文化財愛護少年団」の発足など，住民による活動が芽生えている。

他方，国の文化財保護行政も単なる文化財だけでなく，歴史的・自然的景観の一体的保護にまで拡大し，1975 年の「伝統的建造物群保存制度」の導入に見られるように，町並み保存の観点が重視されるようになった。こうした機運の中，文化庁の主導で大森地区の町並み調査が実施され，それに基づき保存状態のよい 7 件の歴史的建造物が県の文化財として指定された。

1976 年，大田市から旧代官所跡の建物を取り壊したいとの話が持ち上がっ

たときには，「大森町文化財保存会」で検討の結果，住民が資金を出し合って買い取り，古い建物をそのまま「石見銀山資料館」として活用している。

1980 年代になると，行政主導で「石見銀山遺跡総合整備」と「町並み保存」計画が進められ，そのための町並み調査も行われた。それまでの経緯から，行政主導の町並み保存に不安を抱く住民たちは，86 年に住民挙げて「町並み保存対策協議会」を結成し，住民の要望に基づいた取り組みを推進し，行政側にも積極的に働きかけた。こうした動きを踏まえて，87 年には大田市の保存条例が制定され，さらに大森の町並みは国の「重要伝統的建造物群保存地区」に選定され，以後重要な歴史的建物や町並みの保存・修理・修景が住民の声を反映しながら進むことになる。

1991 年には，地元住民・行政・外部有識者を交えた「町並み討論集会」が開かれ，大森の将来像について活発に議論が展開され，石見銀山と大森の町の魅力を広く情報発信する契機となった。そして，その後の全国各地域・各界との交流や空き家の活用等が進展することにつながっている。

2-2 町づくりの住民リーダー

人口 500 人にも満たない山間の小さな町大森に本拠を置き，全国に名を馳せるオンリーワン企業が 2 つも存在する。そのひとつが優れた義肢装具メーカーとして世界的に著名な「中村ブレイス」であり，他方がナチュラルなデザインの「群言堂」ブランドで知られるファッション企業「石見銀山生活文化研究所」である。「中村ブレイス」の中村俊郎社長と「石見銀山生活文化研究所」の経営者，松場大吉・登美夫妻はいずれも単なる企業家・経営者というイメージではとらえきれない。それぞれのビジネスを通じて大いに地域経済に貢献しているが，それ以上に大森の町並み保存や町づくりのキーパーソンとして大きな役割を果たしている。以下では，本調査でインタビューを行った中村俊郎，松場登美それぞれの大森の町への思いについて述べる。

2-2-1 中村俊郎

中村ブレイス本社の応接室で，中村社長がまず見せてくれたものは，昭和30 年代頃の人通りのないゴーストタウンのような大森の町の写真と，高校を出て京都の大井義肢装具製作所に勤めていた頃，ふるさと大森への望郷の念を

205

綴った雑誌『旅』への寄稿文である。ふるさと大森をなんとかしなければという強い思いが，彼の原点であり，これまでの人生の根底を貫くものであることが伝わってきた。それはまた，世界に誇るべき石見銀山の歴史的価値を熱く語った父からの影響でもあり，文字通りの DNA でもあった。

　2 年半に及ぶアメリカでの義肢製作の修業を終えて帰国した 1974 年，過疎の町大森を起業の地に選んだのも，彼にとっては当然のことだったのだろう。自宅の前にあった古い納屋を作業所としてスタートした中村ブレイスは，義肢装具を必要とする人の身になって，最適のものを開発し製作するという姿勢で着実に業績を伸ばし，今日では約 70 名の従業員を擁するまでになった。海外からもオーダーが多く寄せられるようになったが，中村ブレイスの事業の一番の原動力は，利用客から寄せられる感謝の言葉だという。

　社長業のかたわら，中村俊郎は石見銀山に関する資料の収集に余念がない。私的なコレクションは，大田市内にあった山陰合同銀行の旧支店の古い建物を大森に移築・改修した「なかむら館」に収蔵している。彼はまた，本社に隣接する石見銀山資料館の理事長も務め，建物老朽化にともなう改修工事を中村ブレイスの地域貢献活動の一環として行っている。

　かつて幕府の天領であった大森には，伝統的に行政に頼ることをよしとしない自立の気風があることを強調し，町並み保存のために，自ら率先して古民家の買取り・改修に積極的に取り組んでいる。2011 年現在，すでに 37 軒の買取・改修を終えていた。単純に計算すれば，1 年に 1 件のペースである。改修を終えた建物には，飲食店や物販店が入り，空き家対策としても功を奏している。

　県の教育委員会委員長として活躍した中村にとって，石見銀山の世界遺産登録は積年の大きな夢であった。当初は地元住民の足並みもそろわなかった状況から，獅子奮迅の努力を傾け，国や県・市との連携プレーにより 2007 年の登録申請にまでこぎつけた。ところが，イコモスの事前審査により「登録延期」の勧告を受け，一時は無理かと思われたが，ニュージーランドのクライストチャーチで開催された世界遺産委員会で，逆転登録が決定したのである。日本代表団の一員としてクライストチャーチに乗り込んだ中村にとって，最後まであきらめなかった夢が実現したときの感慨は筆舌に尽くしがたいものだったにちがいない。「夢を語り，誠実さを伝える」を信条とする彼は，世界遺産登録

の経験を踏まえ，「どんなに厳しいときでも，何か一本の光があれば，小さくとも灯があれば，たどりつくことができる」とその信念を吐露している。

世界遺産登録は最終目的ではなくひとつのプロセスとして，登録後も彼と中村ブレイスは地域社会のために大きく寄与し続けている。町並み保存のための古民家の改修・活用事業の一層の促進や，世界遺産登録の翌年からスタートした「石見銀山文化賞」による地域文化に貢献した人の顕彰活動などがその端的な例である。

2-2-2 松場登美

株式会社石見銀山生活文化研究所の創業は1981年，松場夫妻がそれまでの名古屋での生活を切り上げ，夫大吉の故郷大森へ帰郷したことから始まった。当初の仕事は，夫の実家の呉服店を手伝うかたわら始めた，端布を利用したパッチワークの袋物などの小物づくりだったという。田舎の暮らしに立脚した松場登美の思いをこめた手作りの雑貨が徐々に都会の人に受け入れられ，「群言堂」ブランドの衣料品へと発展してきた。「復古創新」をモットーとし，大森の風土にしっかりと根をおろしながら，時代の波を超えるデザインとものづくりを続けている。従業員90名を超える規模となった同社の本社社屋の外観は簡素で，隣接する茅葺き屋根の社員食堂「鄙舎」ともども町の景観に溶け込んでいる。「鄙舎」の建物は，わざわざ広島から古民家を移築したものである。

松場登美によれば，大森を訪れる他地域や外国人など外の人の指摘や意見が，田舎の暮らしの価値の発見につながり，住民のふるさとへの自信と誇りを生む触媒になるという。群言堂の仕事にも，東京を始めとする都会からやってくる知識人や，中国やタイからの留学生との交流から生まれたアイデアを大いに活用している。

松場登美の「復古創新」を象徴する事業が，「他郷　阿部家」の営みである。阿部家は200年以上も前に建てられた武家屋敷で，県の文化財にもなっている。ところが30年以上も空き家になっていたために，ボロボロに朽ち果て廃屋同然になっていた。これを買い取り10年もの年月をかけて丁寧に修復し，ようやく人が住めるまでに再生した。今では松場登美がここに住み，自然と季節に調和した昔からの暮らしの知恵を活かした生活が営まれている。2008年からは，宿泊施設として営業し，1日数人の宿泊が可能となり，筆者

一同も 4 人で泊めてもらった。

　「他郷」とは，「他郷遇故知」という中国の言葉から取ったもので，「異郷の地で自分のふるさとに出会う」という気分になる宿をめざしている。実際，門も，前庭も，玄関もさりげなく，ごく自然に入ることができ，しかも落ち着いたたたずまいとなっている。どの部屋も古いながらも美しく，凛とした風情がある。蔵を改造した寝室も納屋の跡に作られた風呂場も，どこか懐かしい気分になる設いである。しかしながら，何よりアットホームに感じたのは，かまどのある台所での土地の産物を活かした素朴でおいしい料理とホステス役の松場登美や阿部家のスタッフたちを交えての語らいというもてなしであった。

　この静かで豊かな山里の暮らしを大切にする松場夫妻にとって，石見銀山の世界遺産登録への動きは，町並み保存にかえってマイナス面のほうが大きいのではないかと思われた。急激な観光客や観光関連施設の増加が，住民の生活や町のたたずまいを壊すのではないかとの危惧を，当初は住民有志とともに表明したのである。

　今では，松場登美は，石見銀山が世界遺産に登録されてよかったと考えている。何より石見銀山と大森の町が全国・全世界に注目されることには大きな意義がある。登録直後に観光客が急増し，一時は住民の生活も脅かされたが，松場夫妻らの危惧の声は決して無駄ではなく，行政的にも様々な措置が取られることにつながった。

　たとえば，銀山遺跡まで直行する観光バスは禁止となり，パークアンドウォーク方式で観光客は駐車場から遺跡まで歩くことになった。また，駐車場や世界遺産センターなどの関連施設も，町並みとの距離に配慮して設置されたり，観光客や地元住民が守るべきマナーやルールが「石見銀山ルール」として，地元の合意の下に策定されたりしている。

　阿部家でのヒアリングの場で，松場登美がさらりと語った次の言葉が心に残った。「住民リーダーの役割として，先頭で旗を振ることよりも，共に歩む住民に対して後ろから励ましの声をかけることが大切ではないか」。

2-3　郷土を見る「鳥の眼」と「虫の眼」

　大森地区町づくりの代表的キーパーソンといえる中村俊郎と松場夫妻では，テクノロジー型とデザイン型という企業の業種・ジャンルの違いと同様に，町

第6章　企業の文化芸術支援

づくりの発想においても相違があるようにみえる。たとえて言えば，中村俊郎は，石見銀山の歴史的価値を，空高く飛ぶ「鳥の眼」で見て，広く全国・全世界にアピールすることに思いを馳せ，全力を傾けてきた。他方，松場夫妻は，大森の土をしっかりと踏んで這う「虫の眼」を持って足元を見つめ，石見銀山の昔から続く暮らしの知恵を発見し，それを郷土の誇りとして現代に活かしてきた。

　しかし第三者の眼からみると，案外両者の共通点も多いのである。まず第一に，いずれも若い時期に故郷を飛び出し，都会であるいは海外で時代の空気に触れ，貴重な経験を重ねて，それをバネに故郷大森で事業を起こし成功したことである。第二に，中村の信条が「夢を語り，誠実さを伝える」ことであり，松場登美のモットーが「心想事成」つまり「心に想うことが成る」で，いずれも夢を大切にしてあきらめないという姿勢が共通している。第三に，小さくとも全国・世界に通用するオリジナリティをもった，地域に根ざしたビジネスのスタイルが共通しており，企業として町並み保存等の地域社会への貢献活動に力を入れている点も同じである。第四に，ビジネス以外の分野でも幅広い人脈・ネットワークを持ち，積極的に他の地域や各界の専門家との交流を行っていることである。第五に，両者いずれも誰にも負けない郷土への愛着と誇りを持ち，次の世代へ伝えようとしていることである。

　前記松場の表現を借りれば，「先頭で旗を振る」のが中村俊郎であり，「後ろから励ましの声をかける」のが松場登美と言えるかもしれない。郷土大森への思いが共有されている限り，それぞれの進む方向が多少異なっても，郷土愛を共通の原点としてベクトルは合成され，次世代へと受け継がれて，さらなる大きな力になっていくだろう。たとえば，現在両者が別々に進めている古民家の買い取り・改修活動についても，いずれもっと相乗効果が発揮されるような時が来るものと期待される。

　他方，行政との連携という点では，誇り高く自立心の強い大森の住民も，これまでの長年の町並み保存活動の蓄積の上に，新しい時代にふさわしい協働関係を構築していくものと考えられる。すでに世界遺産登録を契機に，民間・行政の協働によって，「石見銀山協働会議」が発足し現在NPO法人として世界遺産の価値を守り，活かし，伝える取り組みが着実に進められている。

　以上，石見銀山大森地区のまちづくりの例をみてきたが，住民のリーダーと

209

して企業の経営者が大きな役割を果たしていることが特色である。

3 むすび

　企業の文化芸術面での公共性の実現として，企業家・経営者の社会貢献活動という側面から述べてきた。

　文化芸術は，他の地球環境や医療・福祉などの分野に比べ，社会からのニーズも最大公約数的なものが少ない。それだけ個々の企業の自由度が高く，企業家・経営者個人の考えに左右される面が大きい。

　しかし今日では文化の公共性の認識がひろがり，とくに 1970 年代以降のグローバルな CSR 経営の潮流の中で，文化芸術への支援に取り組む企業が増えている。1990 年の「経団連 1 ％クラブ」の発足や企業メセナ協議会の設立がその機運を盛り上げた。ちなみに，企業メセナ協議会が顕彰する「メセナアワード」の第 1 回大賞には，岡山の林原グループが選ばれている。

　企業の文化芸術支援の方法には，①文化活動に対する寄付・協賛などによる金銭的支援，②文化活動に対する施設・資材・人材などの提供による援助，③文化イベントの開催，④美術館・ホールなどの文化施設を通じた活動，⑤企業財団を通じた助成・支援活動など様々なものがある。

　行政の幅広い支援と違って，特定のジャンルに限られた経営資源を活用するという点が特徴である。特定の文化芸術や地域社会への思い・志が鮮明となり，特色ある支援活動が可能となる。

　また，近年は NPO 法人などの市民団体や地方自治体との連携による地域づくりに取り組む企業も増加している。文化を活かした地域づくりにおいて，企業が果たす役割は今後ますます大きくなるであろう。

注
1） 伊木稔 『文化を支えた企業家たち』 ミネルヴァ書房　2016　pp.26-30
2） 伊木稔 『文化を支えた企業家たち』 ミネルヴァ書房　2016　p.36
3） 大阪ボランティア協会ボランタリズム研究所監修 『増補改訂版　日本ボランティア・NPO・市民活動年表』 明石書店　2022
4） 阿部武司編著 『大原孫三郎』 PHP 研究所　2022　pp.182-187
5） 伊木稔 『文化を支えた企業家たち』 ミネルヴァ書房　2016　p.112

6） 林原美術館ホームページ　https://www.hayashibara-museumofart.jp

7） 夢二郷土美術館ホームページ　https://yumeji-art-museum.com

8） 『毎日新聞』「インタビュー　急接近」　2009.10.30

9） 本調査は，大阪商業大学アミューズメント産業研究所平成 22，23 年度研究プロジェクト「着地型観光が地域に及ぼす影響に関する研究：世界遺産登録地を事例として」をテーマに実施したものである。石見銀山遺跡（島根県），屋久島（鹿児島県），紀伊山地（和歌山県）の 3 地区を対象に，大阪商業大学総合経営学部公共経営学科（当時）の飯田耕二郎（地理学），長妻三佐雄（日本思想史），横見宗樹（観光学）と筆者の計 4 名の共同により，実地調査を行った。

　調査結果は同『アミューズメント産業研究所紀要』15 号（2013 年 6 月）にまとめて掲載された。本節（第 6 章第 2 節）は，上記初出原稿のうち筆者が担当した石見銀山地区町並み保存活動の部分を再掲したものである。

おわりに

　戦後の日本の地域開発は,「国土の均衡ある発展」を掲げて始まった1962年の(第一次)「全国総合開発計画」から1998年「21世紀の国土のグランドデザイン」(五全総)まで,中央主導の地域開発がその骨格を担ってきた。しかし,その間,産業構造の転換,バブル経済崩壊やリゾート開発の失敗,政府の財政危機,グローバル化,少子高齢化,IT技術の進展や環境問題など時代の変化の中で,次第に国主導・中央指令型の地域開発政策では対応ができなくなっていく。地域の抱える課題解決には,地域の創意と工夫による振興,人々の生活の場である地域自身の対応が問われるようになった。

　文化庁の設置(1968年)とほぼ並行して始まった「地方公立文化施設整備費補助金」(1967〜1995年度,要項改訂を含む)も,全国の人口10万人以上のすべての市に文化施設を設置し,地方の芸術文化活動を活発化させることによって中央と地方との差異を縮めることが所期の目的のひとつであった。これにより各地に文化施設が増加し,文化芸術活動の基盤が形成されたのは確かである。半面,当初は建てることそのものが目的化し,自主的な事業——美術館であれば明確な方針のもとにコレクションを収集し,他館とのネットワークを通じて独自の企画展を開催する,文化ホールであればホールのミッションに基づき自主事業を実施する等——に主眼が置かれてはいなかった。そのため,マスメディアなど企業の資金に頼った企画展が全国の美術館を巡回し,多くのホールは貸し館事業が中心となった。しかし,それではまさに単なる「ハコモノ」である。1990年代以降は,それまでのハード重視の施策への反省から,文化施設は各地域の事情に応じて方針・ミッションを定め,そのミッションに基づいた事業を展開し,より多くの人々を巻き込み,住民に豊かな機会や楽しみを提供することに重点が変わりつつある。

　このように中央から地方へ,ハードからソフトへという流れの中で,新しい方法で地域を活性化しようという動きが現れてくる。地域固有の文化や歴史を資源としたまちづくりも,美術館の中から飛び出して生活空間の中にアートを配し,社会や地域に働きかける活動としてのアートプロジェクトや芸術祭の開催も,その潮流の中にあると言える。

　もちろん,文化を活かした事業やアートプロジェクトを実施すれば,地域創

生が実現するというわけではない。一時的に観光客や来訪者を増やすことはできても，持続的に地域社会に活力や成長をもたらすような変化を実現することは容易ではない。では，どうすれば文化やアートの持つ力を活かして地域の変革，活性化につなげることができるのか。そのひとつのヒントが，文化の持つ公共性にあるのではないだろうか。

　文化はそもそも地域に暮らす人々が，その歴史や自然環境，生活，行動の中から生み出してきたものであり，生活世界の価値観を体現するものである。文化を活かした地域づくりとは，地域の歴史や風土に根ざした文化的な魅力を顕在化させ，それを磨く活動を通して，多くの人が集まり，場を共有する，つまり生活・生業を基礎に，人々のつながりやひろがりを取り戻す活動と言えるだろう。

　具体的な事例に挙げた，美術館やホールなど文化施設の新しい活動，瀬戸内国際芸術祭や堺市の歴史文化資源を活かしたまちづくり，全国で繰り広げられる住民主体の地域文化活動，そして地域に腰を据えて取り組む企業の文化支援からみえてきたことは，行政が主導するだけでなく，企業の社会貢献に頼るだけではなく，住民個人の楽しみに終わるわけでもない。個別の利益や組織の壁を越えて人々の参画，協働を促すことができた時，地域に変化をもたらす契機になるということだ。

　地域の未来をつくろうとする意志が，住民，企業，地方政府のエネルギーを集積する磁場となり，共通の志を通じた相互の連携によりそれぞれの持つ力のベクトルが合成されるとき，新たな公共性を拓いてゆくことになる。それこそ，まさにハーバーマスがいう「市民社会の再建」であり，対話と共同の行為によって成立する公共圏である。

　文化の力とは，多様な価値観，寛容性を認め合い，人々の自律的な力を引き起こし，開かれた公共性を実現する力である。それこそが地域を変える原動力であり，文化の公共性そのものだと言えるだろう。

あとがきに代えて

　「文化の公共性と地域活性化」は，私の大学院時代からの研究テーマです。これまで取り組んできた文化の公共性についての論考，文化施設のミッションと公共性，文化資源が地域に果たす役割に関する調査研究をベースに，この度，その成果を大阪商業大学比較地域研究所研究叢書として纏めることができました。

　貴重な機会をいただいた，比較地域研究所前所長・前田啓一先生，所長・梅野巨利先生に深く感謝を申し上げます。サポートいただいた研究所のスタッフの皆様にも御礼申し上げます。

　大阪市立大学大学院修士課程では矢作弘先生（現龍谷大学研究フェロー），博士課程では明石芳彦先生（現大阪商業大学教授）にご指導いただきました。改めて感謝申し上げます。

　私がサントリー株式会社不易流行研究所で勤務していた時，部長としてご指導くださった伊木稔先生に本書へのご参画をお願いし，第5章，第6章を執筆いただきました。長く地域文化の研究に携わってこられた伊木先生に共著者として加わっていただいたことは，誠に嬉しく，心から感謝申し上げます。

　最後になりましたが，慌ただしいスケジュールの中，丁寧に編集作業を進めてくださった白桃書房編集部の金子歓子様に厚く御礼申し上げます。

2025年　早春

狭間 恵三子

　今世紀も，地震・パンデミック・戦争……と災難の絶えない世紀となっています。厳しい時代を地域社会に暮らすすべての人々にとって，共に生きるための公共の精神がますます重要となっていると思います。

　今般，日本の各地で展開されている活発な文化活動を通じて，人々の心をつなぎ・支える文化の力を改めて痛感しました。

伊木 稔

初出一覧

以下の論文をベースに大幅な加筆修正を行った。下記以外は書き下ろし。

第1章
狭間惠三子 「文化資源と地域活性化に関する研究―文化の公共性と外部性に着目して」博士学位論文（大阪市立大学）2013

第2章
狭間惠三子 「ミュージアムの公共性についての一考察―公共性議論と文化の外部性から」『大阪商業大学商業史博物館紀要』 12 pp.51-84 2011

第3章
Emiko Hazama（first author）, Mission Flexibility for Public Cultural Halls: Looking at the realities of Baumol and Bowen's theory and the activities of Kansai's two major prefectural cultural halls, Review of Cultural Economics, Korea Association for Cultural Economics, 13-1, June 2010（second author: Hiroshi Yahagi）

第4章第2節
狭間惠三子 「文化の外部性からみた瀬戸内国際芸術祭」『大阪商業大学アミューズメント産業研究所紀要』 26 pp.35-78 2024

第5章
伊木稔 「地域文化活動の発展－つくる，つづける，つながる」『大阪商業大学商業史博物館紀要』 23 pp.1-17 2023

第6章第2節
伊木稔，飯田耕二郎，長妻三佐雄，横見宗樹 「着地型観光と地域社会―世界遺産登録地を事例として」『大阪商業大学アミューズメント産業研究所紀要』 15 pp.1-37 2013

参考文献

ICOM 日本委員会 『第 25 回 ICOM（国際博物館会議）京都大会 2019 報告書』 2020

青木恵之祐 「ビジュアルアートを活用した地域活性化のプロセスモデル」『文化経済学』 30 2011

明石芳彦 「英国のコミュニティ・ビジネスと社会的企業における起業家的要素」『季刊経済研究』 27（4） 2005

明石芳彦 『ベンチャーが社会を変える』 ミネルヴァ書房 2009

秋元雄史 『直島誕生』 ディスカバー・トゥエンティワン 2018

阿部潔 『公共圏とコミュニケーション』 ミネルヴァ書房 1998

阿部武司編著 『大原孫三郎』 PHP 研究所 2022

イエズス会 ［編］ 村上直次郎訳，柳谷武夫編輯 『イエズス会士日本通信　上下』 新異国叢書 1・2 雄松堂書店 1968

伊木稔 『文化を支えた企業家たち―「志」の源流と系譜』 ミネルヴァ書房 2016

伊木稔 「地域文化活動の発展―つくる，つづける，つながる」『大阪商業大学商業史博物館紀要』 23 2023

伊木稔・飯田耕二郎・長妻三佐雄・横見宗樹 「着地型観光と地域社会」『大阪商業大学アミューズメント産業研究所紀要』 15 2013

池上惇 『文化経済学のすすめ』 丸善出版 1991

池上惇 『生活の芸術化―ラスキン，モリスと現代』 丸善出版 1993

池上惇・植木浩・福原義春編 『文化経済学』 有斐閣 1998

池上惇・二宮厚美編 『人間発達と公共性の経済学』 桜井書店 2005

池上惇・端信行編 『文化政策学の展開』 晃洋書房 2003

池上惇・端信行・福原義春・堀田力 『文化政策入門―文化の風が社会を変える』 丸善出版 2001

石田麻子 『市民オペラ』 集英社 2022

石田麻子・根木昭 「日本の劇場運営におけるオペラ制作の課題」 長岡技術科学大学 『研究報告』 24 2002

一般財団法人地域創造 『地域の公立文化施設に関する調査報告書』 2000

一般財団法人地域創造 『地域文化施設に活力を―これからの運営のあり方を考える―調査研究報告書』 2003

一般財団法人地域創造 『公立文化施設における政策評価等のあり方に関する調査研究報告書―指定管理者制度を中心に―』 2004

一般財団法人地域創造 『これからの公立美術館のあり方についての調査研究報告書』 2009

一般財団法人地域創造 『2019 年度　地域の公立文化施設実態調査報告書』 2020

伊藤裕夫　「芸術文化支援は必要か」　芸術文化振興連絡会議編　『これからの芸術文化政策―その課題と方向を探る』　芸団協出版部　1996

伊藤裕夫　「文化における'参加'の意義―文化政策の課題とアートマネジメントの機能」　NIRA 研究報告書　『アートマネジメントと文化政策―我が国の文化政策との将来構想に関する研究』　総合研究開発機構　1998

井上達夫　「公共性とは何か」　井上達夫編　『公共性の法哲学』　ナカニシヤ出版　2006

上原恵美　「滋賀県立芸術劇場びわ湖ホールのこれまでの取り組みと今後の展望」　『文化経済学』　5（4）　2007

上原恵美　『次世代への贈りもの　滋賀の文化政策』　サンライズ出版　2008

上原恵美・牧野優他　『びわ湖ホール　オペラをつくる―創造し発信する劇場』　新評論　2007

梅棹忠夫　『メディアとしての博物館』　平凡社　1987

梅棹忠夫　「文化行政のめざすもの」『梅棹忠夫著作集　第 21 巻　都市と文化開発』　中央公論社　1993

梅棹忠夫監修　総合研究開発機構編　『文化経済学事始め　文化施設の経済効果と自治体の施設づくり』　学陽書房　1983

衛紀生　『芸術文化行政と地域社会―レジデントシアターへのデザイン』　テアトロ　1997

枝川明敬　「地域文化振興による地域活性化の把握と政策提言に関する研究」『公益財団法人日比科学技術振興財団平成 14 年度研究報告書』　2003

大阪ボランティア協会ボランタリズム研究所監修　『増補改訂版　日本ボランティア・NPO・市民活動年表』　明石書店　2022

大橋敏博　「文化施設の構造改革と評価に関する一考察」『島根県立大学総合政策論叢』　11　2006

岡部あおみ　『ポンピドゥー・センター物語』　紀伊國屋書店　1997

岡部明子　『サステイナブルシティ―EU の地域・環境戦略』　学芸出版社　2003

香川大学瀬戸内圏研究センター　『瀬戸内海観光と国際芸術祭』　美巧社　2012

片山泰輔　「芸術文化への公的支援の根拠」『日本経済政策学会年報』　43　1995

片山泰輔　「自治体が公共ホールを持つ意義」『Arts Policy & Management』　14　三和総合研究所　2001

片山泰輔　「指定管理者制度と公立文化施設の運営」『政策空間』　13　2004

片山泰輔　「『移行後』に考えるべきこと　指定管理者制度と公の施設の民主化」『政策空間』　24　2005

片山泰輔　「指定管理者制度の今―制度の概要と論点」　中川幾郎・松本茂章編著　『指定管理者制度はどうなっているのか』　水曜社　2007

参考文献

勝村（松村）文子・田中鮎夢・吉川郷主・西前出・水野啓・小林愼太郎 「住民によるアートプロジェクトの評価とその社会的要因―大地の芸術祭　妻有トリエンナーレを事例として」『文化経済学』　6　2008

金谷信子 「瀬戸内国際芸術祭における公民パートナーシップ― その利点と課題」『広島国際研究』　20　2014

川崎修 『アレント 公共性の復権』 講談社　2005

北川フラム 『美術は地域をひらく―大地の芸術祭の 10 の思想』 現代企画室　2014

北川フラム 『ひらく美術―地域と人間のつながりを取り戻す』 筑摩書房　2015

北川フラム・瀬戸内国際芸術祭実行委員会監修 『瀬戸内国際芸術祭 2010』 美術出版社　2011

北川フラム・瀬戸内国際芸術祭実行委員会監修 『瀬戸内国際芸術祭 2013』 美術出版社　2014

北川フラム・瀬戸内国際芸術祭実行委員会監修 『瀬戸内国際芸術祭 2016』 現代企画室　2017

北川フラム・瀬戸内国際芸術祭実行委員会監修 『瀬戸内国際芸術祭 2019』 青幻舎　2020

北川フラム・瀬戸内国際芸術祭実行委員会監修 『瀬戸内国際芸術祭 2022』 現代企画室　2023

金泰昌 『公共哲学 15 文化と芸能から考える公共性』 東京大学出版会　2004

金武創 「日本における文化政策の財政問題」『経済論叢別冊　調査と研究』　11　1996

草加叔也 「創造支援型劇場を創るために求められる課題」『文化経済学』　5（4）　2007

熊倉純子監修 『アートプロジェクト―芸術と共創する社会』 水曜社　2014

倉沢行洋 「茶道と宗教―キリシタン宣教師の見た日本の茶湯」『宗教哲学研究』　5　1988

暮沢剛巳・難波祐子編著 『ビエンナーレの現在―美術をめぐるコミュニティの可能性』 青弓社　2008

黒沢伸 「その１総論 あまねく人を呼ぶということ」 黒沢伸・吉備久美子・木村健・郷泰典・坂本祥世 『ミュージアム・クルーズ・プロジェクト記録集』 金沢 21 世紀美術館　2005

小泉元宏 「地域社会に『アートプロジェクト』は必要か？―接触領域としての地域型アートプロジェクト」『地域学論集：鳥取大学地域学部紀要』　9（2）　2012

公益財団法人大平正芳記念財団 『大平正芳とその政治再論―大平政治が今日の改革に示唆するもの』 PHP エディターズ・グループ　2022

公益財団法人日本博物館協会 「Museum Management Today」 日本博物館協会

219

2007

公益財団法人日本博物館協会 『令和元年度　日本の博物館総合調査報告書』　2020

小坂有資 「ハンセン病者の社会関係の現在―大島青松園と瀬戸内国際芸術祭2010 に着目して」『保健医療社会学論集』　24（2）　2014

後藤和子 『芸術文化の公共政策』　勁草書房　1998

後藤和子 『文化政策学』　有斐閣　2001

後藤和子 『文化と都市の公共政策』　有斐閣　2005

後藤和子 「創造型劇場のこれまでとこれから」『文化経済学』　5（4）　2007

小林真理 「文化芸術施設の管理のあり方」『都市問題研究』　61（10）　2009

小林真理編著 『指定管理者制度―文化的公共性を支えるのは誰か』　時事通信社 2006

小林真理他編 『都市政策の課題と芸術文化の役割』　プロジェクト研究　「日本の文 化政策とミュージアムの未来」　日本学術振興会　2009

小林真理・片山泰輔監修・編 『アーツ・マネジメント概論　三訂版』　水曜社 2009

小林令明 「アートを活用した過疎地活性化に関する研究（2）『越後妻有アートネッ クレス整備事業』における『大地の芸術祭』の文化面からの評価」『北星論集』 3　2005

齋藤純一 『公共性』　岩波書店　2000

阪本崇 「文化経済学と新しい公共性― 政策論的視点から見た『ボーモルの病』の貢 献」『同志社政策研究』　2　2008

佐々木毅・金泰昌編 『公共哲学』　1～20　東京大学出版会　2001-2008

佐野泰彦・浜口乃二雄・江馬務・土井忠生訳・注 『大航海時代叢書』　9　岩波書店 1967

澤村明編著 『アートは地域を変えたか―越後妻有大地の芸術祭の十三年　2000－ 2012』　慶應義塾大学出版会　2014

サントリー文化財団ホームページ　https://www.suntory.co.jp/sfnd

篠原雅武 『公共空間の政治理論』　人文書院　2007

志水紀代子 「アーレントとアメリカのフェミニズム―フェミニストによるアーレン トの再評価」『情況』　11（4）　2000

清水真帆 「芸術祭を通じた持続可能な地域の在り方に関する一考察―香川・瀬戸内 国際芸術祭と香港・火炭の事例比較研究」『大正大学紀要』　102　2017

ジョアン・ロドリーゲス著　会田由他監修 『日本教会史（上・下）』　大航海時代叢 書Ⅹ，Ⅸ　岩波書店　1967，1970

助成財団センター編 『民間助成イノベーション』　2007

神野直彦 『地域再生の経済学―豊かさを問い直す』　中央公論新社　2002

参考文献

末永カツ子・平野かよ子・上埜高志 「公共性理論についての論考」『東北大学大学院教育学研究科研究年報』 53（2） 2005

政策研究大学院大学 『文化芸術振興による経済への影響に関する調査研究』 最終報告（平成16・17年度文化庁委嘱研究） 2006

瀬戸内国際芸術祭実行委員会 「瀬戸内国際芸術祭2010 総括報告」 2010

瀬戸内国際芸術祭実行委員会 「瀬戸内国際芸術祭2013 総括報告」 2013

瀬戸内国際芸術祭実行委員会 「瀬戸内国際芸術祭2016 総括報告」 2017

瀬戸内国際芸術祭実行委員会 「瀬戸内国際芸術祭2019 総括報告」 2020

瀬戸内国際芸術祭実行委員会 「瀬戸内国際芸術祭2022 総括報告」 2023

瀧端真理子・大嶋貴明 「宮城県美術館における教育普及活動生成の理念と背景」『博物館学雑誌』 2005

谷口文保 『アートプロジェクトの可能性―芸術創造と公共政策の共創』 九州大学出版会 2019

椿昇・原田祐馬・多田智美編 『小豆島にみる日本の未来のつくり方』 誠文堂新光社 2014

徳田剛 「地域とアートの"幸福な関係"はいかにして可能か？―G・ジンメルのアイデアを参考に」『フォーラム現代社会学』 18 2019

独立行政法人国際交流基金 調査報告書 『文化による都市の再生―欧州の事例から』 2004

友岡邦之 「地域社会における文化的シンボルと公共圏の意義―自治体文化政策の今日的課題」『地域政策研究』 8（3） 2006

中川幾郎 「芸術文化の公的振興に関する理論的根拠について―英国芸術評議会の現状を通じて」『帝塚山法学』 2 1999

中川幾郎 『分権時代の自治体文化政策―ハコモノづくりから総合政策評価に向けて』 勁草書房 2001

中川幾郎 「指定管理者制度と文化施設のミッション」『月刊地方自治職員研修』 51 2004

中川眞 『アートの力』 和泉書院 2013

中島正博 「過疎高齢化する離島のまちづくりと芸術祭―瀬戸内・男木島の再生へ向けた住民の活動」『広島国際研究』 20 2014

中村淳 「地域コミュニティと『文化』―政策立案サイドからみた『文化政策』の展開」『東アジアからの人類学 国家・開発・市民』 2006

中本進一 「ハイ・カルチャー/ポピュラー・カルチャーにおけるヘゲモニーの転換と領有に関する一考察」『一橋法学』 2（3） 2003

西野嘉章 『博物館学―フランスの文化と戦略』 東京大学出版会 1995

西村幸夫・埒正裕編 『証言・町並み保存』 学芸出版社 2007

221

日本法社会学九州研究支部 『市民的公共性／公共圏のゆくえ』 九州大学法政学会 2006

根木昭 『日本の文化政策―文化政策学の構築に向けて』 勁草書房 2001

根木昭 「文化政策学の論点」『文化経済学』 3 2002

根木昭 『文化政策の法的基盤―文化芸術振興基本法と文化振興条例』 水曜社 2003

根木昭・大橋敏博・神部一男 「1980年代における『文化行政』の時代背景―『文化の時代』の社会的背景と『地方の時代』の文化的側面」『長岡技術科学大学 研究報告』 18 1996

野田邦弘 「現代アートと地域再生―サイト・スペシフィックな芸術活動による地域の変容」『文化経済学』 30 2011

野田邦弘 『文化政策の展開―アーツ・マネジメントと創造都市』 学芸出版社 2014

朴賢淑 「キリスト教宣教としての茶の湯―大阪の史跡を中心に」『大阪女学院大学紀要』 17 2020

狭間惠三子 『瀬戸内国際芸術祭と地域創生―現代アートと交流がひらく未来』 学芸出版社 2023

八田典子 「芸術作品の成立と受容における『場』の関与」『島根県立大学総合政策学会 総合政策論叢』 8 2004

八田典子 「芸術受容の『場』の変容―『大地の芸術祭』に見る『展覧会の新しいかたち』」『島根県立大学総合政策学会 総合政策論叢』 13 2007

速水佐恵子 「一六世紀における堺商人の動向―天王寺屋をめぐって」『史論』 12 1964

原直行 「アートによる地域活性化の意義―豊島における瀬戸内国際芸術祭を事例として」『香川大学経済論叢』 85（1・2） 2012

原直行 「瀬戸内国際芸術祭におけるインバウンド観光客の実態分析」『地域活性学会論文集』 12 2020

原直行 「住民による瀬戸内国際芸術祭の評価―豊島を事例として」『香川大学経済論叢』 9 3（4） 2021

日高六郎 『戦後思想を考える』 岩波書店 1980

福武總一郎・北川フラム 『直島から瀬戸内国際芸術祭へ―美術が地域を変えた』 現代企画室 2016

藤澤まどか 「美術館活動と公共性に関する一考察」『早稲田大学大学院教育学研究科紀要別冊』 16（2） 2009

藤田直哉 「前衛のゾンビたち―地域アートの諸問題」『すばる』 10 集英社 2014

藤田直哉編著　『地域アート／美学／制度／日本』　堀之内出版　2016

藤野一夫　「日本の芸術文化政策と法整備の課題―文化権の生成をめぐる日独比較を踏まえて」『神戸大学国際文化学部紀要』　2002

藤野一夫　「びわ湖ホール問題に映し出された現代日本の文化危機」『文化経済学』　6（2）2008

文化環境研究所　『Cultivate33　公立ミュージアムは誰のものか』　文化環境研究所　2009

文化庁　『地方文化行政状況調査報告書　平成19年度版』　文化庁　2007

文化庁　『文化芸術立国の実現を目指して　文化庁40年史』　ぎょうせい　2009

本田悟郎　「美術と公共性」『美術科教育学会誌』　22　2001

正岡利朗　「瀬戸内国際芸術祭と対象離島の活性化」『高松大学研究紀要』　69　2018

桝永佳甫編　『公共経営学入門』　大阪大学出版会　2015

松村文子・市田信行・吉川郷主・水野啓・小林愼太郎　「アートプロジェクトを用いた地域づくり活動を通したソーシャルキャピタルの形成」『環境情報科学論文集』　19　2005

間宮陽介　『同時代論　市場主義とナショナリズムを超えて』　岩波書店　1999a

間宮陽介　『丸山眞男―日本近代における公と私』　筑摩書房　1999b

丸山眞男　『丸山眞男議義録［第三冊］政治学1960』　東京大学出版会　1998

三宅美緒　「アートプロジェクトにおけるボランティア活動の持続要因の考察―瀬戸内国際芸術祭で活動するボランティアの視点から」『文化経済学』　14（2）　2017

美山良夫　「文化施設の今後」『慶應義塾大学アート・センター　Booklet』　15　2007

宮本憲一　『都市経済論―共同生活条件の政治経済学』　筑摩書房　1980

宮本憲一　『公共性の政治経済学』　自治体研究社　1989

宮本憲一　『公共政策のすすめ』　有斐閣　1998

宮本久雄・金泰昌　『公共哲学15 文化と芸能から考える公共性』　東京大学出版会　2004

村上弘　「公共性について」『立命館法学』　316　2007

室井研二　「離島の振興とアートプロジェクト―『瀬戸内国際芸術祭』の構想と帰結―」『地域社会学会年報』　25　2013

目瀬守男　「地域資源を生かした地域活性化と住民参加型の地域計画」『岡山大学農学部学術報告』　87　1998

森啓　『文化ホールがまちをつくる』　学陽書房　1991

森啓・横須賀徹　『水戸芸術館の実験』　公人の友社　1992

山川雄巳　「公共性の概念について」『公共政策』　1999

山口定 『市民社会論 ― 歴史的遺産と新展開』 有斐閣 2004

山口定・佐藤春吉・中嶋茂樹・小関素明 『新しい公共性を求めて―状況・理念・基準』 有斐閣 2003

山口定・中島茂樹・松葉正文・小関素明 『現代国家と市民社会―21世紀の公共性を求めて』 ミネルヴァ書房 2005

山崎正和編著 『文化が地域をつくる』 学陽書房 1993

山田浩之編著 『都市祭礼文化の継承と変容を考える』 ミネルヴァ書房 2016

山名尚志 「文化政策の行政評価―兵庫県立芸術文化センターの経済効果と運営手法」『地域創造』 24 2008

山本暁美 「瀬戸内国際芸術祭における訪問者の意識動向」『地域活性化学会2020年研究大会論文集』 12 2020

山本暁美・川原晋・原直行 「地域振興における芸術・文化活動の役割と影響―2013瀬戸内国際芸術祭 訪問者意識調査報告」『観光科学研究』 7 2014

山脇直司 『公共哲学とは何か』 ちくま新書 2004a

山脇直司 「公共性のパラダイム転換―公私二元論から政府の公・民の公共・私的領域の相互作用三元論へ」『NIRA 政策研究』 2004b

吉澤弥生 「アートはなぜ地域に向かうのか―『社会化する芸術』の現場から」『フォーラム現代社会学』 18 2019

吉田隆之 『芸術祭と地域づくり―"祭り"の受容から自発・協働による固有資源化へ』 水曜社 2019

吉本光宏 「トリエンナーレの時代―国際芸術祭は何を問いかけているのか」『ニッセイ基礎研究所報』 58 2014

Arendt, Hannah *The Human Condition* 2nd ed. The Univercity of Chicago Press, 1958 （志水速雄訳 『人間の条件』 筑摩書房 1994）

Bonnie, Honig *Feminist Interpretations of Hannah Arendt.* Pennsylvania State University Press, 1995 （岡野八代・志水紀代子訳 『ハンナ・アーレントとフェミニズム―フェミニストはアーレントをどう理解したか』 未来社 2001）

Bowmol, W. J. & Bowen, W. G. *Performing Arts The Economic Dilenma.* MIT Press, 1966 （池上惇・渡辺守章監訳 『舞台芸術―芸術と経済のジレンマ』 芸団協出版部 1992）

Fraser, Nancy *Rethinking the Public Sphere: A Contribution to the Critique of Actually Existing Democracy.* in Craig Calhoun edited, *Habermas and the Public Sphere.* Boston: Massachusetts Institute of Technology Press, 1993 （山本啓・新田滋訳 「公共圏の再考 既存の民主主義の批判のために」 グレイグ・キャルホーン編 『ハーバマスと公共圏』 未来社 所収 1999）

Frey, B. S. & Pommerehne, W. W. *Muses and Marke：Exploration in the Economic of*

The Arts.　Basil Blackwell Ltd., 1989

Galbraith, John Kenneth　*Economics and the Public Purpose.*　Houghton Mifflin, 1973（久我豊雄訳　『経済学と公共目的』　河出書房新社　1975）

Giraudy, Daniele & Henri Bouilhet　*le musèe et la vie.*　La Documentation Francaise, Paris, 1977（高階秀爾監修，松岡智子訳　『美術館とは何か』　鹿島出版会　1993）

Guggenheim BILBAO　*Activity Report, 1997-2002*

Habermas, Jürgen　*Strukturwandel der Öffentlichkeit － Untersuchungen zn einer kategorie der bürgerlechen gesellschaft.*　Neuwied　Luchterhand, 1962（細谷貞雄・山田正行訳　『公共性の構造転換―市民社会の一カテゴリーについての探求　第2版』　未來社　1994）

Habermas, Jürgen　*Philosophisch―Politische Profile.*　Frankfurt am Main, Suhrkamp, 1981Habermas, Jurgen　*Theorie des kommunikativen Handelns.*, Bde.1-2. Suhrkamp Verlag, Ffm.　1981（河上倫逸・M. フーブリヒト・平井俊彦訳　『コミュニケーション的行為の理論』［上］，藤沢賢一郎・岩倉正博・徳永恂・平野嘉彦・山口節郎訳　『コミュニケーション的行為の理論』［中］，丸山高司・丸山徳次・厚東洋輔・森田数実・馬場孚瑳江・脇圭平訳　『コミュニケーション的行為の理論』［下］　未來社　1985, 1986, 1987）

Heilbrun, James　&　Charles M. Gray　*The Economicsof Art and Culture: An American, Respective.*　Cambridge University Press,　1993

Helguera, Pablo　*Education for Socially Engaged Art: A Materialsand Techniques Handbook.*　Jorge Pinto Books Inc., 2012（アート＆ソサイエティ研究センター　SEA 研究会訳　『ソーシャリー・エンゲイジド・アート入門　アートが社会と深く関わるための 10 のポイント』　フィルムアート社　2015）

Henton, D., J. Melville,　& W. R. Nord（eds.）　*Grass Roots Leaders for a New Economy.*　Jossey-Bass Inc., 1997（加藤敏春訳　『市民起業家　新しい経済コミュニティの構築』　日本経済評論社　1997）

Jacobs, Jane　*Cities and the Wealth of Nations: Principles of Economic Life.*　Random House, 1984（中村達也・谷口文子訳　『都市の経済学　発展と衰退のダイナミクス』　TBS ブリタニカ　1986）

Lefebvre, Henri　*La Revolution urbaine.*　Gallimard,　1970（今井成美訳　『都市革命』　晶文社　1985）

McGimsey, Charles R. Ⅲ　*Cultural Resource Management.*　CRM on CRM,　2004

Mumford, Lewis　*The Culture Cities.*　Harvest Books,　1938（生田勉訳　『都市と文化』　鹿島出版会　1974）

Musgrave, R. A.　*Public Finance in Theory and Practice*,　3rd ed.. McGraw-Hill,

1980（木下和夫監修，大阪大学財政研究会訳　『財政理論 1』　有斐閣　1983）

Nye, Joseph Samuel　*The Means to Success in World Politics*.　Perseus Books Group, 2004（山岡洋一訳　『ソフト・パワー—21 世紀国際政治を制する見えざる力』　日本経済新聞社　2004）

Putnam, Robert D., Robert Leonardi & Raffaella Y. Nanetti　*Making Democracy Work: Civic Traditions in Modern Italy*.　Princeton University Press,　1994（河田潤一訳　『哲学する民主主義：伝統と改革の市民的構造』　NTT 出版　2001）

Rawls, John　*A Theory of Justice, revised edition*.　Harvard University Press, 1971（川本隆史・福間聡・神島裕子訳　『正義論　改訂版』　紀伊國屋書店　2010）

Ruskin, John　*Munera Pulveris*. 1872（The Social and Economic Works of John Ruskin, 6 Volumes, Routledge　Thoemmes Press,　1994）（木村正身訳　『ムネラ・プルウェリス—政治経済要義論』　関書院　1958）

Sen, Amartya　Equalty of What? in S. M. McMurrin（ed.），*Tanner Lectures on Human Values I Cambridge*.　The University Press, 1980（大庭健・川本隆史訳　『合理的な愚か者』　勁草書房　1989）

Sen, Amartya　*Development as Freedom*.　Oxford University Press, 1999（石塚雅彦訳　『自由と経済開発』　日本経済新聞社　2000）

Sennett, Richard　*The Fall of Public Man*.　Alfred　A. Knoph ,　1976　（北山克彦・高階悟訳　『公共性の喪失』　晶文社　1991））

Smith, Adam　*A Inquiry into the Nature and Causes of the Wealth of Nations*.　The Fifth Edition, 1789（Orignal Work Pubulished　1776）　（水田洋監訳，杉山忠平訳　『国富論 4』　岩波文庫　2001）

Throsby, David　*The Production and Consumption of Arts: A View of Cultural Economics*, Journal of Economic literature 32（1），　1994

Throsby, David　*Economics and Culture*.　Cambridge University Press, 2001（中谷武雄・後藤和子訳　『文化経済学入門—創造性の探究から都市再生まで』　日本経済新聞出版社　2002）

事項索引

欧　文

ART SETOUCHI　127

CSR 活動　199

CVM（仮想市場評価法）　13

F.M.C. 混声合唱団　173

moving target　101

NPO 砂浜美術館　178

NPO 法人　193, 195

NPO 法人アーキペラゴ　145

NPO 法人堺観光ボランティア協会　156

NPO 法人瀬戸内こえびネットワーク　132

Sacay　152

WordCamp　137

YOSAKOI ソーラン祭り　192

あ　行

アーツ＆クラフツ運動　14

アーツプラン 21　30

アーバンリゾート都市　151

「アームスレングス」の法則　15

アウトリーチ活動　43, 61, 173

足助の町並みを守る会　180

新しい公共　38

新しい社会運動　6

アマチュアリズム　197

淡路人形座　169

いいだ人形劇フェスタ　177

イギリス芸術評議会　15

移住者　131, 134

威信　12

遺贈価値　13

いたすけ古墳　156

一般財団法人地域創造　60, 61

石見銀山　203, 208

石見銀山協働会議　209

石見銀山生活文化研究所　205, 207

牛窓国際芸術祭　202

内子町のまちづくり　180

宇部市野外彫刻展　178

海の復権　113

江差追分会　170

越中八尾民謡おわら保存会　171

欧州文化首都　48

近江商人　199

大分県民オペラ協会　175

大坂商人　199

大鹿歌舞伎　169

大鹿歌舞伎保存会　169

大島アーティスト・イン・レジデンス事業　145

大原美術館　200

大曲の花火　171, 172

大森地区　204

大森地区の町並み　204

おけと人間ばん馬　192

オプション価値　12, 13

か　行

会合衆　151

外部性　15, 20

街路のような場　50

神楽　168

片貝花火まつり　171

価値財　18, 21

活私開公　9

稼働率　102

金沢21世紀美術館　44

カフェ・イン・水戸　44

嘉穂劇場　194

観客の創造　64, 69, 72

関係人口　133

環濠都市　151

環濠都市エリア　158

緩衝地帯　155

教育基本法　31

享受能力　15

行政の文化化　30

共同性　6

グッゲンハイム美術館　47, 48

クラウドファンディング　195

倉敷都市美協会　201

倉敷民芸館　201

クラブ財　11

黒川能　169

群馬交響楽団　173

経済波及効果　13, 73, 93, 95, 142, 144

芸術士派遣事業　144

芸術文化振興基金　30

経団連1％クラブ　210

芸北神楽　168

劇団「青春座」　174

劇団「文芸座」　174

公益社団法人企業メセナ協議会　30, 210

公開性　2, 4, 6, 9, 20, 51

公共圏　3, 4, 6, 7, 19, 20

公共財　11, 12

公共性　1, 2, 4, 6, 8, 9, 10, 16, 19, 20, 51

公共性議論　1, 7, 19, 20

公共政策　8

公共世界　2

公的空間　3, 4

公的領域　4

神戸ジャズストリート　176

公立文化施設　1, 29, 59, 61

公立文化ホール　59

交流人口　133

こえび隊　132

国際化の時代　29

国際博物館会議　28

コスキン・エン・ハポン　176

子ども堺学　157

コミュニケーション的自由　4

固有価値　15

固有価値論　14

混合財　15

さ　行

財団法人　193

サイト・スペシフィック・アート　114

堺環濠都市遺跡　159

堺スタンダード茶の湯体験事業　159

堺茶の湯まちづくり条例　159, 160

さかい利晶の杜　159

さっぽろ雪まつり　192

佐渡版画村運動　174

産業連関表　13, 73, 110

三州足助屋敷　180

サントリー地域文化賞　181

サントリー文化財団　181

「三方よし」の経営　200

三陸国際芸術祭　196

滋賀県立芸術劇場びわ湖ホール　56, 62

ジェントリフィケーション　48

資源配分　17

自主事業　78, 213

事項索引

市場の失敗　15, 21
次世代育成　103
自治都市　151, 153
指定管理者制度　1, 55
私的領域　4
市民社会　6
市民創作「函館野外劇」の会　178
市民的公共性　1, 3, 4, 19, 51
使命　72, 89, 97
使命の流動性　59
社会関係資本　21
社会的財産　32
社会的便益　17
社会的領域　5
社団法人　193
住民の誇り　107, 138, 163
準公共財　11, 15, 20, 21
定禅寺ストリートジャズフェスティバル　176
浄瑠璃の里文化振興条例　170
ジョルジュ・ポンピドゥー芸術・文化国立センター　40
新型コロナウイルス感染症(コロナ禍)　194
数寄茶　158
スキヤキ・ミーツ・ザ・ワールド　176
諏訪交響楽団　173
諏訪ストリングソサエティ　173
生活世界　7
生産誘発額　13, 73
青少年オペラ劇場　64
世界遺産　154
世界遺産学習ノート　157
世界遺産条約　155
瀬戸内国際芸術祭　107, 202
全国かかし祭　178
全国太鼓フェスティバル　170

「潜在能力と機能」論　104
全日本郷土芸能協会　168
前方後円墳　155
専門ホール　60
創造する劇場　57, 64
ソーシャルキャピタル　130
存在価値　13

た　行

高崎市民オーケストラ（現群馬交響楽団）　173
瀧廉太郎記念音楽祭　173
多目的ホール　60
田んぼアート　178
地域アイデンティティ　12
地域型芸術祭　108, 131
地域活性化　107
地域創生　107
地域における歴史的風致の維持及び向上に関する法律　158
地域の誇り　103
地域ブランド　138
地芝居　167
地方公立文化施設整備費補助金　213
地方の時代　29, 36, 55, 175
茶の湯　152, 157, 159, 162
妻籠を愛する会　179
鉄炮鍛冶屋敷　158
豊島産業廃棄物問題　111
天下三宗匠　153
伝統的建造物群保存制度　204
伝統美観保存条例　201
東洋のベニス　152
遠野物語ファンタジー　177
都市型芸術祭　108
都市再生　47
取手アートプロジェクト　195

229

十和田市現代美術館　44

な 行

直島のアートプロジェクト　202
長崎歴史文化博物館　46
中村ブレイス　205
日本民芸館　201
任意団体　193
人形浄瑠璃　169
仁徳天皇陵古墳　155
納税者理解　71
農村歌舞伎　167
ノブレス・オブリージュ　201

は 行

俳句甲子園　196
博物館法　27, 39
ハコモノ行政　55
パターナリズム（温情主義）　19, 21
白虹社（現白甕社）　174
パブリシティ効果　73, 83, 143
パブリックシアター　76, 89
林原　201
林原共済会　201
林原美術館　201
阪神・淡路大震災　75, 76, 194
ハンセン病　114
東日本大震災　194, 196
批判的公開性　4
兵庫芸術文化センター管弦楽団　75
兵庫県立芸術文化センター　74
開かれた美術館　40, 42
ビルバオ　47
びわ湖ホールサポーター　63
びわ湖ホールを応援する会　63
ファンドレイジング　194

福武書店（現ベネッセコーポレーション）　202
舞台芸術の創造　64
文化遺産　12
文化行政　29, 55
文化芸術基本法　35
文化芸術振興基本法　13, 30, 31
文化芸術の外部性　11, 16, 17, 18
文化芸術立国　33
文化財保護　31
文化財保護法　31
文化資源　107
文化政策　29, 31, 35, 49
文化の外部性　14, 17, 50, 94, 138, 148
文化の幹線計画　62
文化の公共性　v, 1, 214
文化の時代　29, 30, 175
文化の時代研究グループ　30
文化力　33
文芸的な公共圏　3, 4
ベッドタウン　151
「報恩・感謝」の精神　201
ボランタリズム　197
ポリス　4

ま 行

町並み保存運動　179
町並み保存連盟　181
祭り　168, 172
ミッション　102, 213
水戸芸術館　44
ミュージアム・クルーズ・プロジェクト　45
ミュゼオロジー　42
無形民俗文化財　167
メリット財　11
百舌鳥・古市古墳群　151, 154

百舌鳥・古市古墳群世界遺産協議会
　　156
百舌鳥・古市古墳群の世界遺産登録を
　　応援する堺市民の会　156
ものからこころへ　37

や　行

唯一性　2
有効価値　14
湯布院町（現由布市）の「自然と文化
　　のまちづくり」　179
夢二郷土美術館　202

ら　行

ラ・フォル・ジュルネ　103
両備グループ　202
歴史的風致維持向上計画　158
歴史文化遺産　154
歴史文化資源　151, 161

わ　行

ワークショップ　43, 61
わくわくオーケストラ教室　96
わび茶　159
ワンコイン・コンサート　75, 85, 86

人名索引

あ　行

アーレント，H.　2
明石芳彦　21
甘利彩子　132
アムリン，J-P.　41
池上惇　19
石井十次　200, 201
石田麻子　72
伊藤英子　195
今井宗久　153
ヴィレラ，G.　152
上原恵美　72
ヴェルディ，G.　57
梅棹忠夫　29, 191
梅原真　178
栄西禅師　152
大倉喜八郎　200
大原總一郎　201
大原孫三郎　200, 203
大平正芳　30
岡田文淑　180, 181
岡部明子　48
小澤庄一　180, 181
小澤征爾　44
オルテリウス，A.　152

か　行

片山泰輔　12
勝村文子　130
嘉納治兵衛　200
川崎順二　171
北出博基　178
北川フラム　111
金泰昌　10
グレイ，C. M.　15

黒田了一　30
ケインズ，J. M.　15
ゲーリー，F.　47
児島虎次郎　200
五代友厚　200
小長久子　175
小林俊彦　179
小林真理　88

さ　行

齋藤純一　8
佐々木毅　10
佐渡裕　75
司馬遼太郎　30
渋沢栄一　200
末廣光夫　176
鈴村興太郎　21
鷲見英司　130
スミス，A.　14
住友吉左衛門友純　200
スロスビー，D.　15, 99
セン，A.　104
千利休　153

た　行

高橋信一　174
武野紹鴎　153
竹久夢二　202
立花律子　142
津田宗及　153
ティセラ，R.　152

な　行

中島茂樹　ii

人名索引

中谷健太郎　181
長州一二　30
長沼康光　176
中村俊郎　205, 206
二宮尊徳　201
沼尻竜典　99
根木昭　72

は 行

ハーバーマス, J.　2
バーンスタイン, L.　75
ハイルブラン, J.　15
長谷川岳　192
畑和　30
服部恒雄　202
濱田榮一　177
林伸光　81
林原一郎　201
林原健　201
原直行　120
ピアノ, R.　41
フィリップ・グロード神父　177, 193
福武總一郎　111, 202
福原信三　200
藤井善助　200
藤田伝三郎　200
藤村順一　76
フライ, B. S.　15
フルテン, P.　42
フレイザー, N.　6
ボウエン, W. G.　15
ボウモル, W. J.　15
ポメレーネ, W. W.　15
ポンピドゥー, G.　40

ま 行

マスグレイブ, R. A.　21
松田基　202

松場登美　205, 207, 208
真鍋武紀　111
間宮陽介　8
丸山眞男　8
溝口薫平　181
美山良夫　48
宮本憲一　10
宮本又次　30
村田珠光　152
室井研二　130
モリス, W.　14
森村市左衛門　200

や 行

矢沢長介　181
柳宗悦　201
山口定　8
山崎正和　75, 181
山田浩之　172
山中隆　105
山名尚志　94
山脇直司　9
横須賀徹　44
与謝野晶子　159
吉田秀和　44

ら 行

ラスキン, J.　14
ロールズ, J.　51
ロジャース, R.　41
ロドリゲス, J.　158

わ 行

若杉弘　57
輪島幸雄　178
王文志（ワン・ウェンチー）　145

233

■著者略歴

狭間惠三子（編著者）　はじめに，第1～4章，おわりに

大阪商業大学公共学部教授

1982年　立命館大学文学部卒業
　　　　サントリー株式会社不易流行研究所課長，財団法人大阪観光コンベンション協会情報発信担当部長等を経て，
2012年　堺市副市長（2019年まで）
2013年　大阪市立大学大学院　博士（後期）課程修了。博士（創造都市）
2019年　立命館大学　衣笠総合研究機構教授（2024年4月より上席研究員　現在に至る）
2020年　大阪商業大学　公共学部教授（現在に至る）
2020年　西日本旅客鉄道株式会社　監査役（2022年6月より取締役監査等委員　現在に至る）
◇専門分野
　都市政策，文化政策，地域経済論
◇主な著書
　『瀬戸内国際芸術祭と地域創生―現代アートと交流がひらく未来』学芸出版社　2023年
　『日本ボランティア・NPO・市民活動年表（増補改訂版）』（共著）明石書店　2022年
　『変わる盛り場―「私」がつくり遊ぶ街』（共著）学芸出版社　1999年
　『時代の気分・世代の気分―〈私がえり〉の時代に』（共著）NHK出版　1997年
◇社会活動
　NPO法人こども環境活動支援協会代表理事，社会福祉法人素王会評議員，一般財団法人近畿地域づ
　くり研究所理事，一般財団法人関西電気保安協会評議員，兵庫県環境審議会委員等を務める。

伊木　稔　第5，6章

大阪商業大学名誉教授

1968年　京都大学経済学部卒業
　　　　サントリー株式会社経営企画部長，公益財団法人サントリー文化財団専務理事を経て，
2007年　大阪商業大学総合経営学部教授
2018年より現職
◇専門分野
　地域文化，社会貢献，生活文化
◇主な著書
　『文化を支えた企業家たち―「志」の源流と系譜』ミネルヴァ書房　2016年
　『公共経営学入門』（共著）大阪大学出版会　2015年
　『民間助成イノベーション―制度改革後の助成財団のビジョン』（共著）助成財団センター　2007年
　『時代の気分・世代の気分―〈私がえり〉の時代に』（共著）NHK出版　1997年
　『都市のたくらみ・都市の愉しみ―文化装置を考える』（共著）NHK出版　1996年
　『フィランソロピーと社会―その日本的課題』（共著）ダイヤモンド社　1993年
◇社会活動
　公益財団法人大阪コミュニティ財団理事，一般財団法人国際日本文化研究財団理事。東大阪市文化
　芸術審議会委員，公益財団法人枚方市文化国際財団理事等も務めた。

比較地域研究所研究叢書　第二十四巻

地域を変える文化の公共性
―住民,企業,政府の役割

■発行日――2025年3月10日　初版発行　　　　〈検印省略〉

■編著者――狭間　惠三子

■発行者――大矢栄一郎

■発行所――株式会社　白桃書房
　　　　〒101-0021　東京都千代田区外神田5-1-15
　　　　☎03-3836-4781　℻03-3836-9370　振替00100-4-20192
　　　　https://www.hakutou.co.jp/

■印刷・製本――藤原印刷株式会社

© 学校法人谷岡学園 2025　Printed in Japan　　ISBN 978-4-561-96146-8 C3336

本書のコピー，スキャン，デジタル化等の無断複製は著作権法上での例外を除き禁じられています。本書を代行業者等の第三者に依頼してスキャンやデジタル化することは，たとえ個人や家庭内の利用であっても著作権法上認められておりません。

JCOPY <出版者著作権管理機構　委託出版物>
本書の無断複写は著作権法上での例外を除き禁じられています。複写される場合は,そのつど事前に,出版者著作権管理機構（電話 03-5244-5088, FAX 03-5244-5089, e-mail : info@jcopy.or.jp）の許諾を得てください。

落丁本・乱丁本はおとりかえいたします。